MEREDITH MACARDLE

A História da
CIVILIZAÇÃO
JUDAICA

M.Books do Brasil Editora Ltda.
Rua Jorge Americano, 61 - Alto da Lapa
05083-130 - São Paulo - SP - Telefone: (11) 3645-0409
www.mbooks.com.br

Dados de Catalogação na Publicação

MACARDLE, Meredith.
A História da Civilização Judaica / Meredith Macardle.
São Paulo – 2021 – M.Books do Brasil Editora Ltda.

1. História 2. História Judaica 3. Humanidades
ISBN: 978-85-7680-343-0

Do original: The History of Jewish Civilization
Publicado em inglês pela Worth Press Ltd.

©2019 Worth Press Ltd.
©2021 M.Books do Brasil Editora Ltda.

Editor
Milton Mira de Assumpção Filho

Tradução
Maria Beatriz de Medina

Produção editorial
Lucimara Leal

Capa
Isadora Mira

Editoração
3Pontos Apoio Editorial

2021
M.Books do Brasil Editora Ltda.
Todos os direitos reservados
Proibida a reprodução total ou parcial.
Os infratores serão punidos na forma da lei.

SUMÁRIO

A HISTÓRIA DA CIVILIZAÇÃO JUDAICA

Como Usar Este Livro	4
Prefácio	5
Os Antigos Estados de Israel	6
Começa a Cronologia da Civilização Judaica	7
Perseguição	20
Textos Sagrados, Práticas e Crenças	32
Diásporas e Migrações Antigas	38
Sefarditas	42
Asquenazes: os Judeus da Europa Ocidental e Oriental	58
Primeiros Estudiosos do Judaísmo	76
Movimentos e Escolas de Pensamento	80
Haskalá: o Iluminismo	102
Os Judeus nos Estados Unidos	114
Diásporas e Migrações Modernas	126
Sionismo, Palestina e o Estado de Israel	130
A Segunda Guerra Mundial e a Shoá	154
As Guerras de Sobrevivência de Israel	174
Israel em Combate: Terrorismo Árabe, Intifada e Controvérsia	186
As Artes: a Contribuição Judaica	200
Ciência e Filosofia: a Contribuição Judaica	210
Calendário, Festas, Dias Santos	228
Museus e Memoriais	230
Outras Leituras e Recursos	235
Glossário de Terminologia	239

Como Usar Este Livro

Este livro usa cronologias para mostrar a ordem dos eventos no decorrer da história judaica. A cronologia, no lado direito das páginas duplas, é a principal e acompanha todos os eventos na ordem. Ao lado dela, há muitos capítulos individuais que podem ter cronologias próprias. Essas, devido ao período coberto pelo capítulo, podem estar fora de sincronia com a cronologia principal.

A página dupla abaixo mostra a cronologia principal, cobrindo os anos 520-629 da nossa era, no lado direito. À esquerda, fica parte da história dos sefarditas, que cobre os anos 1303-1492 da nossa era. Essa disparidade entre as duas cronologias é proposital e é bom se lembrar disso durante a leitura do livro.

SEFARDITAS   361–516 EC

governados pelos muçulmanos almóadas fanáticos são perseguidos. O papa pressiona os governantes cristãos espanhóis para tratarem com mais dureza os súditos judeus e muçulmanos.

1075-1141 Yehudah Halevi, médico, filósofo e, provavelmente, o maior poeta da época áurea.

ÉPOCA ÁUREA: MUNDO LITERÁRIO
Nas cortes civilizadas, a prosa e a poesia eram muito apreciadas. Qualquer que fosse o tema – religião, filosofia, matemática, medicina –, os escritores da época áurea judaica usavam linguagem elaborada e elegante.
Exemplo: Yehudah Halevi (1075-1141), médico, filósofo e, provavelmente, o maior poeta da época áurea. Escreveu canções de amor, uma série de poemas do exílio, os Cantos de Sião, poesia religiosa que passa a fazer parte da liturgia tradicional e o popular Kuzari, ou Livro dos Cazares.
Outros grandes poetas foram Salomão Ibn Gabriel e Abraão ibn Ezra.

1086 Enquanto os cristãos tentam recuperar a Espanha, os reinos muçulmanos de Granada, Sevilha e Badajós pedem ajuda aos almorávidas, guerreiros berberes fanáticos do norte da África. O seu ódio aos não muçulmanos logo expulsa judeus e cristãos para os reinos do norte da Espanha.

1130 Afonso VII abre uma escola em Toledo que dissemina os ensinamentos hebraicos e árabes, além do antigo conhecimento grego, pela Europa ocidental.

1151 Com a chegada de uma dinastia almóada ainda mais fanática à Espanha muçulmana, quase todos os judeus remanescentes fogem para o norte da África ou para a Espanha cristã, onde os judeus instruídos geralmente são bem-vindos.

c. 1159-1172 Benjamim de Tudela parte da Espanha, viaja pelo Oriente Médio e escreve o seu *Itinerário* ou *Livro de viagens*, relato importante das comunidades judaicas que visitou, além de registrar prováveis boatos de povoados na Ásia.

ÉPOCA ÁUREA: FINANÇAS
Ao contrário dos cristãos, os muçulmanos respeitavam os mercadores. Os sefarditas raramente se tornavam agiotas, mas administravam grandes bancos e casas comerciais que negociavam seda, couro, tecido, cereais, frutas, especiarias e gado. Exemplo: Benjamim de Tudela, por volta de 1159-1172, partiu da Espanha e viajou bastante pelo Oriente Médio, usando a rede extensa que fora montada.

c. 1178 Moses ben Maimon (Rambam ou Maimônides) (1135-1204) escreve o seu influente códice, a *Mishné Torá* (Segunda Torá), primeira indexação abrangente de toda a Mishná. Nascido na Espanha e forçado a fugir dos almóadas, ele se instala no Egito fatímida e mais tolerante, onde também se torna médico.

1212 A batalha das Navas de Tolosa resulta no controle cristão da maior parte da Península Ibérica. As conversões forçadas aumentam. Muitos cortesãos e financistas judeus, ansiosos para manter a sua posição, aceitam o batismo, mas ainda mantêm alguns costumes judeus tradicionais.

1213-1276 Jaime I se torna rei de Aragão e incentiva os judeus a se instalarem lá. Durante o seu reinado, muitos cargos importantes são ocupados por judeus.

1250 Primeiro libelo de sangue espanhol registrado em Saragoça.

1252 Agora Granada é o único reino muçulmano na Espanha.

Século XII A grande maioria dos judeus do mundo é sefardita.

1290 Muitos judeu expulsos da Inglaterra vão para a Espanha.

20-23 de julho de 1263 A Disputa de Barcelona. O rei Jaime I de Aragão, na Espanha, ordena um debate entre Moses ben Nahman (Rambam ou Nahmânides, 1194-1270) e um judeu que se convertera ao cristianismo. Dizem a Rambam que ele deve falar claramente, sem medo de repercussões, e assim ele faz, vencendo claramente o debate. No entanto, ameaçado pela Igreja, Rambam foge para a Palestina em 1267. Lá, revive uma sinagoga e, mais tarde, escreve um famoso comentário bíblico.

1303 Asher ben Jehiel, o Rosh (c. 1250-1327), e o seu filho Jacó ben Asher (c. 1270-1343) se mudam da Alemanha para Toledo, na Espanha. As suas obras jurídicas estão entre as primeiras a combinar as autoridades asquenazes e sefarditas. Mais tarde, Jacó

Monumento à batalha de Navas de Tolosa, na Espanha.

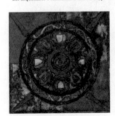
Hagadá do século XIV, de Barcelona, exibe com orgulho o brasão da cidade na imagem do matzá ou pão sem fermento.

361-363 O imperador romano Juliano, o Heleno ("o Apóstata"), último imperador não cristão, permite que os judeus reconstruam o Templo. A obra para quando ele morre.

c. 380 Agora o cristianismo se tornou a religião estatal de Roma.

c. 390 Completado o Talmude (significa "estudo" ou "aprendizado") de Jerusalém. É formado pela Mishná, com comentários de sábios da Palestina.

415 Os judeus alexandrinos fogem de uma onda de violência cristã. Grandes comunidades judaicas so voltam a se desenvolver quando os muçulmanos conquistam o Egito.

c. 429 As autoridades romanas abolem o cargo de nasi (patriarca ou presidente do Sinédrio) e dividem o conselho em dois. As comunidades judaicas da Palestina ficam cada vez mais pobres, e o centro da autoridade rabínica passa à Babilônia.

438 A imperatriz Eudóxia permite que os judeus retornem a Jerusalém.

450-470 Os zoroastristas começam a perseguir outros grupos na Babilônia. O cargo de exilarca é abolido. Muitos judeus fogem para a Arábia ou para mais longe, até a Índia.

c. 500 Completado o Talmude babilônico. Fim do período talmúdico.

500 Depois de conquistar a Itália, o rei ostrogodo Teodorico dá aos judeus liberdade de culto.

501 Terremoto em Israel destrói parcialmente Acre.

Século VI Introduzidos hinos na liturgia das sinagogas da Palestina. Alguns rabinos desaprovam.

513-520 O líder judeu Mar-Zutra comanda uma rebelião na Babilônia e cria, perto de Mahoza (Madaim), um estado independente de vida curta.

516 Os judeus do sul da Arábia provavelmente apoiam o rei himiarita monoteísta Dunaas na sua luta contra os invasores cristãos etíopes.

Visão artística de um sábio ensinando na Academia de Sura.

Nota do Editor: Adotamos as abreveaturas AEC (Antes da Era Comum) em vez de a.C., e EC (Era Comum) em vez de d.C. por serem mais usuais em textos judaicos.

PREFÁCIO

Elias Canetti, ganhador do Prêmio Nobel e refugiado do nazismo, escreveu a famosa frase *"Não há pessoas mais difíceis de entender do que os judeus"*.

Para um povo com população mundial por volta de 14 milhões de pessoas, eles atraem muito mais atenção do que o seu número explicaria.

O povo judeu tem uma das mais antigas histórias contínuas, que pode ser grosseiramente dividida em três partes. A primeira começa quando viviam na sua própria terra. A segunda se inicia com a revolta contra o domínio romano, a destruição do Segundo Templo e a dispersão forçada. Esse capítulo, até o período modero, trata da sobrevivência de um povo contra todas as probabilidades. Perseguidos, difamados mas ainda assim necessários na sociedade medieval, foram unidos pelo que os rabis chamavam de *Pátria Portátil*. A lei escrita nos cinco livros de Moisés e os seus comentários englobavam todos os aspectos da vida.

Dispersado pelo mundo, o povo judeu preservou uma identidade única. O terceiro estágio da sua história é o contato dos judeus com a modernidade. As ideias do Iluminismo levaram à emancipação dos judeus no Ocidente. Esse povo, com toda a sua longa tradição de instrução, obteve um destaque desproporcional ao seu número nas artes, nas novas ciências, em movimentos políticos radicais e em técnicas comerciais. De fato, os judeus estiveram na vanguarda da modernidade.

Hoje, em sua maioria, os judeus não se veem mais como uma nação separada, mas como cidadãos do país em que foram emancipados.

O século XX estilhaçou as ilusões e os pressupostos de muita gente. Para os judeus, causou um dos mais apavorantes genocídios da história. Na Europa ocupada pelos nazistas, a origem virou pena de morte. O século também levou à criação do estado judeu – mais uma vez, uma redefinição do que significa ser judeu.

Esta nova edição de A *História da Civilização Judaica* não poderia ser mais oportuna. Com o antissemitismo em níveis alarmantes e Israel considerado, em alguns setores, como um estado pária, o entendimento desse povo, o mais incompreendido de todos, é absolutamente fundamental. Este livro conta com brilho a sua história.

Trudy Gold
Diretora de Estudos do Holocausto e
professora de História Judaica
Londres

OS ANTIGOS ESTADOS DE ISRAEL

Depois de seguir Moisés no Êxodo para fora do Egito e lutar sob o comando de Josué para conquistar a Terra Prometida, as tribos hebreias se esforçaram para manter a terra de Canaã. Eram comandados por juízes, em geral mais líderes guerreiros do que governantes. Em toda a volta havia grupos hostis, e nos limites da região ficavam os reinos poderosos do Egito e da Mesopotâmia.

O povo hebreu decidiu que também queria um rei. Embora Samuel, profeta e último juiz, deixasse claro que um monarca seria um sinal de desobediência a Javé, o verdadeiro rei dos hebreus, Saul, o escolhido pelo povo, líder militar de boa aparência e bem sucedido, foi ungido rei por Samuel.

Saul foi, primariamente, um líder guerreiro. Não exigiu nem desenvolveu poderes amplos. O que fez foi desobedecer às ordens de Deus. Em consequência, Davi foi imediatamente escolhido e ungido rei por Samuel durante o reinado de Saul.

Davi revolucionou a monarquia, derrotou os inimigos de Israel e fundou uma nova capital, onde centralizou a administração e a religião. Embora os seus pecados o impedissem de criar o Templo, ele lançou as bases para que o seu filho Salomão o construísse. A partir de então, o Templo se tornou o centro da religião judaica, o lugar mais sagrado e o único onde se permitiam sacrifícios. O período dos reis também é o da "revolução profética".

Davi e Salomão não construíram apenas um reino, mas um império. Depois da morte de Salomão, o reino se dividiu em duas partes: Israel – as dez tribos do norte – e Judá. Os seus dias de glória terminaram e, em cem anos, os novos reinos perderam todo o território que Davi conquistara.

Os dois pequenos reinos não conseguiram aguentar os impérios poderosos que os cercavam; em 733 AEC, Israel foi conquistado pela Assíria. Então, em 586, Judá foi conquistado pela Babilônia. No entanto, o nome de Davi e do seu filho Salomão reverberaram pelos séculos. Nos mundos judaico-cristão e muçulmano, esses nomes são epítetos de governantes míticos da época áurea e a síntese de reis sábios que tudo vencem.

Séculos mais tarde, os asmoneus (macabeus) prometeram por pouco tempo renovar época áurea do autogoverno judaico. No entanto, depois de uma revolução bem-sucedida contra o Império Selêucida ocupante e os judeus que queriam helenizar a sua cultura, a promessa asmoneia degenerou em lutas internas e um governo autoritário, quase uma tirania. Foi o último reino que os judeus teriam na Terra Santa.

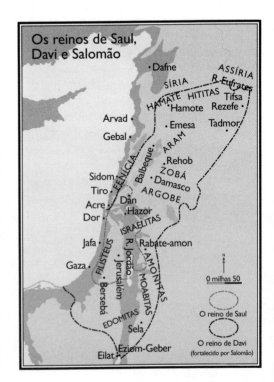

Os reinos de Saul, Davi e Salomão

SAUL, O PRIMEIRO REI

CRONOLOGIA DA CIVILIZAÇÃO JUDAICA

O último dos grandes juízes foi o profeta Samuel. O povo hebreu lhe pediu que escolhesse um rei para que fossem como os outros povos.

Samuel avisou ao povo que isso era uma ofensa contra Deus, o único rei e governante verdadeiro. Mas eles insistiram, e Samuel ungiu como rei Saul, filho de Quis, da tribo de Benjamim.

Depois de apenas um mês, Saul começou a luta que marcaria o seu reinado.

- Um dos seus primeiros atos foi derrotar os amonitas.
- A sua maior tarefa foi libertar os israelitas da ameaça constante dos filisteus, inimigos antigos. Embora vencesse uma grande batalha perto de Micmás (Mukhmas), as batalhas e campanhas entre os dois povos continuaram.
- A sua terceira "frente" foi no sul e no sudoeste, contra os amelequitas. Saul também obteve uma vitória retumbante contra eles.

Adão e Eva, os primeiros seres humanos, são expulsos do paraíso do Jardim do Éden.

0 no calendário hebraico Criação de Adão e Eva
Adão e Eva expulsos do Éden.
O dilúvio destrói quase toda a humanidade.
A Arca de Noé salva os animais.
A família de Noé repovoa a terra.
c. 2000 AEC Tribos nômades perambulam pela região de Canaã.

A DESOBEDIÊNCIA DE SAUL

Saul logo foi suplantado por Davi como "o ungido". Perdeu o favorecimento de Deus depois de vários atos de desobediência:

- Impaciente para entrar em combate, assumiu fazer o Korban Olah, a oferenda totalmente queimada, para encerrar o dia do descanso, embora Samuel lhe dissesse que esperasse.
- Em vez de matar todos os amelequitas e o seu gado, como ordenado por Deus, ele poupou o rei Agag e também permitiu que os seus soldados ficassem com os melhores bois e ovelhas dos amelequitas.

Homem turbulento, Saul conheceu Davi quando o menino foi levado para tocar música e acalmar o rei, perturbado por "maus espíritos". Mais tarde, quando Davi provou o seu valor, Saul não conseguiu controlar a inveja, que o levou a atentar várias vezes contra a vida do rapaz. Embora soubesse que tinha perdido o favor de Deus, ele buscou ajuda sobrenatural e consultou a bruxa de Endor. No fim, o rei morreu como viveu, em combate.

Samuel não hesita em obedecer a Deus e matar o rei amelequita Agag quando Saul recua.

Significado do nome:	"Pedido" (pode significar um filho único desejado)
Governou:	c. 1020-1000 AEC
Famoso como:	Comandante militar
Textos sobre ele em:	Profetas e Livros: Samuel I e II, Reis I e Crônicas I
Realizações:	Derrotou os inimigos dos israelitas

OS ANTIGOS ESTADOS DE ISRAEL

DAVI

> Significado do nome: "Amado"
> Governou: de c. 1000 a 961 AEC
> Famoso como: Guerreiro, escritor de salmos
> Textos sobre ele em: Profetas e Livros: Samuel I e II, Reis I e Crônicas I
> Realizações: Uniu o povo de Israel, venceu batalhas, conquistou terras, organizou a construção do Templo.

David, o herói jovem e triunfante.

INÍCIO DA VIDA

Oitavo e mais novo filho de Jessé, da tribo de Judá, e descendente de Rute e Boaz, Davi era um menino pastor em Belém quando o profeta Samuel o convocou e o ungiu como futuro rei.

Mais tarde, Davi, exímio harpista, conheceu Saul, o rei de então, quando foi chamado para tocar para ele. Davi ficou na corte de Saul como músico e portador da armadura.

A história mais famosa da juventude de Davi é a sua luta contra Golias, o campeão dos filisteus, de 3 metros de altura e armadura de bronze, contra quem os hebreus lutavam. Armado apenas com o seu cajado, a funda de pastor e um punhado de pedras, Davi enfrentou o gigante em combate singular e o matou. Saul fez de Davi comandante, e Davi formou uma amizade íntima com Jônatas, filho de Saul.

Logo, contudo, Saul teve inveja da popularidade de Davi e do seu sucesso em combate. Tentou matar Davi duas vezes e, depois, pediu a Jônatas que o matasse. Jônatas escondeu o amigo e convenceu o pai a parar com as tentativas de assassinato. Davi retornou ao serviço do rei, mas não por muito tempo. Depois de mais um atentado de Saul contra a sua vida, Davi fugiu.

Ele se tornou mercenário, comandou cerca de seiscentos homens em muitos combates e deu boa parte do espólio à tribo de Judá, para manter o seu apoio. Em certo momento, Davi encontrou o exército de Saul à noite. Ele se esgueirou até o rei adormecido, mas decidiu não matá-lo.

O PECADO DE DAVI

A paixão de Davi por Bat-Shéva (Betsabé) marcou o fim do seu crescimento espiritual. Ele fez com que Uriá (Urias), marido dela, fosse

O túmulo de David

> ### Estrutura do Reino
>
> - Governo central civil e militar, estabelecido em Jerusalém.
> - A cidade se tornou a capital de todas as atividades religiosas e seculares.
> - País dividido em doze distritos que pagavam tributos, cada um com instituições civis, militares e religiosas regionais próprias.
> - Justiça ministrada por Davi em todo o império.

morto ao mandá-lo para a linha de frente do combate.

Então, Bat-Shéva ficou livre para se casar com David, de quem teve Salomão. Ele prometeu a Bat-Shéva que Salomão seria rei depois dele.

A partir de então, a família de Davi foi dilacerada. O seu filho Amnon estuprou a própria meia-irmã Tamar e foi morto pelo meio-irmão Absalão. Davi perdoou Absalão, mas este se rebelou contra Davi. Foi preciso a morte de Absalão e de vinte mil soldados israelitas para que a rebelião fosse sufocada. Seguiu-se outra rebelião e disputa pelo reino entre Adonias e Salomão, filhos de Davi.

Davi morreu depois de reinar quarenta anos. Foi sepultado em Jerusalém. Poeta e guerreiro, acredita-se que escreveu ou pelo menos revisou o Livro dos Salmos. O rei é o único homem da Bíblia a se chamar Davi, e, segundo a tradição, o Messias será da sua linhagem.

O REI DAVI

Saul e Jônatas foram mortos no monte Gilboa, numa batalha com os filisteus. Ao ouvir a notícia, Davi entoou o seu famoso cântico de luto.

Com 23 anos, foi coroado rei de Judá e se instalou em Hebrom. Mas a guerra civil começou quando o seu filho Isboset foi coroado rei das tribos de Israel. Finalmente, Davi predominou e, aos 30 anos, uniu todas as tribos sob uma só monarquia, trazendo uma época áurea.

Rei guerreiro, ele capturou Jerusalém dos jebuseus. A cidade ficava perto do centro do reino unido, sem ligação com nenhuma tribo, e Davi fez dela a sua nova capital. Ele continuou a lutar até que obteve a hegemonia nos dois lados do rio Jordão, até o mar Mediterrâneo, e também travou guerras civis.

Davi se recusa a matar Saul adormecido.

RELIGIÃO

- Davi levou para Jerusalém a Arca da Aliança, que antes passava de cidade em cidade, e planejou construir um templo para abrigá-la.

A "Cidadela de Davi" em Jerusalém, a "cidade de Davi".

- O profeta Natan aconselhou que, por ter sido guerreiro e derramado sangue, Davi não poderia construir ele mesmo o Templo e teria de deixar a tarefa par o filho.
- David lançou as bases do Templo: preparou o terreno e os materiais, instruiu os sacerdotes e traçou um plano para o filho Salomão.
- Peregrinos começaram a ir a Jerusalém para as festas da Pessach, Shavuot e Sucot.

OS ANTIGOS ESTADOS DE ISRAEL

SALOMÃO

PAZ E ABUNDÂNCIA

Salomão herdou um reino que se relacionava em termos iguais com os grandes impérios do Egito e da Mesopotâmia. Embora travasse algumas batalhas, ele aumentou sua nação principalmente pela diplomacia pacífica, com alianças comerciais e familiares. Também chamado de Jedediás (Iedidiá, o amado de Javé), Salomão foi o segundo filho de Davi e Bat-Shéva. Talvez porque o velho rei visse qualidades nele, foi declarado herdeiro de Davi, embora tivesse vários outros meios-irmãos.

Poeta e cientista, Salomão valorizava a cultura. A erudição prosperou na época áurea do seu império. O luxo também. Sua riqueza era lendária.

- ele tinha tanto que, certa vez, doou 23 cidades
- um palácio imenso, de inestimável madeira de cedro e pedra lindamente esculpida
- uma frota comercial que atravessava o mundo, trazendo mercadorias exóticas e objetos de luxo
- 300 esposas e 700 concubinas
- 12.000 cavalos
- de acordo com a lenda, em Jerusalém a prata era tão comum quando a pedra

Significado do nome:	"Pacífico"
Governou:	de c. 961 a 924 AEC
Famoso como:	Sábio, diplomata
Escreveu:	Cântico dos cânticos, Eclesiastes, a maior parte do livro de Provérbios
Realizações:	Construiu o Templo; manteve e expandiu o império; deixou provérbios duradouros

O IMPÉRIO DE SALOMÃO

Estendia-se do Eufrates ao rio do Egito (El-Arish). Embora perdesse pequenas partes periféricas do império de Davi, a influência de Salomão foi além, pois fez alianças comerciais e políticas.

Uma das razões para Salomão ter gozado de paz foi que estava preparado para a guerra. Fortificou as cidades nas fronteiras do reino, manteve em prontidão uma força de bigas de combate e fortaleceu as defesas de Jerusalém.

Salomão ficou famoso pela distribuição sábia da justiça. Ele também criou outros sistemas administrativos, principalmente para a coleta de tributos. Foi isso que, em parte, levou ao fim do reino unido: para custear o reinado pacífico e luxuoso, o povo era pesadamente tributado. O trabalho obrigatório também foi introduzido. O descontentamento só fez crescer, e, com a morte de Salomão, as dez tribos do norte se separaram da dinastia davídica.

A SABEDORIA DE SALOMÃO

Salomão herdou o reino quando tinha menos de 18 anos. No início do reinado, Deus lhe apareceu num sonho e lhe ofereceu tudo o que quisesse. Salomão respondeu que era jovem e pediu sabedoria suficiente para governar de forma adequada. Deus gostou desse pedido humilde e prometeu a Salomão não só a sabedoria que pedira como também riqueza, segurança e respeito.

Salomão foi reconhecido pelo seu povo e por outros reis como o homem mais sábio do mundo. Acredita-se que escreveu 3.000 provérbios e 1.005 canções. A sua fama se espalhou tanto que a rainha de Sabá, mil milhas ao sul, ouviu falar dele e viajou até Jerusalém para consultá-lo.

Encontro de Salomão com a Rainha de Sabá, imaginado por um pintor europeu medieval.

Egito e Êxodo

c. 1800-1700 AEC. José, filho mais novo de Jacó, é vendido ao Egito como escravo pelos enciumados irmãos mais velhos. Ele ascende e se torna assessor do faraó. Fome na região de Canaã. A maioria dos hebreus, com muitos outros povos, é forçada a migrar para as terras férteis do Nilo, no Egito. Jacó (Israel) vai para o Egito com os doze filhos, noras e netos. José se revela a eles e os ajuda a se instalar. Possivelmente, o faraó da época pertence aos invasores hicsos do Egito.

Quando o faraó muda de ideia e manda o exército trazer os israelitas de volta ao Egito, Deus abre as águas do Mar Vermelho e permite que os israelitas cheguem a lugar seguro.

Em algum momento desconhecido, os descendentes dos israelitas no Egito são submetidos a trabalhos forçados ou escravidão. Possivelmente, isso acontece depois que os egípcios derrubam os invasores hicsos em c. 1539 AEC, escravizando os hicsos e todos os povos a eles associados.

José, agora assessor respeitado do faraó do Egito, ouve uma petição do irmão.

c. 1300-1200 AEC Sob o comando de Moisés, êxodo dos israelitas do Egito. Eles perambulam no deserto por quarenta anos. Moisés recebe de Deus as Leis escritas e orais, inclusive os Dez Mandamentos. As festas da Páscoa (Pessach), Pentecostes (Shavuot) e, finalmente, Tabernáculos (Sucot) são recordações de eventos do êxodo e da perambulação. Os hebreus desenvolvem a semana de sete dias, com um dia de descanso. Convencido pelas pragas, o faraó permite que Moisés leve os israelitas do Egito para a Terra Prometida de Canaã.

Principais faraós
c. **1386-1349 AEC** Faraó Amenotep III, que constrói o Templo de Luxor
c. **1350-1334 AEC** Reinado de Aquenáton (Amenotep IV).
c. **1334-1325 AEC** Reinado de Tutancâmon
c. **1279-1213/1212 AEC** Reinado de Ramsés II, período tradicional das pragas do Egito e do Êxodo

Moisés exibe os Mandamentos recebidos de Deus no monte Sinai.

DEZ PRAGAS

O Nilo se transforma em sangue	Úlceras
Rãs	Chuva de pedras
Piolhos	Gafanhotos
Moscas	Trevas
Doença do gado	Morte de primogênitos

2000-1800 AEC Período dos Patriarcas e Matriarcas. Abraão, originário de Ur, na Caldeia, é convocado a Canaã por Deus. Ele faz a Aliança com Deus. Abraão e os seus descendentes serão o povo de Deus, herdarão a terra de Canaã e circuncidarão todos os meninos no oitavo dia após o nascimento. Abraão e os seus seguidores ficaram conhecidos como hebreus.

OS ANTIGOS ESTADOS DE ISRAEL

O JULGAMENTO DE SALOMÃO

O julgamento mais famoso de Salomão foi sobre um bebê reivindicado por duas mulheres. Salomão ordenou que trouxessem uma espada ao salão de audiências e mandou um soldado cortar a criança ao meio e dar metade a cada mulher. Imediatamente, uma delas implorou ao rei que não fizesse mal ao bebê e deixasse a outra ficar com a criança inteira. O rei decidiu na mesma hora que ela devia ser a verdadeira mãe.

O "Julgamento de Salomão" em que o rei concedeu a custódia de uma criança à mulher que mais se importava com ela. A sua sabedoria era famosa em todo o mundo conhecido.

A APOSTASIA DE SALOMÃO

No fim da vida, Salomão tolerou a idolatria no seu reino. Permitiu que as suas esposas estrangeiras construíssem santuários para os seus ídolos e até compareceu a cultos religiosos com elas. Por essa apostasia, Deus disse a Salomão que decidira removê-lo do trono. Mas, por respeito a Davi, que permanecera fiel a vida inteira, permitiria a Salomão que levasse a vida como rei, e Roboão (Rehavam), seu filho, ficaria com parte do reino.

O TEMPLO DE SALOMÃO

- Foram necessários duzentos mil israelitas e mais operários estrangeiros para transportar o material e construir o Templo.
- O material de construção incluía pedra, madeira, ferro, bronze, ouro e prata. Salomão e Davi, antes dele, tinham acumulado esse material durante anos.
- O teto interno tinha 55 m de comprimento, 21,5 m de largura e 15,3 m de altura.
- Muitas toneladas de ouro revestiam as paredes internas.
- Interior esculpido com anjos e cenas da natureza.
- O pagamento pelo cedro ao rei Hiram, de Tiro, foram vinte cidades na Galileia.
- A Construção levou sete anos.
- Outras grandes obras: casas e palácios, parques e jardins, projetos de irrigação e obras públicas.

Entre os antigos túmulos que atraem visitantes hoje em Israel hoje está o Túmulo dos Reis.

Isaac nasce de Abraão
Isaac se casa com Rebeca
Jacó nasce de Isaac
Abraão morre
Jacó vai para Haran
Jacó se casa com Leia e Raquel
José nasce de Jacó
Jacó se muda para Canaã com a família
O nome de Jacó se torna Israel.

c. 1800–961 AEC

c. 1800 AEC Primeira muralha da cidade de Jerusalém, construída pelo povo dito jebuseu

Século XIII Os assírios, situados na região do Iraque moderno, começam a se expandir e fazer conquistas no Oriente Médio.

Ruínas da antiga cidade de Jericó, perto de Jerusalém. De acordo com a tradição, Josué capturou a cidade fazendo as muralhas desmoronarem.

c. 1200-1100 AEC Josué comanda a conquista israelita de Canaã. Organização tribal dos israelitas. Período de liderança dos juízes, que são, primariamente, líderes militares. Às vezes, um juiz comandava mais de uma tribo.

c. 1200 Os "povos do mar" do Egeu invadem o Mediterrâneo oriental.. Um grupo, os filisteus, se instala no litoral sul de Canaã e desenvolve cidades como Asdode, Ascalão e Gaza.

As Doze Tribos

Aser	Judá
Benjamin	Levi
Dan	Naftali
Gad	Rubem
Issacar	Simeão
José	Zebulom

Séculos XI/XII O Templo temporário (Mishkan ou Tabernáculo) é construído por Josué em Tel Shilo, nos montes Efraim, e torna-se o centro espiritual e capital do povo judeu durante 369 anos. A terra é distribuída entre as tribos a partir dali.

c. 1100 AEC O alfabeto fenício de 22 letras, precursor do hebraico, se desenvolve em Canaã.

c. 1050 AEC Os filisteus se expandem para leste e ocupam território israelita, capturando temporariamente a Arca da Aliança.

c. 1020-1000 AEC Com a meta de unir as tribos, Saul é escolhido o primeiro rei de Israel, com Samuel como profeta. Novas cidades surgem. Salomão constrói o primeiro Templo (Beit Mikdash) em Jerusalém. Ele se torna o foco central da vida nacional e religiosa dos israelitas, com estudos e sacrifícios comunitários. Nessa época, geralmente as preces são feitas individualmente.

Reconstrução do Tabernáculo no deserto israelense, como erigido nos acampamentos dos israelitas.

c. 1000-961 AEC Davi é o segundo rei de Israel. Faz alianças com outros povos, mas é, principalmente, um rei militar e amplia o reino de Israel com conquistas. Derrota de vez os filisteus e captura Jerusalém dos jebuseus. Ela se torna a sua capital, e ele leva para lá a Arca da Aliança. O seu reino é reconhecido das fronteiras do Egito e do Mar Vermelho até o rio Eufrates. Ele consegue unir completamente as doze tribos israelitas em torno dos símbolos da sua monarquia e da sua capital.

c. 961-924 AEC Salomão, filho de Davi, é o terceiro rei de Israel. Ele fortalece o reino diplomaticamente, com tratados e alianças. Salomão é reconhecido como potentado na região e é um rei sábio. Com ele, os israelitas gozam de paz, comércio exterior próspero e desenvolvimento de novas indústrias e tecnologias, como a extração de cobre e a fundição de metais. É famosa a visita que Salomão recebe da Rainha de Sabá, do sul da Arábia..

O profeta Balaão proclama as suas bênçãos sobre a Terra Prometida.

OS ANTIGOS ESTADOS DE ISRAEL

O REINO UNIDO
(1020-961 AEC)
Saul, Davi, Salomão

Davi dança de alegria ao entrar em triunfo em Jerusalém, a sua nova cidade sagrada.

Túmulo de Raquel, uma das matriarcas de Israel e esposa de Jacó, em Belém.

OS REINOS DIVIDIDOS

A capital do reino de Israel é Siquém, até Jeroboão mudá-la para Tirza. Então, em c. 880 AEC, Omri a muda novamente para Samaria, uma cidade nova. O reino dura mais de duzentos anos, com dezenove reis.

Israel (Norte) (920-720 AEC)
903-886 AEC Jeroboão I, Nadabe, Baasa
886-873 AEC Omri, Elá, Zimri / Tibni
873-843 AEC Acabe, Acazias, Jorão
843-816 AEC Jeú
815-800 AEC Joacaz
800-785 AEC Joás
785-745 AEC Jeroboão II
745-736 AEC Zacarias, Salum, Menaém, Pecaías
735-723 AEC Peca, Oseias
722-720 AEC O reino de Israel, ao norte, se rebela contra a Assíria e é derrotado e conquistado. O imperador assírio Salmanasar V (governou de c. 726 a 722) ordena o exílio das dez tribos do norte.

As tribos do norte são expulsas da região e se tornam as Dez Tribos Perdidas

Judá (Sul) (920-720 AEC)
924-905 AEC Roboão, Abias
905-874 AEC Asa
874-850 AEC Josafat
850-837 AEC Jorão, Ocozias, Atália
837-791 AEC Joás, Amassias
791-742 AEC Ozias, Jotam
742-727 AEC Acaz
727-698 AEC Ezequias
697-642 AEC Manassés
640-609 AEC Amom, Josias
609-587/6 AEC Joacaz, Joaquim (Eliaquim), Jeoaquim (Jeconias), Sedecias (Matanias)

Judá é formado pelo território das tribos de Judá e Benjamim. É governado em Jerusalém durante quatrocentos anos por reis da linhagem de Davi. O nome judaítas do povo desse reino é, finalmente, abreviado para judeus.

924–605 AEC

A antiga cidade de Laquis.

New towns arise. Solomon builds the first Temple (Beit Mikdash) in Jerusalem. It becomes the central focus of the Israelites' national and religious life, offering communal sacrifices and study. Prayers are usually made individually at this time.

c. 924 AEC Monarquia dividida. A insatisfação com a tributação elevada e o tratamento preferencial da tribo de Salomão cresce. Depois da morte do rei, as dez tribos do norte se separam da dinastia davídica. Formam-se reinos separados no norte e no sul: Israel e Judá.

745-27 AEC O imperador assírio Tiglate-piléser III (Pul) cobra tributos de estados da área da Palestina.

Século IX AEC: Os documentos mais antigos do Antigo Testamento são escritos no reino sulino de Judá.

c. 715 AEC Reformas religiosas no reino sulino de Judá durante o reinado de Ezequias.

701 AEC O reino do sul suspende o pagamento do tributo à Assíria. Senaqueribe (governou de 704 a 681 AEC) invade e destrói cidades como Laquis, no norte de Judá. Os assírios sitiam Jerusalém e ameaçam o fornecimento de água. O rei Ezequias reforça a muralha de Jerusalém e constrói um aqueduto para desviar a fonte de Giom para dentro da cidade pelo túnel de Siloé. Jerusalém se salva, mas Judá paga resgate e volta a se submeter à Assíria.

A "fortaleza" de Megido tinha excelentes fortificações e boa vista do campo circundante.

626 AEC A Babilônia começa a se rebelar contra a Assíria.

620 AEC Extensas reformas religiosas do rei Josias.

612 AEC A Babilônia conquista Nínive, capital do Império Assírio.

609 AEC O Egito se expande para ocupar o vácuo de poder deixado pelo declínio do Império Assírio. Josias, rei de Judá, é morto combatendo os egípcios na batalha de Megido.

605 AEC Nabucodonosor II se torna rei da Babilônia, derrota o Egito na batalha de Carquêmis e inicia a primeira campanha contra Jerusalém.

Uma das Sete Maravilhas do Mundo Antigo: os Jardins Suspensos da Babilônia.

DANIEL

604 AEC *Daniel e outros jovens israelitas promissores são levados para a Babilônia.*

c. 602-587 AEC *Daniel interpreta sonhos. Sadraque, Mesaque e Abednego demonstram a sua fé em Deus na fornalha em chamas.*

c. 562-539 AEC *O banquete de Belsazar. Daniel interpreta a escrita na parede (Mene, Mene, Tequel, Parsim) e diz que Belsazar, o novo governante babilônio, deixava a desejar. Belsazar é morto no dia seguinte*

c. 538-536 AEC *Daniel no covil dos leões.*

c. 536 AEC *Morte de Daniel*

15

OS ANTIGOS ESTADOS DE ISRAEL

OS ASMONEUS

Com a morte de Alexandre, o Grande, em 323 AEC, o seu império foi dividido pelos três generais mais poderosos. Antígono ficou com a Grécia; Seleuco, com a Ásia Menor e a Síria; e Ptolomeu, com o Egito e a Palestina, fundando o Império Ptolomaico.

A Palestina era o país do meio, no centro da rivalidade entre os ptolomeus e os reis selêucidas da Síria. Desde cerca de 300 AEC, houve guerra entre os dois reinos, e, finalmente, por volta de 200 AEC, o rei selêucida Antíoco III derrotou o Egito e assumiu o controle da região.

Como nos dias de Alexandre, os povos de todo o Império Selêucida foram incentivados a se helenizar, a adotar a cultura e os costumes gregos. A princípio, o processo foi pacífico. As nações conquistadas tinham autonomia e liberdade religiosa, mas os benefícios de serem cidadãos gregos plenos num império grego levaram muitos judeus a adotar os costumes gregos. Outros foram atraídos pela filosofia racionalista e abandonaram o judaísmo estrito. Um terceiro grupo queria modernizar ou reformar o judaísmo para que fosse atraente para os gregos e se encaixasse no mundo grego.

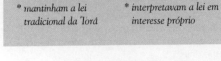

Os Asmoneus

Liberadores   **ou zelotes?**

* atacavam a apostasia
* tomavam a lei nas próprias mãos
* impediam a assimilação
* agiam fora da lei
* mantinham a lei tradicional da Torá
* interpretavam a lei em interesse próprio

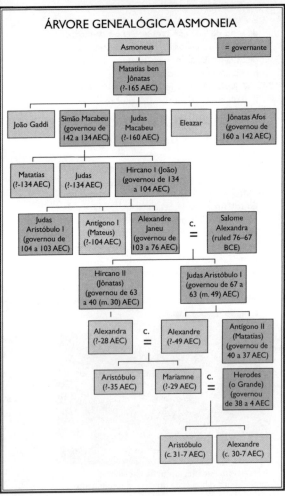

Túmulo dos asmoneus.

604–440 AEC

604 AEC A Babilônia assume o controle da região e cobra tributo de Judá. Daniel e outros jovens israelitas promissores são levados para a Babilônia. Numa carta, o profeta Jeremias aconselha os exilados a não perderem a fé.

Século VI AEC A religião do povo de Judá passa a ser chamada de judaísmo.

602 AEC Esmagada a rebelião judaica contra a Babilônia.

601-597 AEC Rebelião judaica. O exército babilônico ataca Judá e leva mais cativos israelitas para a Babilônia. Ezequiel, um dos cativos, se torna profeta de Deus e aconselha o povo a manter a fé.

589-586 AEC Outra rebelião termina com Judá completamente dominado pela Babilônia. O Templo de Jerusalém é destruído, e quase todo o povo é deportado para a Babilônia. É o fim do Período Bíblico ou do Primeiro Templo e o início do Exílio babilônico e da Diáspora judaica. Os poucos deixados para trás empobrecem e se tornam insignificantes.

567 Morte de Nabucodonosor. O Império Neobabilônico começa a perder poder.

Período do Exílio Criadas as sinagogas (embora só recebam esse nome mais tarde) e as orações comunitárias.

536 AEC Ciro, o Grande (Dario), do Império Medo-Persa, conquista Babilônia.

538 AEC Um édito de Ciro permite aos judeus voltarem para casa, desde que reconheçam a autoridade do Império Persa.

c. 516 Comandados por Zorobabel, descendente da Casa de Davi, cerca de cinquenta mil judeus retornam a Israel e começam a reconstruir o Templo. Eles escolhem e coroam um sumo-sacerdote em Jerusalém. Um número significativo permanece na Babilônia. Alguns se tornaram comerciantes ricos ou estudiosos renomados e não querem ir embora. Pouquíssimo se sabe sobre os judeus babilônicos durante vários séculos.

Local de apedrejamento em Israel, onde a antiga justiça era cumprida.

c. 515 AEC Terminado o Segundo Templo de Jerusalém.

c. 458 AEC O sacerdote Esdras lidera uma segunda onda de retorno da Babilônia para Jerusalém. Ele promove reformas religiosas e, de acordo com a tradição, muda os caracteres escritos do hebraico para os caracteres aramaicos quadrados usados hoje.

c. 445 AEC Neemias, o copeiro judeu de Ciro, é nomeado governador de Jerusalém e leva consigo uma nova onda de retorno da Babilônia. Ele reconstrói as muralhas de Jerusalém e trabalha com Esdras para fortalecer a comunidade.

c. 440 AEC O Pentateuco escrito, os cinco Livros de Moisés comumente chamados de Torá, é finalizado e canonizado por Esdras e Neemias.

Uma batalha na região hostil do antigo Israel.

OS ANTIGOS ESTADOS DE ISRAEL

CRONOLOGIA DOS ASMONEUS

176 AEC Antíoco Epifânio (IV) herda o Império Selêucida e inicia a helenização forçada do seu império.

175 AEC Antíoco Epifânio nomeia o novo sumo-sacerdote Jasão (Josué em grego), que introduz elementos gregos no Templo. É substituído por Meneleu, ainda mais pró-helenista. As disputas religiosas ficam cada vez mais extremadas.

167 AEC Meneleu substitui a lei mosaica pela lei secular e transforma o Templo em lugar de culto universal, levando para lá uma estátua do deus grego Zeus.

Matatias com os seus seguidores.

166-160 AEC A Revolta dos Macabeus (Asmoneus) contra os pró-gregos e os selêucidas, comandada por Matatias, da família sacerdotal asmoneia e seus cinco filhos Judá ou Judas Macabeu (Martelo), Jônatas, Simão, João e Eleazar.

Judas Macabeu.

164 AEC Judas Macabeu recaptura Jerusalém; como "governador", derruba os ídolos gregos pagãos e reconsagra o Templo. Isso é comemorado com a festa de Hanucá.

161 AEC Judas Macabeu é morto. O seu irmão Jônatas assume a liderança.

152 AEC Os selêucidas percebem que não vão recuperar o controle total da região à força. Reconhecem Jônatas como sumo-sacerdote. Isso é controvertido: tradicionalmente, os asmoneus não são uma família de sumos-sacerdotes.

142 AEC Os selêucidas aceitam que perderam o controle e retiram os seus últimos soldados. Judá conquistou a independência.

Simão Macabeu se torna sumo-sacerdote.

140 AEC Jônatas é morto e sucedido pelo irmão Simão Macabeu, reconhecido como etnarca ou governante pleno da etnia. Ele se alia ao poder crescente de Roma.

134-104 AEC João Hircano (filho de Simão) governa. Continua a expandir o seu território, às vezes usando a conversão forçada. As suas campanhas incluem atrocidades na Samaria e na Iduméia.

104-103 AEC Judas Aristóbulo (filho de João Hircano) mata a mãe e um irmão para tornar-se rei e sumo-sacerdote.

103-76 AEC Governo de Alexandre Janeu (segundo filho de João Hircano), que se intitula "rei" e continua as conquistas violentas na região. Os líderes guerrilheiros asmoneus se tornaram tiranos corruptos. Ele provoca uma guerra civil religiosa entre os saduceus, sacerdotes do Templo que apoiam o seu governo, e os fariseus, partido religioso das pessoas comuns.

Salomé Alexandra.

76-67 AEC Salomé Alexandra, esposa de Alexandre Janeu, se torna rainha e preside uma época áurea. Dá fim à guerra civil e reforma o país. Cria a educação primária compulsória para todos os meninos e meninas. Como as mulheres não podem ser sumos-sacerdotes, para esse papel ela nomeia o filho Hircano. Sabedora de que Judá está cercado por nações famintas e poderosas, ela tenta unificar o povo e fortalecer o país trazendo os fariseus para o Sinédrio. Permite que as suas leis orais sejam aceitas nos tribunais.

67 AEC Roma, a nova potência regional, conquista a Síria. O general romano Pompeu agora está na fronteira de Judá.

67-63 AEC A influência unificadora de Salomé Alexandra termina. A guerra civil começa entre os seus filhos Hircano e Aristóbulo. Ambos pedem ajuda a Roma.

Mariamne, uma das últimas da dinastia asmoneia, foi morta pelo marido Herodes, o Grande, para promover as suas ambições dinásticas.

63 AEC Pompeu cruza a fronteira, captura Jerusalém e assume ele mesmo o controle. Troca o nome do país para Judeia. Hircano se torna sumo-sacerdote e, como Hircano II, rei com autoridade limitada sob Pompeu de Roma. É o fim da independência judaica.

48 AEC Guerra civil romana. Pompeu é derrotado por Júlio César. Roma assume a Judeia. Antípatro, assessor de Hircano, se torna administrador da Judeia.

40 AEC Matatias Antígono, filho de Aristóbulo, consegue o apoio dos partas e expulsa os romanos. Ele se torna Antígono II, o último rei asmoneu.

Os Herodes

40 AEC *Herodes, filho do administrador romano Antípatro, foge para Roma depois da revolta de Antígono. É nomeado rei cliente romano da Judeia.*

37 *Herodes retorna à Judeia com um exército e, finalmente, derrota e executa Antígono II. Torna-se conhecido como Herodes, o Grande. Mata todos os descendentes dos asmoneus que consegue encontrar, inclusive a esposa Mariamne e os filhos do casal. Amplia o reino e constrói novas cidades, como Cesareia, e fortalezas, como Massada. Quando os judeus começam a se espalhar pelo Império Romano, ele ajuda as comunidades com fundos de caridade. Separa as funções de sumo-sacerdote e governante secular e força o Sinédrio (conselho, em grego), tribunal sacerdotal que se reúne no terreno do Templo, a se concentrar apenas em questões religiosas.*

4 *O reino de Herodes é dividido entre três de seus filhos. Nem eles nem os filhos são bons administradores.*

PERSEGUIÇÃO

"Os judeus são um povo nervoso. Dezenove séculos de amor cristão cobraram o seu preço."
Benjamin Disraeli

AS PERSEGUIÇÕES INCLUÍRAM
Sequestro de crianças
Humilhações
Restrições
Expulsões
Ataques
Assassinatos
Holocausto

Um auto da fé da Inquisição espanhola.

400–c.200 AEC

Neemias se curva à ordem de Ciro e se prepara para retornar a Jerusalém.

400-300 AEC Período do Segundo Templo
Os templos das províncias desaparecem, pois o novo Templo de Jerusalém é o foco religioso da nação. As sinagogas são usadas para estudo e educação. Começa a leitura do Pentateuco em todas as sinagogas, o que leva ao desenvolvimento do Midrash – a explicação e interpretação da Torá. Outras mudanças são a proibição de se casar com não judeus e o fim da escravidão, pois se instala o princípio de que todos têm condições iguais perante a lei.

332-330 AEC Alexandre, o Grande, conquista o Império Persa e assume as suas terras, dando início ao período helenístico.

Reconstrução do Segundo Templo.

300-200 AEC Período Helenístico. Como reação à adoção crescente de alguns costumes e pontos de vista gregos, desenvolve-se o grupo político dos assideus, centrado na manutenção da lei mosaica e na crença de que um rei da linhagem de Davi seria restaurado.

c. 300-200 AEC O Império Ptolomaico entra em guerra com os reis selêucidas da Síria.

c. 250 AEC Ptolomeu II encomenda a tradução da Torá (os Cinco Livros de Moisés) para o grego. É a chamada Septuaginta, pelos 72 estudiosos que trabalham nela.

"Mapa" contemporâneo da antiga cidade grega de Jerusalém.

c. 201 AEC O Livro dos Profetas (Nevi'im), segunda parte da Bíblia, está em processo de ser canonizado como escritura.

c. 200 AEC Os sírios selêucidas derrotam o Egito e assumem o controle da região. Os povos de todo o Império Selêucida são incentivados a adotar pacificamente a cultura e os costumes gregos.

c. 200 AEC-135 EC Estabelecida a comunidade religiosa de Qumran..

O ambiente deserto do povoado de Qumran, onde provavelmente viveram os autores dos pergaminhos do Mar Morto.

PERSEGUIÇÃO

CRONOLOGIA DA PERSEGUIÇÃO

PERSEGUIÇÃO PAGÃ (CLÁSSICA)

Como a cultura e os costumes judaicos são diferentes dos outros grupos e a lei judaica exige o monoteísmo e a separação, os judeus foram perseguidos por não se comportar como o grupo majoritário.

"O mundo ocidental sofre de judeofobia [...] é uma aberração psíquica [...] é uma doença de dois mil anos e incurável."
Leon Pinsker

Século V AEC História do Purim. O cortesão persa Hamã decide matar todos os judeus porque um judeu não se curvou diante dele. São salvos por Ester, a esposa judia do rei.

70 EC Sufocada a revolta contra os romanos na Judeia. Jerusalém e o Templo são destruídos, cerca de cem mil judeus, escravizados e a maior parte dos outros se espalha pelo Império Romano, a Diáspora. Embora não seja "antissemitismo", mas a eliminação de uma revolta política, isso leva ao exílio de quase todos os judeus, que agora se tornam súditos de governantes estrangeiros.

135 O imperador romano Adriano instiga uma séria perseguição dos judeus. Ele proíbe a circuncisão, a leitura da Torá, o consumo de pão não fermentado no Pessach e outras

Busto do imperador Adriano.

festas judaicas. Manda construir templos pagãos no Monte do Templo, em Jerusalém, e na colina do Gólgota, fora da cidade.

200 O imperador romano Severo proíbe a conversão ao judaísmo.

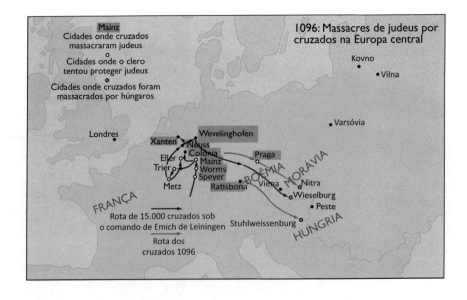

ANTISSEMITISMO RELIGIOSO (ANTIJUDAÍSMO)

Judeus perseguidos por seguirem a sua religião. Um dos princípios básicos do cristianismo era que os judeus foram responsáveis pela morte de Jesus e, portanto, eram culpados de deicídio, o maior crime da história. Os cristãos também sustentavam que o cristianismo tinha superado o judaísmo e que todos os judeus deviam se converter. Essas ideias levaram à perseguição dos judeus em todo o mundo cristão. Embora alguns papas condenassem a violência e os libelos de sangue, os ataques a judeus eram frequentemente inspirados por homens da igreja local. O islamismo não tinha as mesmas razões religiosas para perseguir os judeus.

- **c. 306** A igreja cristã começa a regular a presença de judeus. O Sínodo de Elvira proíbe casamentos entre cristãos e judeus.
- **313** O Édito de Milão do imperador Constantino torna o cristianismo uma religião legalizada no Império Romano.
- **315** O Código de Constantino tira alguns direitos dos não cristãos. Os judeus são proibidos de ficar em Jerusalém e não podem pregar a conversão.
- **325** O Concílio cristão de Niceia separa a festa da Páscoa do Pessach judeu. "De hoje em diante, que não tenhamos mais nada em comum com esse povo odioso".
- **337** Constâncio, filho de Constantino, acrescenta mais leis pró-cristãs.
- **339** Proibida a conversão ao judaísmo.
- **367-376** Santo Hilário de Poitiers chama os judeus de povo amaldiçoado por Deus. Santo Efrém chama as sinagogas de "bordéis".
- **388** O bispo Ambrósio de Milão convence o imperador Teodósio a não forçar os cristãos a reconstruir uma sinagoga que tinham

176 AEC Antíoco Epifânio herda o Império Selêucida e inicia uma helenização mais intensa do seu império.

A Grande Sinagoga de Alexandria, no Egito. A presença judaica no Egito começou em tempos antigos.

175 As disputas religiosas ficam cada vez mais extremadas quando Antíoco Epifânio nomeia sumos-sacerdotes que levam elementos gregos para o Templo.

166-160 AEC A Revolta dos Macabeus (Asmoneus) contra os pró-gregos e os selêucidas, comandada por Matatias, da família sacerdotal asmoneia e seus cinco filhos, Judas Macabeu (Martelo), Jônatas, Simão, João e Eleazar.

164 AEC Judas Macabeu recaptura Jerusalém, derruba os ídolos gregos pagãos e reconsagra o Templo.

152-142 AEC Judá conquista a independência dos selêucidas.

139 AEC Missionários judeus são proibidos de entrar na cidade de Roma.

129 AEC Colapso do Império Selêucida. Os partas conquistam a Babilônia e deixam o povo livre para praticar o autogoverno e as suas religiões próprias.

Fim do século II AEC De acordo com as tradições de Bene Israel (judeus de Concão, na Índia), refugiados da Galileia que fogem de Antíoco Epifânio se instalam na Índia.

100 AEC a 0 EC Virada da era: dois grandes sábios, Hilel e Shamai, de escolas rivais, debatem cerca de cem pontos em disputa. Hilel se identifica com as classes mais pobres e apresenta pontos de vista liberais e compassivos, contra o conservadorismo mais rígido de Shamai, seguido pelos mais ricos. Por volta de 90 EC, as opiniões de Hilel vão predominar. Hilel também formula as regras para a interpretação da Bíblia, e, em grande medida, a reconstrução do judaísmo depois da destruição do Templo se deve a ele.

PERSEGUIÇÃO

queimado dizendo que o interesse religioso é mais importante do que a lei civil.

Em 395, o cristianismo se torna a religião oficial do Império Romano. Os judeus são proibidos de ocupar cargos oficiais.

c. 400 São João Crisóstomo escreve oito sermões condenando o judaísmo e tenta impedir o interesse nas raízes do cristianismo.

415 São Cirilo, bispo de Alexandria, incita à violência contra os judeus da cidade. Muitos fogem ou são expulsos. A partir de então, tumultos e assassinatos de judeus se tornam comuns em todo o mundo cristão.

415 Santo Agostinho escreve: "O judeu [...] carregará para sempre a culpa pela morte de Jesus."

489-519 Os cristãos destroem sinagogas em Ravena, Antioquia e Dafne.

528 O código legislativo do imperador Justiniano proíbe os judeus de construir novas sinagogas, reunir-se em público e depor contra cristãos em tribunais.

535 O Sínodo de Clermont anuncia que judeus não podem ocupar cargos públicos nem ter autoridade sobre cristãos.

612 Os judeus são proibidos de possuir e cultivar terras e de exercer determinados ofícios.

613 Começa a perseguição na Espanha quando os reis visigodos se convertem ao cristianismo. Os judeus são expulsos ou convertidos à força.

694 O Concílio cristão de Toledo define os judeus como servos do príncipe. Os judeus que permanecem na Espanha são escravizados.

717-720 O Pacto de Omar é instituído pelo califa muçulmano Omar II. Impõe vestimentas especiais e distintas a judeus e cristãos que vivam em países muçulmanos e proíbe cerimônias públicas. Em troca, os não muçulmanos são oficialmente protegidos. Em geral, as vestimentas especiais foram abandonadas, mas o Pacto permanece em vigor durante mais de mil anos em algumas regiões do Oriente Médio.

855 Os judeus são expulsos da Itália.

1050 O Sínodo de Narbona proíbe cristãos de morar no lar de judeus.

1078 O papa Gregório VII anuncia que os judeus não podem ocupar cargos públicos nem ter posição social superior à dos cristãos.

1096 Primeira Cruzada com a meta de libertar Jerusalém dos muçulmanos. Os judeus também são citados como inimigos da Cristandade. No caminho pela Europa rumo à Terra Santa, os cruzados massacram judeus. Doze mil são mortos só no vale do Reno, em cidades como Mainz, Speyer, Worms e Colônia.

1099 Os cruzados capturam Jerusalém e matam a maioria dos judeus da cidade.

1121 Os judeus são exilados de Flandres, na Bélgica, até "se arrependerem de ter matado Jesus Cristo".

1130 Os judeus de Londres, na Inglaterra, são forçados a pagar multa depois de uma falsa acusação de homicídio.

1144 Primeiro caso conhecido de libelo de sangue – acusação de que judeus matam crianças cristãs para usar o sangue no pão ázimo de Pessach – ocorre em Norwich, na Inglaterra.

1146 Segunda Cruzada. Novamente, setores da igreja cristã exigem que os judeus sejam

Caricaturas que estereotipam judeus foram comuns desde a Idade Média.

24

100 BCE–c. 30 EC

Apavorados com a Peste Negra, os cristãos da Europa ocidental culparam os judeus. Os massacres foram comuns.

destruídos. No entanto, o sacro imperador romano Conrado e o abade Bernardo de Claraval protegem os judeus.

1180/1 O rei Felipe da França expulsa os judeus do país e confisca todas as suas casas e terras.

16 de março de 1190 Massacre de York, na Inglaterra. Cerca de 150 judeus morrem. Como muitos tumultos antijudaicos, a multidão é comandada por um homem que deve dinheiro a um agiota judeu.

1205 O Papa Inocente III escreve: "Os judeus, por sua própria culpa, estão destinados à servidão perpétua porque crucificaram o Senhor".

"O antijudaísmo nazista foi a obra de criminosos sem deus e anticristãos. Mas não seria possível sem a pré-história de quase dois mil anos de antijudaísmo 'cristão'." Hans Küng

- **100 AEC a 0 EC Dinastia Asmoneia** Desenvolvem-se os essenos, fariseus e saduceus, grupos religiosos separados. O sectarismo religioso se torna violento e divisivo.
- **63 AEC** O general romano Pompeu atravessa a fronteira da Síria, captura Jerusalém e assume o poder. Troca o nome do país para Judeia. O asmoneu Hircano se torna sumo-sacerdote e, como Hircano II, rei com autoridade limitada.
- **30 AEC** Cleópatra, a última da dinastia ptolomaica, se mata para não ser levada como cativa para Roma por Otaviano (César Augusto).
- **22 AEC** Herodes começa a ampliar o Monte do Templo e reforma o Templo como uma das maiores edificações do seu tempo. A obra continua pelos noventa anos seguintes.
- **c. 10 AEC-c. 65 EC** Gamaliel I é o primeiro sábio a ser chamado de rabã (*rabban*, nosso mestre).
- **6 AEC** Com procuradores, Roma assume o controle direto da Judeia.
- **0 EC**
- **6** O movimento zelote começa como oposição violenta ao domínio romano. Há surtos frequentes de violência.
- **c. 20-33** Ministério de Jesus de Nazaré. Os seus seguidores são judaico-cristãos, judeus que praticam o judaísmo e aceitam Jesus como o personagem messiânico que retornaria.
- **c. 20-40** Os irmãos judeus Anilai e Asinai têm permissão de administrar uma pequena área na Babilônia como estado judeu semi-independente. Violentos e impopulares, provocam ódio local aos judeus.
- **26-36** Pôncio Pilates é procurador da Judeia.
- **c. 30** Jesus Cristo é crucificado.

Representação de Jesus Cristo num mosaico do século XIII.

PERSEGUIÇÃO

1215 O 4ª Concílio de Latrão da igreja cristã impõe aos judeus roupas ou insígnias especiais. Muitos outros concílios cristãos locais seguem o exemplo. As atividades financeiras dos judeus também são restringidas. O concílio adota a doutrina da transubstanciação, ou seja, que a carne e o sangue de Jesus Cristo estão contidos na hóstia e no vinho consagrados. Imediatamente, surgem novos libelos de que os judeus roubam e profanam a Hóstia.

1233 Forma-se a Inquisição papal para desenraizar heresias. Uma das metas é a conversão dos judeus. As perseguições logo surgem.

1267 O teólogo Tomás de Aquino diz que os judeus deveriam "viver para sempre em servidão".

1267 O Sínodo de Breslau restringe os judeus a pequenas áreas da cidade. Muitos outros estados europeus seguem o exemplo.

1290 Os judeus são expulsos da Inglaterra e do sul da Itália.

1298 Massacres na Alemanha inspirados por um cavaleiro chamado Rindfleisch. Cerca de 146 comunidades são destruídas e milhares morrem.

1306 Os judeus são expulsos da França. Têm permissão de voltar em 1315, desde que paguem uma taxa, mas são novamente expulsos em 1394.

1320 Cruzada dos Pastores. Pastores franceses destroem cerca de 140 comunidades judaicas a caminho da Palestina.

1348-1349 Peste Negra. A peste bubônica chega à Europa vinda da Ásia e mata quase 40% da população. Os judeus são acusados de envenenar poços. Os tumultos antissemitas destroem mais de duzentas comunidades judaicas só na Alemanha. Milhares de pessoas são mortas, geralmente na fogueira.

1350 Os judeus são expulsos de muitos estados alemães e, nos cem anos seguintes, da maior parte da Europa ocidental e central.

1478 Criada a Inquisição espanhola para eliminar hereges, principalmente judeus que se converteram ao cristianismo

A Peste Negra deu fim a um terço da população da Europa.

mas são suspeitos de ainda praticar o judaísmo em segredo.

1481 Primeira fogueira pública – auto da fé – em que a Inquisição espanhola queima hereges.

1492 Os judeus têm a opção de se converter ao cristianismo ou ser expulsos da Espanha. Trezentos mil partem sem tostão.

1497 Os judeus são expulsos de Portugal.

Tortura de judeus durante a Inquisição espanhola.

1516 Os judeus de Veneza são confinados numa pequena ilha que tem o nome da nova fundição de ferro, a Ghetto Nuova. O uso da palavra gueto para um bairro judeu restrito logo se espalha.

1523 O reformador protestante alemão Martinho Lutero se volta contra os judeus quando eles não se convertem ao seu novo movimento cristão.

1528 A Inquisição espanhola chega ao Novo Mundo e investiga famílias convertidas da Espanha em Cuba e no México.

> *"Se o judeu não existisse, o antissemita o inventaria."* Jean-Paul Sartre

1543 Martinho Lutero escreve: "podemos todos nos libertar desse fardo diabólico insuportável, os judeus."

1555 O Papa Paulo IV segrega os judeus romanos num gueto. Outras cidades e estados italianos seguem o exemplo e segregam ou expulsam os judeus. Isso faz parte da Contrarreforma católica, que visa a dar fim aos abusos que provocaram o movimento protestante. O Papa vê a tolerância que permitiu aos judeus se integrarem à sociedade cristã como um dos abusos.

1582 Os judeus são expulsos da Holanda.

1624 Os judeus da Etiópia são perseguidos. Eles se retiram para o isolamento em Gondar, no norte.

1648-1649 O cossaco ucraniano Boris Chmielnitsky se rebela contra a Polônia. Os seus seguidores massacram cerca de um milhão de poloneses e cem mil judeus na Polônia e na Lituânia, destruindo setecentas comunidades. O dinamismo dos judeus do leste europeu se perde.

1676 O financista Samuel Oppenheimer (1630-1703) tem permissão de se instalar em Viena e renovar a comunidade judaica. Mas com a sua morte o estado se recusa a pagar as dívidas que tem com ele.

1678-1679 Os judeus do Iêmen têm os bens confiscados e são lançados na pobreza.

Samuel Oppenheimer.

c. 35-40 O filósofo Fílon de Alexandria (c. 20 AEC-c. 54 EC) faz uma síntese do judaísmo com a filosofia grega de Platão.

c. 37-100 Vida de José ben Matatias ou Flávio Josefo, historiador judeu que escreve a história do seu tempo, importante embora contraditória e, às vezes, inexata: *A Guerra dos Judeus* e *Antiguidades Judaicas*, *Vita* (Vida) e *Contra Apião*.

41-44 O imperador Calígula faz amizade com Herodes Agripa, neto de Herodes, o Grande, rei dos judeus. Depois da morte de Agripa, Roma reinstala os procuradores.

c. 45 São Paulo começa a forjar a igreja cristã.

Jesus expulsa os agiotas do Templo. Até que Paulo começasse a pregar para não judeus, os seguidores de Jesus eram apenas uma das muitas seitas judaicas da época.

c. 50 Paulo leva aos não judeus a sua mensagem de que Jesus é o Messias, iniciando assim a religião separada do cristianismo.

63 Terminada a reconstrução do Templo.

66-70 Grande Revolta e Cerco de Jerusalém. Os zelotes comandam uma rebelião em massa contra o domínio romano, mas acabam vencidos por Tito. Jerusalém é destruída, dando fim ao Período do Segundo Templo. Só o Muro Ocidental do Templo (Muro das Lamentações) sobrevive.

PERSEGUIÇÃO

ANTISSEMITISMO MODERNO

Judeus perseguidos por serem de uma "raça" ou nação diferente. Ataques geralmente realizados pelo Estado. Ao contrário da possibilidade de se converter para escapar da perseguição religiosa, os antissemitas modernos pensam que os judeus não podem jamais escapar da natureza do seu "sangue".

1717 A Polônia cobra um pesado tributo de capitação das comunidades judaicas.

1738 Joseph Süsskind Oppenheimer ("Jud Süss" ou "judeu Süss"), tesoureiro da corte do duque de Württemberg, é executado por acusações falsas depois da morte do seu patrono.

De meados ao fim dos anos 1800 A Europa muda. O conceito de direito natural cresce, levando à emancipação e, em teoria, à total igualdade dos judeus. Ao mesmo tempo, uma nova sensação de nacionalismo e de "pertencer a um povo" traz a ideologia racista. Em geral, os judeus são considerados estrangeiros, não uma parte verdadeira da nação, pertencentes a uma "raça" diferente.

1806 O abade Barruel, padre jesuíta francês, acusa os judeus de instigarem a Revolução Francesa. Ele alega que há uma conspiração judaica internacional.

1840 Libelo de sangue de Damasco. Judeus são acusados do desaparecimento de um monge e de usar o seu sangue no ritual de Pessach. Líderes judeus europeus como Moses Montefiore conseguem defender os judeus de Damasco e convencer o sultão da Turquia a condenar os libelos de sangue.

1858 Edgardo Mortara, de 7 anos, é sequestrado pela igreja da Itália alegando que a sua enfermeira o batizara secretamente quando bebê. Há indignação internacional, mas Edgardo não é devolvido à família.

Dezembro de 1862 O general americano Ulysses S. Grant expulsa os judeus da área controlada pelo seu exército. O presidente Lincoln revoga a expulsão.

1867 Fundada a Ku Klux Klan nos Estados Unidos para manter a "supremacia branca". Ao lado dos afro-americanos, os judeus também são alvo.

1878 Primeiro uso da palavra "antissemitismo" pelo agitador alemão Wilhelm Marr. Ele quer substituir a palavra alemã *Judenhass* (ódio aos judeus) por um termo "científico". As posturas antissemitas dão aos partidos políticos da Europa seguidores entre os ressentidos com o sucesso dos judeus assimilados. Muitos judeus alemães consideram a fase temporária.

1881 Alexandre II da Rússia é assassinado, e os judeus se tornam os bodes expiatórios. Uma onda de *pogroms* ("tempestade", em russo) ou ataques oficialmente sancionados em 1881-1884, 1903-1906 e 1918-1920 matam dezenas de milhares de judeus, deixando os sobreviventes pobres e sem teto. A palavra *pogrom* entra nas línguas do mundo.

1893 Os partidos políticos antissemitas conquistam dezesseis cadeiras no parlamento alemão.

1894-1906 Caso Dreyfus. Alfred Dreyfus (1859-1935), capitão judeu do exército francês, é acusado de traição, enquanto igreja, governo e exército se unem para ocultar o verdadeiro culpado. Os liberais se ofendem com o tratamento dado a ele, mas o antissemitismo aumenta na França. Finalmente, Dreyfus é inocentado.

1903 *Pogrom* de Kishinev, na Bessarábia, Rússia. Pelo menos 45 judeus são mortos no tumulto. Há indignação internacional e surgem grupos judeus de autodefesa.

1905 Instigados pela polícia secreta da Rússia tsarista, surgem os antissemitas Protocolos dos Sábios de Sião, na intenção de denunciar uma conspiração judia global.

1917 Na Guerra Civil russa há *pogroms* generalizados contra os judeus, cometidos principalmente pelo Exército Branco reacionário, que culpa os judeus pelas dificuldades da Rússia.

Entreguerras A discriminação contra judeus é generalizada. Nos EUA, os judeus são bani-

68–100 EC

dos de bairros, clubes e outras organizações sociais.

Década de 1920 Os antissemitas da Alemanha culpam a "influência judaica" pela derrota do país na Primeira Guerra Mundial e pelas constantes dificuldades econômicas. Adolf Hitler reforça o ódio aos judeus, e o Partido Nazista põe o antissemitismo no centro do seu programa.

1920 Henry Ford, fabricante americano de automóveis, publica artigos antissemitas no seu jornal semanal.

1922 Lideradas por Harvard, as universidades americanas limitam o número de alunos judeus.

1924 Os EUA impõem cotas estritas de imigração com a meta de reduzir o número de pessoas do sul e do leste da Europa.

1933 O Partido Nazista de Hitler assume o poder na Alemanha. A discriminação cruel e a violência contra os judeus começam imediatamente.

1938 Conferência de Évian sobre refugiados. A República Dominicana é o único país do mundo disposto a aceitar grande número de judeus refugiados da Alemanha nazista.

1939-1945 O Holocausto e a Segunda Guerra Mundial: seis milhões de judeus europeus são sistematicamente assassinados pelos nazistas e seus partidários.

Junho de 1939 Novecentos refugiados judeus a bordo do SS *St Louis* têm sua entrada recusada em Cuba e nos Estados Unidos e são mandados de volta à Europa.

1946 A violência contra os judeus continua na Polônia, principalmente em Kielce, onde 43 sobreviventes do Holocausto são mortos depois de um libelo de sangue.

1948 O desagrado com o sionismo e a criação do Estado de Israel levam ao antissemitismo em muitos países muçulmanos. Os judeus são perseguidos e restringidos até a maioria migrar, geralmente deixando para trás posses e dinheiro.

1965 O Concílio Vaticano Segundo perdoa os judeus pelo crime de deicídio.

68-69 A petição do rabino Yochanan ben Zakai, integrante do Partido da Paz que se opunha à violência zelote, feita aos romanos para criar um centro judeu em Yavne é aprovada. Ele se torna a primeira yeshivá ou academia talmúdica. Depois da queda de Jerusalém, o seu conselho rabínico se torna o novo Sinédrio, supremo corpo legislativo e jurídico.

70-73 Defesa final dos zelotes em Massada.

c. 80 Gamaliel II (c. 45-115) sucede Yochanan bem Zakai como presidente do Sinédrio de Yavne.

c. 90-150 Os Escritos (Ketuvim), terceira e última divisão da Bíblia, são finalizados e canonizados como escritura sagrada.

A rocha-fortaleza de Massada no deserto da Judeia, cena da defesa final dos zelotes.

c. 100 O rabino Aquiva se torna um estudioso renomado e autoridade rabínica.

100-200 Depois do Segundo Templo: sem Estado nem Templo, a sinagoga se torna o foco das comunidades judaicas. Os rabinos substituem os sacerdotes. Os saduceus, ligados ao ritual e aos sacrifícios no Templo, se extinguem. A lei e os rituais religiosos são usados para unir os judeus do mundo inteiro e lembrar-lhes de que o seu lar é a terra do Templo.

Detalhe do triunfal Arco de Tito, em Roma, única imagem sobrevivente dos tesouros sagrados do Templo levados por Tito.

PERSEGUIÇÃO

1986 Terroristas matam a tiros 22 fiéis numa sinagoga de Istambul, na Turquia.

2003 A União Europeia divulga que o antissemitismo está crescendo.

15 de novembro de 2003 Duas sinagogas são alvo de bombas na Turquia. 23 pessoas morrem, entre judeus e não judeus.

2005 Pesquisa da Liga Antidifamação dos EUA indica que 36% dos afro-americanos ainda demonstram atitudes antissemitas; 29% dos hispânicos e 9% dos brancos são antissemitas.

2010 A jogadora de tênis israelense Shahar Peer recebe garantia por escrito dos Emirados Árabes Unidos de que poderá jogar no Campeonato de Dubai. No ano anterior, ela foi impedida de entrar no país.

2010 Ataques antissemitas em Malmö, na Suécia, causam a partida de muitos judeus. O prefeito diz que as críticas à sua negação do problema são orquestradas por um *lobby* pró-Israel.

2012 Pesquisa mostra que, na Alemanha, 18% dos turcos acham que os judeus são seres humanos inferiores. Outro estudo constata que a maioria dos jovens muçulmanos da Alemanha têm opiniões antissemitas.

2012 Metade dos ataques racistas na França são contra judeus.

Vítimas dos nazistas jazem insepultas num campo de extermínio.

Março de 2012 Em Toulouse, na França, um muçulmano mata três crianças e o seu professor numa escola judaica.

2012 Uma pesquisa da Agência dos Direitos Fundamentais da União Europeia constata que 40% dos incidentes graves de violência contra judeus vieram de extremistas muçulmanos. Pessoas com opiniões políticas de extrema direita executaram 14% dos ataques.

Dezembro de 2013 O comediante francês Dieudonné M'Bala M'Bala conclama os seus seguidores a odiar judeus. Ele diz de um radiojornalista judeu: "Quando ouço Patrick Cohen falar, penso comigo: câmeras de gás... ruins demais".

2013 O número de crimes de ódio registrados contra judeus britânicos dobra.

2014 Uma manifestação pró-palestina em Paris resulta em várias lojas casher incendiadas e no lançamento de coquetéis Molotov numa sinagoga.

2014 Grupos judeus dizem que usar quipá em público é perigoso em muitas áreas dos subúrbios de Paris, e grande número de famílias judaicas se muda.

2014 Três palestinos alemães tentam incendiar uma sinagoga no aniversário da Kristallnacht. O tribunal local determina que a ação foi anti-israelense e não antissemita, e eles não são punidos.

Shahar Peer.

Janeiro de 2015 No ataque a um supermercado casher de Paris, islamitas matam quatro judeus.

Janeiro de 2015 O primeiro vice-presidente da Comissão Europeia afirma que o antissemitismo europeu é uma questão mais importante do que muitos problemas econômicos que a Europa enfrenta.

Outubro de 2015 Vinte mil israelenses abrem um processo coletivo contra o Facebook, exigindo que sejam apagadas postagens "que incitem continuamente a matar judeus".

2016 Um imã canadense pede a morte de judeus e os chama de "escória da humanidade".

2016 Ferve a controvérsia sobre antissemitismo no Partido Trabalhista britânico. Uma pesquisa constata indícios generalizados de atitudes ignorantes.

2017 Uma pesquisa do Instituto de Pesquisa de Políticas Judaicas do Reino Unido revela que 30% dos britânicos veem os judeus com desagrado, que há antissemitismo disfarçado de antissionismo na extrema esquerda e que, quanto mais religiosos, mais antissemitas são os entrevistados muçulmanos.

2017 Na França, os incidentes antissemitas violentos aumentam 26%.

2017 Os incidentes antissemitas violentos aumentam 34% na Grã-Bretanha.

2017 O antropólogo Philip Carl Salzman descreve o novo antissemitismo liderado por marxistas, etnonacionalistas árabes e supremacistas islâmicos.

2017 Há uma média de quatro incidentes antissemitas criminosos por dia na Alemanha. Um terço dos judeus alemães relata experiências antissemitas, principalmente por parte de muçulmanos.

2017 Os crimes de ódio antissemita chegam ao pico histórico de 1.382 no Reino Unido.

2018 Um estudo verifica que o antissemitismo é significativamente mais alto em muçulmanos do que em não muçulmanos.

2018 Depois do incêndio num shopping que matou 64 pessoas na Sibéria, surgem postagens na mídia russa culpando judeus. Num libelo de sangue clássico, foi dito que recolhiam sangue para fazer matzá.

2018 Os incidentes antissemitas aumentam 57% nos EUA.

2018 O Congresso Judaico Europeu relata o aumento de ódio explícito a judeus, além do ressurgimento de tropos antissemitas.

2018 O Prêmio Echo de música da Alemanha é concedido a rappers que apresentam letras antissemitas.

Janeiro de 2018 A Liga Antidifamação registra mais de 4 milhões de tuítes antissemitas em 2017, uma média de 80.000 por semana.

Abril de 2018 Um estudo do Centro Kantor, de Israel, verifica que, no mundo inteiro, os incidentes antissemitas violentos caíram 9% em 2017 em comparação a 2016, embora o assédio e a importunação aumentassem de forma marcante.

Abril de 2018 Nos Países Baixos, 41% de todos os ataques de ódio são dirigidos a judeus, o dobro de 2016.

Maio de 2018 Um relatório europeu sobre o aumento do antissemitismo parece desculpar a atividade antissemita dos muçulmanos quando diz que eles são vítimas de discriminação.

Maio de 2018 Os judeus da França têm 25 vezes mais probabilidade de serem atacados do que os muçulmanos, de acordo com um relatório.

2018 O Partido Trabalhista britânico é novamente acusado de antissemitismo e redige um Código de Conduta contra o Antissemitismo, criticado por grupos judaicos por não adotar inteiramente a definição da Aliança Internacional para a Memória do Holocausto.

TEXTOS SAGRADOS, PRÁTICAS E CRENÇAS

"Não há povo mais difícil de entender do que os judeus." – Elias Canetti

FUNDAMENTOS DA FÉ JUDAICA

O judaísmo é, ao mesmo tempo, crença e prática

CRENÇA: OS 13 FUNDAMENTOS DA FÉ JUDAICA DE MAIMÔNIDES

As definição mais aceita das crenças judaicas, embora os movimentos liberais questionem muitas delas, encontram-se no *Comentário sobre a Mishná* de Maimônides: Sinédrio 10.

1. Existe um Deus
2. Deus é uma unidade única e absoluta
3. Deus não tem corpo físico e está em toda parte
4. Deus é eterno
5. Deus e somente Deus deve ser adorado
6. Deus se comunica com os seres humanos por meio de profecias
7. Moisés foi o maior dos profetas
8. A Torá foi dada por Deus a Moisés
9. A Torá é completa e não pode ser alterada
10. Deus sabe tudo o que fazemos
11. Deus recompensa os que obedecem às leis e pune os transgressores
12. Haverá um Messias
13. Os justos mortos serão ressuscitados

Representação das placas de pedra com os Mandamentos entregues por Deus a Moisés.

Exemplo de um rolo espetacularmente belo da Torá.

PRÁTICAS: A HALACÁ (LEI)

Conjunto de regras e costumes que abrange todos os aspectos da vida. Também pode ser traduzido como "o caminho que se percorre".

Como abrange áreas como alimentação, saúde e higiene, os judeus se diferenciaram em toda a história.

Os judeus seculares geralmente mantêm alguns costumes e tradições sem investi-los de crença religiosa.

A Halacá contém:

* 613 *mitzvot* (mandamentos) na Torá. Não são mutáveis, mas muitos não podem ser seguidos hoje, como as leis do Templo, que não podem ser observadas porque o Templo não existe.
* Leis rabínicas para prevenir que se quebre acidentalmente uma lei da Torá. São obrigatórias, mas podem ser mudadas pelos rabinos.
* Leis rabínicas que não derivam da Torá, como a regra de acender velas em Hanucá. Essas leis podem diferir entre as comunidades e são determinadas pela interpretação rabínica.
* Costume religioso que se tornou obrigatório (*minhag*). Essas leis são mutáveis.

TANAKH, A BÍBLIA

Tanakh, a Bíblia, acrônimo das primeiras letras dos seus três livros: Torá, Nevi'im, Ketuvim.

NEV'IM (OS PROFETAS)
Visões religiosas e morais dos principais profetas. Vai da chegada do povo judeu à Terra de Israel até o exílio na Babilônia. 6. Josué, 7. Juízes, 8. Livros de Samuel (I, II), 9. Livros dos Reis (I, II), 10. Isaías, 11. Jeremias, 12. Ezequiel, 13. Os profetas menores (Livro de Oseias, Livro de Joel, Livro de Amós, Livro de Obadias, Livro de Jonas, Livro de Miqueias, Livro de Naum, Livro de Habacuque, Livro de Sofonias, Livro de Ageu, Livro de Zacarias, Livro de Malaquias).

KETUVIM (OS ESCRITOS)
Também chamado de Hagiógrafo. Contém literatura sobre sabedoria, poesia e textos históricos. Começa com o retorno do exílio babilônico para Jerusalém. Os livros são: 14. Salmos, 15. Provérbios, 16. Livro de Jó, 17. Cântico dos Cânticos, 18. Ruth, 19. Lamentações, 20. Eclesiastes, 21. Livro de Ester, 22. Daniel, 23. Esdras-Neemias, 24. Livros de Crônicas (I, II).

> **TORÁ – A LEI**
> *O mais sagrado dos textos judaicos. Consiste do Pentateuco (os cinco livros de Moisés): Gênesis, Êxodo, Levítico, Números, Deuteronômio. Contém a base religiosa do judaísmo: a história da criação; a aliança de Abraão com Deus; as revelações de Deus a Moisés; leis judaicas básicas; a entrada na Terra Prometida. Portanto, é o início da história do povo judeu. Tradicionalmente entregue por Deus a Moisés no monte Sinai, embora hoje muitos acreditem que foi compilada com o passar do tempo por autores diferentes.*

TEXTOS SAGRADOS, PRÁTICAS E CRENÇAS

O TALMUDE

Palavra que deriva de "o ato de estudar", o Talmude contém a Mishná e os seus comentários, conhecidos como Guemará.

Há dois Talmudim, o de Jerusalém e o Babilônico, finalizados no início do século VI. Ao contrário da Bíblia, os textos talmúdicos estão sujeitos a uma ampla variedade de interpretações.

COMENTÁRIOS

Também chamados de *targumim* (traduções), os comentários visavam a ajudar o público a entender tanto o texto quanto as tradições religiosas. O comentador rabínico mais conhecido é Rashi (Shlomo Yitzḥaqi ou Salomão ben Isaac, 1040-1105). O primeiro comentário abrangente sobre toda a Mishná foi de Moisés Maimônides (1135-1204). Há tanta literatura no campo que os comentários ocupam quase a página inteira do Talmude.

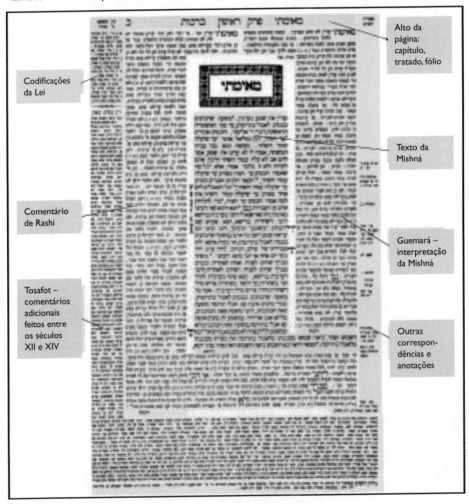

Página típica do Talmude, segundo o modelo do Talmude Babilônico impresso em 1520-1523.

- Alto da página: capítulo, tratado, fólio
- Codificações da Lei
- Comentário de Rashi
- Tosafot – comentários adicionais feitos entre os séculos XII e XIV
- Texto da Mishná
- Guemará – interpretação da Mishná
- Outras correspondências e anotações

O TALMUDE IMPRESSO HOJE

O projeto gráfico do Talmude data da primeira edição impressa, produzida em 1520-1523 pelo primeiro impressor da Itália, Daniel Bomberg (cristão). O fato de ele possuir fontes hebraicas indica a força da cultura judaica na época. A paginação e a diagramação que criou se tornaram um padrão ainda seguido. Uma página típica contém apenas uma pequena quantidade de texto talmúdico no centro, com comentários nos dois lados: os de Rashi e os Tosafot (Adições), obra de rabinos dos séculos XII a XIV (tosafistas), que acrescentaram ao Talmude notas de rodapé extras para esclarecer e resolver as incoerências percebidas. A página também contém interpretações, outros comentários e notas, referências a versículos bíblicos e correções textuais.

Obediência à Lei: orações no Muro das Lamentações, o que restou da parte ocidental do muro do Templo de Jerusalém.

TEXTOS SAGRADOS, PRÁTICAS E CRENÇAS

MAIS LITERATURA
O Midrash – Textos dedicados à exegese da Bíblia.
Responsa – a "lei comum" judaica. Originária da Diáspora, estão na Responsa as respostas dos rabinos a perguntas de pessoas comuns sobre a interpretação e a aplicação da lei. Surgiram quando as comunidades espalhadas enviaram as suas perguntas aos Gueonim, chefes das academias babilônicas. Portanto, a Responsa cobre todas as circunstâncias e situações. A tradição se mantém até hoje. Outros exemplos de literatura sagrada são o **Hagadá** ou história do Pessach e o **Sidur** ou livro de orações (plural: sidurim).

CÓDICES DE LEIS

A Bíblia e o Talmude contêm a base da lei judaica ou Halacá, mas não são em si códices legais.

O principal livro prático de leis era o Sefer Hahalachot (Livro das Leis), redigido por Isaac ben Jacob Alfasi (o Rif), que viveu de 1013 a c. 1103 Ele foi o primeiro a refinar os textos sagrados em regras definitivas e a codificar a lei por assunto, deixando-a fácil de consultar e relevante para as circunstâncias contemporâneas. Ele deixou de fora as leis do Templo, irrelevantes para os judeus da Diáspora.

Por volta de 1178, Moisés ben Maimon (Rambam ou Maimônides) escreveu o *Mishné Torá* (Segunda Torá), mais abrangente e influente, que indexava todo o Talmude.

Jacob ben Asher (c. 1270-1343) foi o primeiro a dividir a lei em quatro partes, no seu código *Arba'ah Turim* (Quatro Linhas). Mais tarde, a sua organização se tornou padrão.

Em 1565, Joseph Caro (1488-1575) combinou elementos de todos esses num guia serfardita

Os textos sagrados judaicos não têm significado apenas religioso. Eles contêm a história do povo judeu, além de orientações práticas e morais. Portanto, são importantes até para os judeus seculares. Por serem sagrados, não são simplesmente jogados fora. Quando se torna impossível usá-los, os livros ou rolos são colocados num arquivo especial, a guenizá, e mais tarde recebem um sepultamento ritual apropriado para escritos santificados.

novo, conciso e prático da lei, o *Shulchan Aruch* (A mesa está posta). Moshé Isserles, da Polônia (1525 ou 1530-1572), também conhecido como o Rema, acrescentou um *Mapah* ("Toalha") asquenaze em 1570-1571. Os dois livros se tornaram os códices autorizados para quase todos os judeus ortodoxos.

A LEI ORAL

A MISHNÁ
Mishná, que significa "ensino" e "repetição", é o arranjo escrito da lei oral, que, de acordo com a tradição, foi dada por Deus a Moisés ao mesmo tempo que a Torá e transmitida oralmente pelos sacerdotes. A lei oral interpreta e expande a lei escrita da Torá. Depois da destruição do Segundo Templo em 70 EC, os líderes religiosos perceberam que tinham de compilar e escrever a lei oral para que nada

se perdesse, de modo que todos os judeus da Diáspora tivessem as mesmas interpretações corretas.

Os sábios cujos ensinamentos estão registrados na Mishná são chamados de Tanaim (estudiosos). Judá ha-Nasi (Judá, o Príncipe) supervisionou o término da Mishná no início do século III EC.

Os ensinamentos adicionais não incluídos na Mishná são chamados de Toseftá e Baraitá.

Página introdutória da Mishná, edição de Vilna, datada de 1900.

DIÁSPORAS E MIGRAÇÕES ANTIGAS

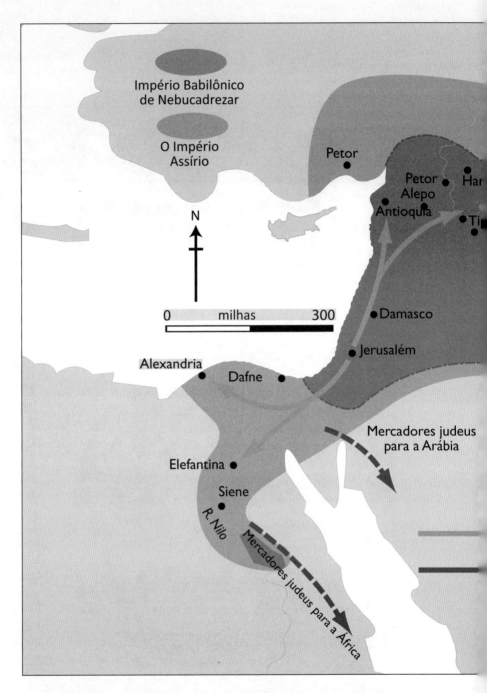

A primeira Diáspora e o Exílio babilônico. Por volta de 722 AEC, o reino de Israel, no norte, se rebelou contra o Império Assírio, que vinha lhe cobrando tributos havia mais de vinte anos. A Assíria sufocou a rebelião e exilou todos os israelitas, que se tornaram as Dez Tribos Perdidas de Israel. Mais tarde, a Babilônia começou a cobrar tributo do reino sulino de Judá.

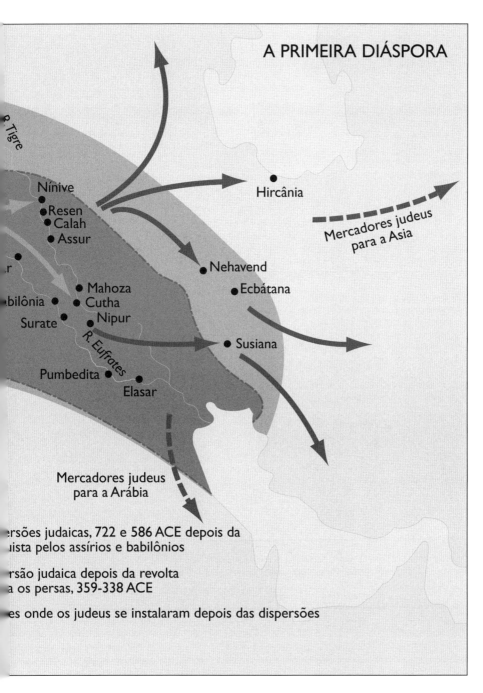

Em 586 AEC, uma rebelião judaica terminou e a maior parte da população de Judá foi levada para o exílio no Império Babilônico. Mas alguns foram para oeste, para o Egito, e mercadores e exploradores judeus ultrapassaram as fronteiras do Império Babilônico e foram para Ásia, Arábia e África.

DIÁSPORAS E MIGRAÇÕES ANTIGAS

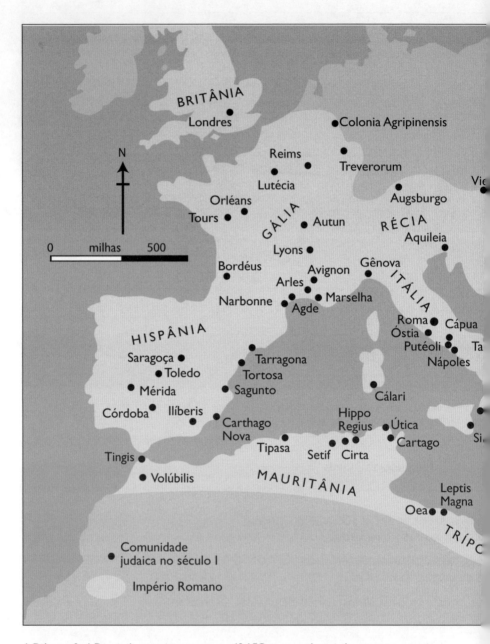

A Diáspora final. Depois da conquista romana em 63 AEC, os mercadores judeus se tornaram ativos em todas as partes do Império Romano. Na Judeia, os judeus se sublevaram em 66 EC. Em 70 EC, a revolta foi finalmente esmagada, e os romanos destruíram Jerusalém. Depois da revolta de Barcoquebas em 132-135, os judeus foram expulsos do país e se dispersaram por todo o império.

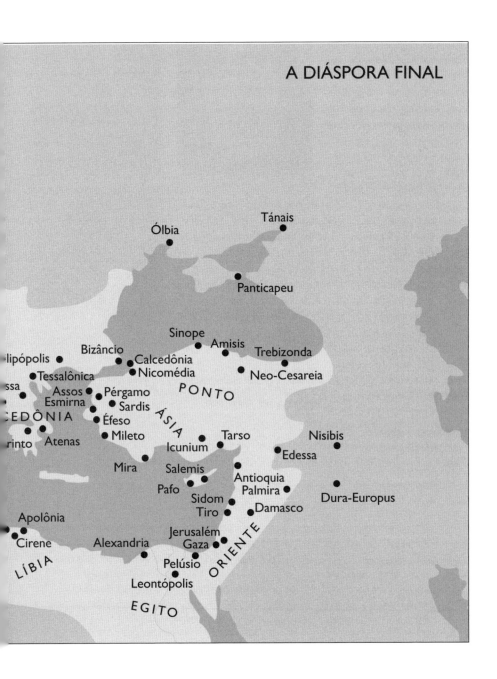

SEFARDITAS

A maioria dos judeus de hoje descende de uma das duas principais divisões da Diáspora: os judeus asquenazes (asquenazim) ou sefarditas (sefardim).

No sentido estrito, os sefarditas descendem dos judeus expulsos da Espanha e de Portugal no século XV. Em sentido mais amplo, incluem os judeus do Oriente Médio e do norte da África que se espalharam mais para o leste da Ásia (geralmente chamados de judeus orientais) e os judeus iemenitas, isolados das outras comunidades judaicas por tanto tempo que, tecnicamente, são um grupo exclusivo.

Os sefarditas chegaram à Península Ibérica vindos de todas as partes do Mediterrâneo. Mais tarde, alguns judeus asquenazes da Europa ocidental se uniram às comunidades mais ricas da Espanha e de Portugal. Portanto, o reservatório gênico era amplo e variado, embora, depois de forçados a partir da Espanha e de Portugal, os grupos de uma área específica tendessem a se instalar juntos. Portanto, é mais frequente os judeus sefarditas serem descritos como subgrupos, como os judeus marroquinos ou tunisianos.

Antes a glória do mundo judeu, o número dos sefarditas exilados declinou lentamente. O Holocausto praticamente eliminou a presença dos judeus sefarditas na Europa, e por pouco os judeus evitaram o mesmo destino nos países norte-africanos ocupados pela Alemanha ou pela França de Vichy. Hoje, o ladino é falado por cerca de 160.000 pessoas e é um idioma em "risco de extinção".

Judeus sefarditas (em sentido horário a partir do alto à esquerda): o estadista e filósofo português Isaac Abrabanel (1437-1508), o erudito David Nieto (1654-1728), que viveu em Londres, e a poeta americana Emma Lazarus (1849-1887).

Sefardim significa:	Ibéria (do nome hebraico da região, Sefarad)
Idioma exclusivo:	Ladino (desenvolvido a partir do espanhol medieval, com hebraico e outros)
Principal códice:	Shulchan Aruch (Mesa posta) de Yosef Caro, 1565
Escola rabínica original:	Babilônia
Sefarditas hoje:	Talvez três milhões no mundo todo

Converso:	Judeu que se converteu ao cristianismo.
Cristão-novo:	Judeu que se converteu ao cristianismo. Geralmente usado em Portugal
Judaizante:	Judeu que se convertia ao cristianismo mas, secretamente, continuava a praticar o judaísmo
Criptojudeu:	Judeu que se convertia ao cristianismo mas continuava judeu em segredo
Marrano	Termo originalmente depreciativo, derivado da palavra marrão (leitão), para judeus que se convertiam ao cristianismo mas permaneciam judeus em segredo.

c. 100–200 Período tanaíta pós-Segundo Templo, no qual a Mishná é compilada.

c. 100–200 Com medo de que os ensinamentos orais que explicam e comentam a Torá fossem perdidos ou esquecidos, os rabinos começam o trabalho de coletá-los e compilá-los como a Mishná ou Lei Oral. Os sábios cujos ensinamentos são mencionados na Mishná são os Tanaim (estudiosos). (Judá, o Príncipe, chefe do Sinédrio de Yavne, supervisiona o término da Mishná **c. 210**.)

115-117 Revoltas da Diáspora. As revoltas judaicas contra Roma em Chipre, Egito e Cirene (norte da África) são todas derrotadas. A Grande Sinagoga e a Grande Biblioteca de Alexandria são destruídas, assim como toda a comunidade judaica de Chipre. Depois, os judeus são proibidos de entrar na ilha.

132-135 Revolta de Barcoquebas. O soldado Simão Barcoquebas é apoiado como messias pelo rabino Aquiva. Os romanos acabam vencendo pelo peso do efetivo. Barcoquebas é morto em combate, o rabino Aquiva é capturado e executado e Jerusalém é arrasada.

136 O imperador Adriano reconstrói Jerusalém como Élia Capitolina e chama a Judeia de "Palestina". Os judeus são expulsos de Jerusalém e proibidos de praticar o judaísmo. No entanto, nisso a yeshivá de Yavne atua como centro do judaísmo. Imperadores posteriores revogam algumas leis mais duras.

Um *shekel* de prata da revolta de Barcoquebas, mostrando uma representação do Templo.

Yavne, que se tornou centro do judaísmo depois da queda de Jerusalém.

c. 140 Nessa época, o líder da comunidade judaica da Babilônia, por tradição descendente do rei Davi, tem o título de Exilarca ou Resh Galuta (príncipe do exílio). Na Babilônia, em várias épocas, os judeus se autogovernam sob o Exilarca, que comanda em nome do governo nacional.

c. 200-300 O Império Romano é atacado por bárbaros e enfraquecido pela guerra civil; há 19 imperadores em 49 anos.

c. 200 O hebraico falado desaparece, substituído pelo aramaico ou pelo grego, e só é usado nos cultos da sinagoga e nos estudos religiosos. No entanto, continua como língua escrita.

212 Agora há comunidades judaicas na Espanha, na França, no sul da Alemanha, na Itália, na Grécia e na Ásia Menor. O coimperador Caracala permite que os judeus livres se tornem cidadãos plenos do Império Romano.

c. 219-220 O sábio babilônico Abba Arika (c. 175-247), chamado de Rav (mestre), funda a academia de Sura, na Babilônia, e dá início ao período rabínico do Talmude. A outra grande academia babilônica é fundada pelo sábio Samuel em Neardeia. Rav populariza o uso da responsa, as cartas a comunidades dispersas. Os sábios ordenados na Palestina recebem o título de Rabi, enquanto todos os babilônios recebem agora o título de Rav.

259 A comunidade e academia de Neardeia, na Babilônia, são destruídas na guerra. A academia reabre em Pumbedita, onde permanece até o século XI.

Imagem de um pintor europeu medieval da expulsão dos judeus de Jerusalém pelo imperador Adriano.

SEFARDITAS

CRONOLOGIA DOS SEFARDITAS

c. 900 AEC. Provavelmente os judeus começaram a se instalar na Península Ibérica, acompanhando mercadores fenícios.

Tárique ibn Ziade (El Moro), emir de Damasco.

Virada da era Judeus acompanham as legiões romanas na Ibéria.

409 Cristãos visigodos conquistam a Espanha e começam as perseguições.

712 Tárique ibn Ziade (El Moro), emir de Damasco, comanda a invasão muçulmana da Espanha. É auxiliado e bem recebido pelos judeus. O domínio visigodo termina e começa a época áurea dos judeus na Espanha, que dura centenas de anos. Os judeus têm de pagar um tributo especial, mas são livres para praticar a sua religião, administrar as suas comunidades e organizar o seu próprio sistema de tribunais. As artes, as ciências e a vida espiritual prosperam.

A Época Áurea

Com a fama de tolerância e erudição da Espanha muçulmana, os judeus acorreram de todo o mundo conhecido para lá. Enquanto os judeus da Europa cristã sofriam perseguição, os sefarditas gozavam da sua época áurea e trabalhavam com colegas cristãos e muçulmanos no resplendor das cortes para criar a civilização mais avançada da Europa na época.

756 Abderramão se torna emir de Córdova. A própria cidade de Córdova cresce até ser a maior da Europa na época, com cem mil habitantes. Milhares de judeus do Marrocos e do Egito começam a migrar para Al-Andalus, a Espanha muçulmana, onde os seus talentos são bem-vindos.

Época Áurea: Conhecimento

Enquanto trabalhavam com colegas cristãos e muçulmanos, os estudiosos sefarditas também criaram novos institutos educacionais judaicos, usando o espanhol como língua de instrução. Assumiram a primazia das academias decadentes da Babilônia, além de avançar o conhecimento de temas seculares, como astronomia, matemática e filosofia.

- *A filosofia grega clássica foi traduzida para o árabe e o hebraico, e daí para o latim, para outros estudiosos europeus.*
- *Desenvolvida a trigonometria*
- *Inventada a álgebra*
- *Adoção dos algarismos arábicos, inclusive com o conceito de zero*
- *Construção de imensas bibliotecas (a de Córdova tinha um milhão de volumes)*

800 Nisso, a erudição viceja na Espanha muçulmana. Os textos gregos são traduzidos para o hebraico e o árabe. Filosofia, teologia, ciência, medicina e literatura se desenvolvem. Mais tarde, em Córdova, a álgebra é

Época Áurea: idioma hebraico

O primeiro tratamento científico da gramática, do vocabulário e da pronúncia do hebraico se deveu ao desenvolvimento de estudiosos sefarditas como Moses ibn Ezra.

c. 280–c. 359 EC

inventada, e o conceito indiano de zero chega à Europa.

912 Abderramão III (891-961) se torna califa da Espanha e produz um dos picos da época áurea. Agora, o centro da cultura judaica passa para a civilização árabe de lá. Mais judeus emigram do leste para esse centro de cultura.

915-970 Vida de Hasdai ibn Shaprut, médico e diplomata, assessor importante dos califas da Espanha.

ÉPOCA ÁUREA: CORTESÃOS

Os cortesãos judeus, instruídos e sofisticados, eram valorizados como autoridades de Estado, embaixadores, tradutores e assessores. Exemplo: Hasdai ibn Shaprut (915-970), médico e diplomata, assessor importante dos califas da Espanha. Ele funda uma academia encabeçada pelo erudito Moses ben Hanokh, além de um centro cultural que apoiava poetas e estudiosos como o linguista Dunash ben Labre e o lexicógrafo Menahem ibn Saruk.

ÉPOCA ÁUREA: MEDICINA

Quando adotaram a medicina como ocupação específica, os judeus se tornaram médicos pessoais de muitos reis, além de professores e escritores.

Cerca de 970 A academia de Córdova é o maior centro de estudos da Diáspora judaica em todas as áreas. Os rabinos de lá assumem a autoridade rabínica da Babilônia. Mais judeus vêm do leste para a Espanha.

6 de maio de 1085 Afonso VI de Castela captura Toledo. O seu médico é o líder judeu **Yosef ha-Nasi** Ferrizuel (Cidelus). Os cristãos espanhóis estavam acostumados à tolerância e à civilização, e agora os judeus prosperam na Espanha cristã, enquanto os

c. 280 A aceitação da Mishná traz a Era de Amoraim, ou estudiosos da Mishná, que a discutem e comentam. Os seus comentários são chamados de Guemará.

Fim do século III Os sassânidas dominam a Babilônia e impõem a sua religião zoroastrista.

c. 306 O Concílio de Elvira, na Espanha, é o primeiro concílio cristão a considerar as relações com o judaísmo e proíbe o casamento entre judeus e cristãos.

313 O Édito de Milão torna o cristianismo uma religião legalizada no Império Romano.

315 O Código de Constantino limita os direitos dos não cristãos. Os judeus são proibidos de entrar em Jerusalém, com exceção de um dia por ano para lamentar a destruição do Templo. Imperadores posteriores fazem novas leis pró-cristãos.

321 Há uma comunidade judaica em Colônia, na Alemanha.

Imperador romano Constantino, o Grande, cuja conversão ao cristianismo mudou o curso da história judaica.

326 A rainha Helena, mãe de Constantino, começa a construir igrejas cristãs na Terra Santa.

327 Os judeus na região da moderna Etiópia fazem intensa objeção quando os cristãos etíopes tentam convertê-los.

330 Constantino faz da cidade reconstruída de Bizâncio a sua capital: Constantinopla. A Palestina é governada por Bizâncio nos próximos trezentos anos.

351 A revolta contra os romanos na Palestina é sufocada.

c. 359 Hilel II, líder do Sinédrio, determina um calendário padrão matematicamente calculado.

Ruínas do teatro da cidade romana de Bete-Seã, no vale do rio Jordão.

SEFARDITAS

governados pelos muçulmanos almôadas fanáticos são perseguidos. O papa pressiona os governantes cristãos espanhóis para tratarem com mais dureza os súditos judeus e muçulmanos.

1075-1141 Yehudah Halevi, médico, filósofo e, provavelmente, o maior poeta da época áurea.

> ### ÉPOCA ÁUREA: MUNDO LITERÁRIO
>
> *Nas cortes civilizadas, a prosa e a poesia eram muito apreciadas. Qualquer que fosse o tema – religião, filosofia, matemática, medicina –, os escritores da época áurea judaica usavam linguagem elaborada e elegante.*
> *Exemplo: Yehudah Halevi (1075-1141), médico, filósofo e, provavelmente, o maior poeta da época áurea. Escreveu canções de amor, uma série de poemas do exílio, os Cantos de Sião, poesia religiosa que passa a fazer parte da liturgia tradicional e o popular Kuzari, ou Livro dos Cazares. Outros grandes poetas foram Salomão Ibn Gabriol e Abraão ibn Ezra.*

1086 Enquanto os cristãos tentam recuperar a Espanha, os reinos muçulmanos de Granada, Sevilha e Badajós pedem ajuda aos almorávidas, guerreiros berberes fanáticos do norte da África. O seu ódio aos não muçulmanos logo expulsa judeus e cristãos para os reinos do norte da Espanha.

1130 Afonso VII abre uma escola em Toledo que dissemina os ensinamentos hebraicos e árabes, além do antigo conhecimento grego, pela Europa ocidental.

1151 Com a chegada de uma dinastia almôada ainda mais fanática à Espanha muçulmana, quase todos os judeus remanescentes fogem para o norte da África ou para a Espanha cristã, onde os judeus instruídos geralmente são bem-vindos.

c. 1159-1172 Benjamim de Tudela parte da Espanha, viaja pelo Oriente Médio e escreve o seu *Itinerário* ou *Livro de viagens*, relato importante das comunidades judaicas que visitou, além de registrar prováveis boatos de povoados na Ásia.

> ### ÉPOCA ÁUREA: FINANÇAS
>
> *Ao contrário dos cristãos, os muçulmanos respeitavam os mercadores. Os sefarditas raramente se tornavam agiotas, mas administravam grandes bancos e casas comerciais que negociavam seda, couro, tecido, cereais, frutas, especiarias e gado. Exemplo: Benjamim de Tudela, por volta de 1159-1172, partiu da Espanha e viajou bastante pelo Oriente Médio, usando a rede extensa que fora montada.*

c. 1178 Moses ben Maimon (Rambam ou Maimônides) (1135-1204) escreve o seu influente códice, a *Mishné Torá* (Segunda Torá), primeira indexação abrangente de toda a Mishná. Nascido na Espanha e forçado a fugir dos almôadas, ele se instala no Egito fatímida e mais tolerante, onde também se torna médico.

1212 A batalha das Navas de Tolosa resulta no controle cristão da maior parte da Península Ibérica. As conversões forçadas aumentam. Muitos cortesãos e financistas judeus, ansiosos para manter a sua posição, aceitam o batismo, mas ainda mantêm alguns costumes judeus tradicionais.

1213-1276 Jaime I se torna rei de Aragão e incentiva os judeus a se instalarem lá. Durante o seu reinado, muitos cargos importantes são ocupados por judeus.

1250 Primeiro libelo de sangue espanhol registrado em Saragoça.

1252 Agora Granada é o único reino muçulmano na Espanha.

Século XII A grande maioria dos judeus do mundo é sefardita.

1290 Muitos judeu expulsos da Inglaterra vão para a Espanha.

361–516 EC

20-23 de julho de 1263 A Disputa de Barcelona. O rei Jaime I de Aragão, na Espanha, ordena um debate entre Moses ben Nahman (Rambam ou Nahmânides, 1194-1270) e um judeu que se convertera ao cristianismo. Dizem a Rambam que ele deve falar claramente, sem medo de repercussões, e assim ele faz, vencendo claramente o debate. No entanto, ameaçado pela Igreja, Rambam foge para a Palestina em 1267. Lá, revive uma sinagoga e, mais tarde, escreve um famoso comentário bíblico.

1303 Asher ben Jehiel, o Rosh (c. 1250-1327), e o seu filho Jacó ben Asher (c. 1270-1343) se mudam da Alemanha para Toledo, na Espanha. As suas obras jurídicas estão entre as primeiras a combinar as autoridades asquenazes e sefarditas. Mais tarde, Jacó

Monumento à batalha de Navas de Tolosa, na Espanha.

- **361-363** O imperador romano Juliano, o Heleno ("o Apóstata"), último imperador não cristão, permite que os judeus reconstruam o Templo. A obra para quando ele morre.
- **c. 380** Agora o cristianismo se tornou a religião estatal de Roma.
- **c. 390** Completado o Talmude (significa "estudo" ou "aprendizado") de Jerusalém. É formado pela Mishná, com comentários de sábios da Palestina.
- **415** Os judeus alexandrinos fogem de uma onda de violência cristã. Grandes comunidades judaicas só voltam a se desenvolver quando os muçulmanos conquistam o Egito.
- **c. 429** As autoridades romanas abolem o cargo de *nasi* (patriarca ou presidente do Sinédrio) e dividem o conselho em dois. As comunidades judaicas da Palestina ficam cada vez mais pobres, e o centro da autoridade rabínica passa à Babilônia.
- **438** A imperatriz Eudóxia permite que os judeus retornem a Jerusalém.
- **450-470** Os zoroastristas começam a perseguir outros grupos na Babilônia. O cargo de exilarca é abolido. Muitos judeus fogem para a Arábia ou para mais longe, até a Índia.
- **c. 500** Completado o Talmude babilônico. Fim do período talmúdico.
- **500** Depois de conquistar a Itália, o rei ostrogodo Teodorico dá aos judeus liberdade de culto.
- **501** Terremoto em Israel destrói parcialmente Acre.
- **Século VI** Introduzidos hinos na liturgia das sinagogas da Palestina. Alguns rabinos desaprovam.
- **513-520** O líder judeu Mar-Zutra comanda uma rebelião na Babilônia e cria, perto de Mahoza (Madaim), um estado independente de vida curta.
- **516** Os judeus do sul da Arábia provavelmente apoiam o rei himiarita monoteísta Dunaas na sua luta contra os invasores cristãos etíopes.

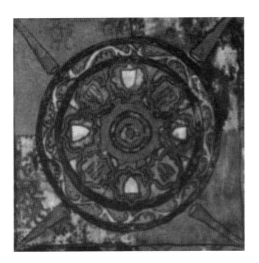

Hagadá do século XIV, de Barcelona, exibe com orgulho o brasão da cidade na imagem do matzá ou pão sem fermento.

Visão artística de um sábio ensinando na Academia de Sura.

SEFARDITAS

Samuel Levi financiou a construção da Sinagoga do Trânsito, em Toledo. Uma placa no lugar onde ele morou informa que o tesoureiro do rei preferiu morrer sob tortura a confessar onde escondia a sua riqueza.

escreve o Arba'ah Turim (Quatro Linhas), códice cuja divisão das leis em quatro partes se torna padrão.

1305 Em Barcelona, Salomão ben Aderet (o Rashba, c. 1235-c. 1310) proíbe os homens com menos de 25 anos de estudar ciência e filosofia. A ideia é impedir que os rapazes fiquem tão racionalistas que se afastem da religião. Ele é tão influente que a proibição se espalha.

1306 A Espanha ainda é um refúgio. Os judeus são expulsos da França, e muitos vão para a Espanha.

1350 Pedro, o Cruel, se torna rei de Castela. O seu tesoureiro é Samuel Levi de Toledo, e o seu médico pessoal também é judeu. Os judeus são sobretaxados e fornecem metade da receita da Coroa em algumas áreas.

1355-1366 Os judeus de Castela, principalmente em Toledo, são perseguidos ou mortos por Henrique de Trastâmara, que se rebela contra Pedro, o Cruel, afirmando que os assessores judeus estão prejudicando o país.

1360 Pedro, o Cruel, prende e mata sumariamente o seu assessor Samuel ben Meir Abulafia, judeu português, e confisca a sua grande riqueza.

1391 A igreja cristã de Sevilha inspira massa-

Representação horrenda da Inquisição espanhola em ação.

48

cres de judeus em Castela e Aragão. Milhares são convertidos à força. Muitos desses conversos continham judeus em segredo.

1413-1414 Disputa de Tortosa. Os representantes judeus são intimidados e enganados para fracassar num debate com teólogos cristãos na Espanha. Desanimados e ameaçados, mais judeus se convertem.

1469 Isabel I de Castela e Fernão II de Aragão se casam, unindo a Espanha num só país. Os judeus da corte ajudam a conseguir a união, na esperança de que uma Espanha pacífica e centralizada ofereça mais segurança e prosperidade.

1473-1478 Abraão Zacuto (1452-c. 1515) escreve a sua importante obra astronômica *Ha-jibbur Ha-gadol* para o bispo de Salamanca, seu patrono. As tabelas e os mapas de Zacuto são usados por Cristóvão Colombo na viagem pelo Atlântico.

1481 Primeira fogueira pública da Inquisição espanhola – auto de fé – para queimar hereges. A Inquisição é criada por Fernão e Isabel para investigar heresias, e os conversos que ainda praticam o judaísmo em segredo se tornam o principal alvo. Usa-se tortura para obter confissões e mais nomes. Em 1483, Tomás de Torquemada, confessor de Isabel, se torna Inquisidor Geral de toda a Espanha.

1492 O astrônomo e matemático Abraão Zacuto, expulso da Espanha, se torna astrônomo da corte do rei João II de Portugal. Ele fornece a Vasco da Gama um novo astrolábio aprimorado e cartas e tabelas marítimas para a viagem de 1496 à Índia.

31 de março de 1492 Édito de Expulsão. Torquemada convence Isabel e Fernão a banir os judeus. Cerca de duzentas mil pessoas – umas trinta mil famílias – partem, geralmente sem tostão. A maioria vai, em primeiro lugar, para Portugal. Cerca de dez mil famílias se convertem e permanecem na Espanha.

1496 Anúncio de que os judeus serão expulsos de Portugal.

520-530 As instituições judaicas tradicionais voltam a ser permitidas na Babilônia. O exilarcado é reiniciado e as academias prosperam outra vez. Em 600, os que encabeçam as academias – Gueonim, singular Gaon – são consultados pelas comunidades judaicas da Diáspora de todo o mundo conhecido. A sua autoridade dura até cerca de 1050.

587 O rei visigodo da Espanha se converte ao catolicismo romano. O reino se converte dois anos depois.

600 O papa Gregório I estabelece a tendência das atitudes da igreja medieval perante os judeus: de um lado, condena a violência; do outro, mantém as restrições aos não cristãos.

613 Conversões forçadas na Espanha visigoda; os primeiros conversos ou judeus marranos se converteram aparentemente ao cristianismo, mas continuam a praticar o judaísmo em segredo.

A influência grega e bizantina na Palestina pode ser vista no piso de mosaico da sinagoga de Hamat, em Tiberíades.

614 Os persas invadem a Palestina e são auxiliados pelos judeus. Jerusalém é devolvida aos judeus quando a Pérsia ocupa a cidade.

622 O profeta Maomé cria a religião do Islã na Arábia. Logo o islamismo se espalha pela região. Hégira de Maomé. O islamismo se espalha pela Ásia Menor. Em geral, os não muçulmanos têm de pagar tributos especiais.

629 Bizâncio retoma Jerusalém da Pérsia e expulsa novamente os judeus.

SEFARDITAS

O cientista Abraão Zacuto.

O rei Manuel de Portugal.

Outubro de 1497 Os judeus adultos de Portugal são convertidos à força. Em breve, é suspendido o direito dos conversos a emigrar. Agora, os sefarditas portugueses têm de sair do país em segredo.

Março de 1497 O rei Manuel de Portugal muda de ideia e manda batizar as crianças judias.

Início da década de 1500 A maior população judia do mundo está no vasto Império Otomano, onde, com o pagamento de um imposto de capitação e o reconhecimento do Estado, os judeus têm liberdade de culto e podem prosperar. Às vezes, o império incentiva judeus ricos a emigrarem para lá.

Fim dos anos 1500 Os conversos da Europa começam a exibir três tendências separadas: retorno à ortodoxia; exploração da filosofia racionalista; um desejo culpado de redenção messiânica.

1504 Cria-se uma gráfica hebraica em Istambul.

1506 Mais de dois mil cristãos-novos são massacrados num tumulto em Lisboa.

Medalhão em homenagem à empresária e filantropa Gracia Mendes.

636-1099 Domínio árabe da Palestina. O califa Omar, que governa em Damasco, toma o país de Bizâncio. O povo judeu retorna a Jerusalém. Os judeus conquistam a condição oficial de "protegidos", têm liberdade de culto e alguma autonomia. Em troca, concordam em pagar um tributo especial e não ajudar nenhum inimigo.

c. 630 Os árabes começam a chamar os judeus de "o Povo do Livro", reconhecendo a ênfase judaica na educação e nas escrituras.

638 A Espanha visigoda expulsa os judeus, mas muitos continuam a morar lá.

691 O califa Abdal Malique constrói a Cúpula da Rocha (mesquita de Omar) no local do Templo de Jerusalém.

No alto do Monte do Templo, em Jerusalém, brilha a dourada Cúpula da Rocha. Não é uma mesquita real, mas um santuário para peregrinos.

691 Há judeus na Grã-Bretanha nessa data.

9 de novembro de 694 O rei visigodo espanhol Égica acusa os judeus de ajudarem os muçulmanos e os condena à escravidão.

década de 700 Os judeus palestinos ficam mais pobres e são primariamente urbanos. Por outro lado, os judeus no resto do mundo muçulmano prosperam como mercadores e estudiosos.

712 Tárique ibn Ziade, emir de Damasco, comanda a invasão muçulmana da Espanha. Conquista o apoio e a ajuda dos judeus perseguidos. Ele acaba com o domínio visigodo e dá início a um período de 150 anos de relativa paz, no qual os judeus têm total liberdade de culto. É o começo da época áurea dos judeus na Espanha, que tem picos e vales, mas dura centenas de anos até 1480.

717-720 O califa Omar II faz o Pacto de Omar, que impõe roupas distintas e especiais para judeus e cristãos e proíbe cerimônias públicas. A condição de protegidos continua. O Pacto permanece em vigor durante mais de mil anos em algumas regiões do Oriente Médio.

718 Uma carta descoberta séculos depois em Cotam mostra que há judeus na China nessa data.

c. 740-860 O judaísmo chega à Rússia. O reino estável e relativamente rico de Cazar, entre os mares Negro e Cáspio, torna-se oficialmente judeu.

750 O poder árabe passa do clã omíada de Damasco para os abássidas, que continuam a desenvolver a cidade de Jerusalém.

756 Abderramão, um dos últimos muçulmanos omíadas, assume o poder na Espanha e se torna emir de Córdova. A cidade de Córdova cresce e se torna a maior cidade da Europa na época, com cem mil habitantes.

762 A dinastia abássida funda a cidade de Bagdá como capital do califado. Os judeus se instalam lá e prosperam.

762 Cisma caraíta na Pérsia. Com Anan ben David, os judeus que rejeitam a autoridade rabínica e só acreditam na lei mosaica escrita se separam.

Página de uma Bíblia caraíta.

Chamados a princípio de ananitas, mais tarde são chamados de caraítas (povo das Escrituras). A seita cresce, se espalha pela Europa e sobrevive até hoje.

770 Anan ben David publica o seu Livro dos Preceitos sobre as crenças caraítas.

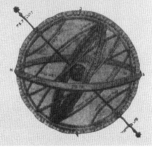

Astrolábio com caracteres hebraicos. A ciência judaica prosperou na Espanha na época áurea.

SEFARDITAS

1510 Impresso o primeiro livro em ladino, em Constantinopla.

1510 Há judeus e cristãos-novos entre os colonos portugueses de Goa, na Índia. No entanto, a Inquisição logo chega.

1540 Primeiro auto de fé em Portugal.

1553 Gracia Mendes (Gracia ou Beatrice de Luna, c. 1510-1569) se muda para Istambul. Originária de Portugal, ela já é famosa entre os judeus pelos planos filantrópicos para ajudar os conversos a fugir da Ibéria, financiados pelo sucesso dos seus empreendimentos bancários e comerciais. Ela funda escolas e instituições de caridade e, em 1555, solicita ao sultão da Turquia otomana que ajude os judeus perseguidos em Ancona, na Itália. O seu sobrinho e genro José Nasi (c. 1524-1579) continua a sua obra depois que ela morre.

Sinagoga no Império Otomano que reflete a arquitetura local.

1565 O *Shulchan Aruch* (a Mesa Posta) é publicado em Safed por Yosef Caro (1488-1575) e se torna o códice mais respeitado e o guia prático das leis para os sefarditas.

1615 A rica, sofisticada e próspera comunidade judaica de Amsterdam recebe finalmente reconhecimento oficial.

1622 O importante compositor judeu Salamone Rossi (c. 1570-c. 1630), diretor musical da corte de Mântua, publica em Veneza as suas *Canções de Salomão*. É o primeiro compositor a fornecer música litúrgica para sinagogas.

1700 Cinquenta por cento da população judaica do mundo é sefardita. A partir de agora, os asquenazes têm uma enorme explosão populacional, enquanto as comunidades sefarditas não crescem nem recebem muitos imigrantes.

1730 Yaakov Culi publica o primeiro volume de *Me'am Lo'ez*, imenso comentário bíblico. São necessários cem anos e mais de seis autores para ser completado. Torna-se a obra clássica da literatura ladina.

1796-1799 O exército revolucionário francês encerra temporariamente a Era do Gueto na Itália.

1870 Reunificação italiana. Os guetos são abolidos.

1884 O primeiro jornal ladino é publicado na Bulgária.

1917 A pequena comunidade secreta judaica de Belmonte, em Portugal, que ocultou a sua fé durante quinhentos anos, se revela.

1910 Agora os sefarditas são apenas 10% dos judeus do mundo.

Dezembro de 1968 A Espanha derruba formalmente o Édito de Expulsão.

1990 Cerca de 25% dos judeus do mundo são sefarditas. Cerca de 60% da população de Israel é sefardita.

1996 Portugal derruba formalmente o Édito de Expulsão.

2005 Com *La Juderia*, o seu popular segundo disco, a cantora Yasmin Levy ajuda a reviver a música ladina sefardita.

2007 Os exames de DNA para rastrear as origens étnicas ancestrais profundas se tornam suficientemente baratos para o mercado doméstico e se mostram muito populares para quem busca raízes familiares sefarditas.

Dezembro de 2008 Depois de exames de DNA numa amostra representativa de homens na Espanha, os pesquisadores revelam que cerca de 20% dos espanhóis têm ancestrais sefarditas, mais do que se esperava.

2009 Jovens músicos, escritores e artistas plásticos criam um "renascimento" sefardita nos EUA para explorar as suas raízes culturais.

Abril de 2013 Portugal anuncia que os sefarditas pertencentes a uma comunidade que tenha laços com o país têm direito à cidadania portuguesa.

2014 Uma mutação genética que provoca uma forma de atrofia cerebelo-cerebral progressiva é rastreada até as famílias que partiram da Espanha em 1492.

2015 A Espanha oferece a cidadania a sefarditas que comprovem ancestrais espanhóis.

2015 Os judeus sefarditas correspondem a 52% da população judaica de Israel e 16% da população judaica global.

2017 Joseph Dweck, grão-rabino da S&P Sephardi Community, na Grã-Bretanha, diz que "a revolução do feminismo e da homossexualidade na nossa sociedade [...] é uma evolução fantástica para a humanidade". Devido à controvérsia resultante, ele renuncia ao Bet Din sefardita.

2017 A Espanha passa a conservar o idioma ladino ou judeo-espanhol.

SEFARDITAS

A DIÁSPORA SEFARDITA

O Império Otomano, centrado na Turquia, abriu os braços para os judeus ibéricos Assim, muitos deles se instalaram no império, que incluía a Grécia e os Bálcãs. Tessalônica se tornou um grande centro da comunidade "romaniota" da Grécia. Outros exilados se espalharam pelo Mediterrâneo, unindo-se a grupos judeus que existiam havia milhares de anos em países como o Egito e a Pérsia. Os sefarditas viveram em grande número em países muçulmanos até a criação do Estado de Israel, quando a hostilidade forçou a maioria a partir, principalmente para Israel.

Família rica de Tessalônica na década de 1890, usando uma variedade de roupas turcas, gregas e europeias ocidentais.

Menorá, Shofar, livro de orações e Talit.

DÉCADA de 800 a 912 EC

Com a maior parte da Europa ocidental fechada aos judeus, na Europa os sefarditas se instalaram principalmente na Itália ou nos Países Baixos, que estava se separando da Espanha. A colônia judaica de Amsterdam se tornou um centro do qual os sefarditas, mais tarde, se espalharam pelo norte da Europa até a Grã-Bretanha e a França.

Na Itália, os sefarditas cultos e sofisticados sofreram imprevistos específicos do destino. Em 1516, os judeus de Veneza foram confinados a uma ilhota que tinha o nome de uma nova fundição de ferro, a Ghetto Nuova, e criaram uma nova palavra, gueto, para um bairro judeu restrito. A força da cultura judaica na Itália é demonstrada pelo fato de que Daniel Bomberg, cristão, primeiro impressor da Itália, tinha tipos hebraicos. Ele imprimiu o primeiro Talmude completo em 1520-1523, com um projeto gráfico que se tornou padrão. Mas, a partir de 1553, novas perseguições deram fim ao dinamismo dos judeus italianos. Ao mesmo tempo, em 1593, visando a desenvolver o porto de Legorne (Livorno), na Itália, a família Médici convidou judeus a se instalarem lá. Logo a cidade se tornou um dos centros judeus mais importantes da Europa ocidental.

Alguns sefarditas atravessaram o Atlântico com os primeiros exploradores e colonizadores europeus ou foram para o Extremo Oriente com os mercadores holandeses. Os primeiros povoados judeus nas Américas e nas Antilhas eram todos de natureza sefardita.

> Em 1990, o príncipe Dom Felipe, herdeiro do trono espanhol, concedeu o prêmio mais prestigiado da Espanha, o Prêmio Concorde do Príncipe das Astúrias, aos líderes sefarditas do mundo. Ele também se desculpou pela ordem de expulsão de 1492 imposta pelos seus ancestrais.

Década de 800 Novas formas musicais são adotadas nos cânticos das sinagogas.

800 Carlos Magno, rei dos francos e Sacro Imperador Romano, convida mercadores judeus para ajudar a desenvolver a economia da Alemanha e da Áustria atuais. Muitos judeus se instalam nas cidades comerciais ao longo do rio Reno.

Década de 800 Mercadores judeus chamados de radanitas trabalham até na Índia e na China.

808 Os judeus se instalam na cidade marroquina de Fez e a ajudam a se tornar um centro importante de erudição.

Início do século IX Comerciantes judeus obtêm privilégios na França como "mercadores do palácio" de Luís, o Piedoso.

870 O *Seder Rab Amram*, livro de orações judaicas mais antigo a sobreviver, é distribuído como responsa por Amram ben Scheschna ou Amram Gaon, diretor da academia de Sura, na Pérsia.

910 Iniciada a comunidade judaica de Cairuão, na Tunísia.

A corte erudita de Abderramão III, com cortesãos e estudiosos judeus.

912 Abderramão III (891-961) se torna califa da Espanha e produz um dos picos da época áurea. Nisso, o centro da cultura judaica está se deslocando para a civilização árabe de lá, onde os

As caravanas comerciais judaicas exploram os limites do mundo conhecido.

SEFARDITAS

NOMES

Os nomes sefarditas geralmente têm origem portuguesa ou espanhola. Outros podem vir do aramaico, do árabe, do persa, do grego ou do berbere. Com o acréscimo de ben (hebraico), ibn (árabe), bar (aramaico), U ou Wa (berbere) ou variantes como Aben, Aven e Avin, o nome se torna o comum "filho de".

Nomes	Algumas variantes	Derivado de	Significado
Alfassi	Elfassi, Fasi, Defaz	árabe	de Fez, no Marrocos
Cabalero	Caballero, Cabaliero, Cavallera	espanhol	cavaleiro
Cardoza	Cardoso	espanhol/português	a cidade de Cardoza
Córdova	espanhol	a cidade de Córdova	
Hakim	Alhakim, Elhakim, Hkim	árabe	sábio ou médico
Hasdai	Acday, Azday, Chasdai, Hasday	aramaico	bondade
Ibn Daud	ben David, bar David	árabe	filho de Davi
Leon		espanhol	A cidade de León
de Levanti		espanhol	do leste ou do levante
Maimon	Maimônides, Maymo, Mimon	hebraico	afortunado
Malka	Malki	aramaico	rainha. Não confundir com Malqui
Melekh	ben Melekh, Abimeleque	hebraico	rei. Não confundir com Malqui
Malqui	Malka, Almalqui, Almalki, Maleque, Malaki	espanhol	de Málaga
Mizrahi		hebraico	do leste
Montefiore		italiano	de Montefiore, nos Estados Papais
Obadya	Abdias, Obadiah, Ovadia	hebraico	servo de Deus
Oiknine	Ouaknin, Waknin	berbere	filho de Jacó
Reino, Reyno	Abenrey, Ben Rey, Ibn Rey	espanhol (variantes hebraico, árabe)	rei
Sasson	Çaçon, Sassoon	hebraico	felicidade
Sebag	Assabagh, Essebagh, Sabag	árabe	tingidor de tecido
Serfati	Hasserfaty, Ha-Zarfatti, Sarfati, Zarfati	hebraico	francês
Toledano		espanhol	de Toledo

921–c. 1020 EC

não muçulmanos gozam de liberdade de culto e o seu talento é bem recebido. Mais judeus emigram do leste para esse centro de cultura e civilização.

ÉPOCA ÁUREA DA ESPANHA

800 A erudição na Espanha muçulmana aumenta, com judeus e árabes trabalhando juntos. Os textos gregos clássicos são traduzidos para o hebraico e o árabe; filosofia, teologia e literatura se desenvolvem, as artes e as ciências florescem. Na próspera cidade de Córdova, a álgebra é inventada, e o conceito indiano de zero chega à Europa.

915-70 Vida de Hasdai ibn Shaprut, médico e diplomata, assessor importante dos califas da Espanha. Ele funda uma academia encabeçada pelo erudito Moses ben Hanokh e um centro cultural que apoia poetas e estudiosos, como o linguista Dunash ben Labre e o lexicógrafo Menahem ibn Saruk. A academia conquista reputação internacional.

Em 960, Hasdai ibn Shaprut começa a se corresponder com José, rei judeu da Cazária. A maior parte do que sabemos hoje sobre os cazares vem dessas cartas. Em 970, a academia é reconhecida como um grande centro de erudição da Diáspora e assume a autoridade rabínica da Babilônia. Mais judeus migram do leste para a Espanha.

Século X A rainha Judite comanda os judeus etíopes numa revolta para criar um novo regime.

921-923 Disputa do calendário entre as academias babilônia e palestina a respeito da data do Pessach. Reconhecida a supremacia da Babilônia.

928 Saadia Gaon (892-942) é nomeado diretor da academia babilônica de Sura. Autor de muitos livros, as suas opiniões são consideradas a autoridade suprema durante séculos.

940-1006 José Albaradani, conhecido como o Chazan de Bagdá, é provavelmente o primeiro cantor de sinagoga a ficar famoso.

942 O cargo de exilarca da Babilônia é finalmente abolido depois de muitas disputas com o governante de Bagdá.

c. 950 Os primeiros judeus chegam à Polônia.

950-1100 Os judeus se espalham pela área da Europa ocidental chamada pelos judeus de Asquenaz: França e Alemanha. O idioma iídiche começa a se desenvolver. Mais gente também vai para a Inglaterra.

965 O viking Rus, que dá nome à Rússia, começa a conquistar terras cazares.

979 Os fatímidas começam a assumir o controle da Palestina e governam com sede no Cairo.

c. 1000 Guershom ben Judá (c. 965-1028), um dos primeiros grandes líderes e estudiosos asquenazes, cria uma academia talmúdica em Mainz, na Alemanha.

c. 1005-c. 1062 Dois estudiosos importantes dirigem a escola talmúdica de Cairuão. Chananel ben Hushi'el escreve o primeiro comentário completo do Talmude babilônico, e Nissim ben Jacob ibn Shahun redige muitas obras haláquicas.

1009 Integrantes da sinagoga do Cairo constroem uma guenizá, área para armazenar livros sagrados descartados. Séculos depois, em 1897, os estudiosos redescobrirão a Guenizá do Cairo.

1013-c. 1103 Isaac ben Yaakov Alfasi (o Rif) funda uma academia na Espanha e escreve o importante *Livro de leis* (*Sefer Hahalachot*). É a primeira tentativa de organizar as leis talmúdicas por assunto.

1013 Os berberes invadem Córdova e o grande califado se divide em estados menores. Muitos judeus fogem para Granada. Por algum tempo, a posição dos judeus na Espanha melhora ainda mais, pois há grande demanda de pessoas instruídas e talentosas nos estados concorrentes.

Isaac ben Yaacov Alfasi.

57

ASQUENAZES: OS JUDEUS DA EUROPA OCIDENTAL E ORIENTAL

Provavelmente, a imagem mais antiga conhecida de uma sinagoga asquenaze. Os devotos usam os chapéus diferentes exigidos pela legislação.

A maioria dos judeus de hoje descende de um dos dois principais grupos da Diáspora: os judeus asquenazes (asquenazim) ou sefarditas (sefardim).

Os judeus asquenazes se originam de um pequeno grupo que colonizou a área da Renânia, na Alemanha, por volta de 800 EC.

O nome "Asquenaz" foi usado pela primeira vez na Bíblia em Gênesis 10:3 para identificar um filho de Gômer. Gômer se tornou Germânia, e a palavra Asquenaz passou a ser usada em hebraico para descrever a área da Europa conhecida como Alemanha, onde Carlos Magno, o Sacro Imperador Romano, convidou os judeus a se instalar. Assim, o povo judeu que vivia lá passou a ser chamado de asquenaze.

O grupo de espalhou por toda a Europa ocidental e depois migrou para a Europa oriental entre 1100 e 1600. Alguns poucos voltaram ao norte e ao oeste da Europa, mas recentemente, a partir do século XIX, os judeus asquenazes migraram em grande número para a América do Norte e Israel.

Embora hoje sejam a maioria dos judeus (cerca de 80% da população mundial), o grupo original era muito pequeno. O seu reservatório gênico vinha de poucos indivíduos, e durante séculos eles se entrecruzaram, mantendo a mesma genética. Essa herança única faz os judeus asquenazes terem uma formação genética muito semelhante e serem suscetíveis a doenças genéticas específicas.

Asquenaze significa:	Alemanha
Idioma exclusivo:	Iídiche (desenvolvido a partir do alemão medieval, com hebraico e outros)
Principal códice:	Hamapá (Toalha), de Moshé Isserles, acréscimo ao Shulchan Aruch de Yossef Caro.
Escola rabínica original:	Palestina
Asquenazes hoje:	Talvez dez milhões no mundo todo

ALGUMAS PALAVRAS IÍDICHES MAIS CONHECIDAS

chutzpah	atrevimento, cara de pau
glitch	pequeno problema
klutz	pessoa desajeitada
mazel tov	parabéns
mishmash	bagunça
oy vey!	ai de mim!
schlepp	arrastar-se
schmooze	bater papo
shmuck	idiota

O REINO CAZAR

O único reino judeu independente fora da terra de Israel, o reino estável e relativamente rico de Cazar, entre os mares Negro e Cáspio, se tornou judeu por volta de 740 EC, quando, de acordo com a tradição, o rei Bulan se converteu ao escutar uma disputa entre o islamismo, o cristianismo e o judaísmo.

Situada na Rota da Seda, a Cazária era uma sociedade tolerante que atuava como amortecedor entre o islamismo e o cristianismo. A arte, a arquitetura e a indústria prosperaram, assim como o comércio. A principal fortaleza era Sarquel, perto do rio Don, e a cidade de Kiev foi fundada por cazares.

Guerreiro cazar montado.

Em 960, Hasdai ibn Shaprut, de Córdova, começa a se corresponder com José, rei judeu da Cazária. Muito do que sabemos hoje sobre os cazares vem dessas cartas. A partir de cerca de 965, a Rus viking começou a conquistar terras cazares e, em 1100, o reino desmoronou.

Na década de 1900, os arqueólogos começaram a descobrir mais sobre os cazares. O escritor Arthur Koestler, no livro *Os Khazares - a 13ª Tribo e as Origens do Judaísmo Moderno*, especulava que os judeus europeus orientais descendem principalmente dos cazares, mas essa teoria é descartada pela maioria dos estudiosos.

c. 1020 Os fatímidas do Egito, antes tolerantes, iniciam uma série de perseguições que forçam muitos judeus e cristãos a se espalhar pelo norte da África. Muitos judeus se instalam no Iêmen ou no Império Bizantino.

1027 O estudioso Semuel ha-Levi ibn Nagrela (Semuel Ha-Naguid, 993-1056) se torna vizir do rei de Granada (como, mais tarde, o seu filho Yeosef Ha-Naguid). Semuel Ha-Naguid é o primeiro poeta da época áurea da Espanha e também escreve tratados sobre a Lei e um dicionário bíblico de hebraico.

Semuel ha-Levi ibn Nagrela.

1053-1071 A *Carta de direitos* é escrita em Barcelona para definir a condição jurídica e os privilégios dos judeus e os deixa sob a proteção do rei. Mais tarde, Castela adota leis semelhantes.

1066 Yeosef Ha-Naguid e outros judeus de Granada são atacados e mortos. Muitos sobreviventes fogem para o norte.

Século XI O Período Gueônico, no qual a Responsa de um gaon resultava das ideias de toda uma academia, chega ao fim quando as academias da Babilônia declinam.

1066 Com a conquista normanda da Inglaterra, alguns financistas judeus da França vão para a Inglaterra com os normandos.

c. 1070 Shlomo Yitzhaki (Salomão ben Isaac ou Rashi, 1040-1105) cria uma academia em Troyes,

Salomão ben Isaac (Rashi).

ASQUENAZES: OS JUDEUS DA EUROPA OCIDENTAL E ORIENTAL

CRONOLOGIA – EUROPA ORIENTAL

Fim do século VIII - início do século IX É possível que os radanitas, mercadores aventureiros, tenham criado povoados judeus na Polônia.

1096 Primeira Cruzada. Os massacres de comunidades da Renânia pelos cruzados forçam muitos judeus a ir para o leste. Essa migração para fugir de perseguições continua durante séculos. Na época, a Polônia é pouco desenvolvida, precisa de cidadãos talentosos e oferece tolerância. Os judeus costumam servir de intermediários no sistema feudal e também são incentivados a servir de agiotas.

Fim dos anos 1400 A Rússia expulsa os judeus.

1490-1500 Começam os estudos talmúdicos na Polônia e na Lituânia.

1512 Primeira gráfica asquenaze criada em Praga.

1551 Os judeus da Polônia e da Lituânia conquistam o direito de nomear o seu próprio grão-rabino, em vez de aceitar a escolha do rei polonês.

1553 A Polônia e a Lituânia, por oferecerem mais liberdade do que os outros países, se tornam os novos centros culturais do judaísmo europeu.

1569 A Polônia e a Lituânia se unem. Começa o povoamento judeu da Ucrânia.

1570-1571 Moshé Isserles (1525-1572) escreve o guia asquenaze das leis, o Hamapá.

1580 Criação do Conselho das Quatro Terras para os judeus da Polônia, que dá aos judeus da Diáspora mais autonomia do que nunca. O Conselho da Terra da Lituânia é criado depois.

c. 1600 A maioria dos judeus do mundo está agora na Polônia.

1648-1649 O cossaco ucraniano Bóris Chmielnitsky se revolta contra a coroa polonesa, mata cerca de cem mil judeus na Polônia e na Lituânia (e cerca de um milhão de poloneses) e destrói setecentas comunidades.

1666 Sabbatai Zevi (1626-1676) declara ser o Messias e ganha muitos seguidores na Europa oriental.

Década de 1700 A Grã-Bretanha, tolerante em termos religiosos, é um destino popular para europeus do leste que fogem da pobreza ou de perseguições. As congregações judaicas do país começam a se tornar mais asquenazes do que sefarditas.

c. 1700-1760 Israel ben Eliezer (Baal Shem Tov ou Mestre do Bom Nome), nascido em Podólia, na Polônia, é o fundador do hassidismo (pietismo).

Quadro de Jan Matejko (século XIX) que mostra a recepção dos judeus na Polônia.

Medzhibozh (Medjiboj), na Ucrânia ocidental, é considerada o berço do hassidismo, movimento judeu religioso e místico. De acordo com a tradição, um poço próximo à cidade foi cavado a mão pelo próprio Baal Shem Tov. O poço ainda produz água limpa.

1075–1105 EC

EUROPA OCIDENTAL

800 O sacro imperador romano Carlos Magno convida os judeus a negociar e se instalar na Europa central, principalmente nas cidades comerciais ao longo do rio Reno. As comunidades judaicas se desenvolvem como cidades dentro de cidades.

Os judeus asquenazes se instalam em cidades alemãs ao longo do rio Reno.

950-1100 Os judeus se instalam na Inglaterra e na França. O iídiche começa a se desenvolver. A palavra asquenaze se torna comum.

c. 1000 Os estudos talmúdicos começam em Asquenaz. As comunidades passam a ser governadas pelos seus rabinos.

Talvez o documento literário mais antigo que nos restou em iídiche seja uma bênção caligráfica do Machzor de Worms, um livro de orações em hebraico que data de 1272.

Europa feudal Alguns governantes consideram que os judeus são servos. A igreja proíbe os judeus de terem autoridade sobre os cristãos. Muitas vezes, os judeus são forçados a se tornarem agiotas.

c. 1070 Salomão ben Isaac (Rashi) (1040-1105) é o primeiro grande personagem literário asquenaze.

1096 Massacre dos judeus da Renânia pelos na França. Escreve comentários importantes sobre quase toda a Bíblia e o Talmude e os explica às novas gerações de judeus que não falavam aramaico. De forma incomum, as filhas o ajudam a publicar os seus textos.

1075-1141 Yehudah Halevi, médico, filósofo e, provavelmente, o maior poeta da época áurea, escreve canções de amor, uma série de poemas do exílio, os *Cantos de Sião*, poesia religiosa que passa a fazer parte da liturgia tradicional e o popular *Sefer Hakuzari* (*Livro dos Cazares*).

Yehudah Halevi.

6 de maio de 1085 Afonso VI de Castela captura Toledo. O seu médico é Yosef ha-Nasi Ferrizuel (Cidelus), líder dos judeus no reino.

1086 Enquanto os cristãos tentam recuperar a Espanha, os reis muçulmanos de Granada, Sevilha e Badajós pedem ajuda aos almorávidas, guerreiros berberes fanáticos do norte da África. O seu ódio aos não muçulmanos logo expulsa judeus e cristãos para os reinos do norte da Espanha.

1095 O papa Urbano II prega a Primeira Cruzada para os cristãos recuperarem a Terra Santa dos muçulmanos.

1096 A caminho da Terra Santa, os cruzados europeus massacram os judeus da Renânia.

1099 Os cruzados capturam Jerusalém, massacram a maior parte dos habitantes não cristãos e começam a assumir o controle do resto da Palestina. Começam as peregrinações cristãs, mas muitos judeus também retornam à Palestina, embora sejam proibidos de morar em Jerusalém.

1100 Muitos alemães, inclusive judeus, migram para a Polônia em busca de vida melhor.

1105-c. 1275 Período dos Tosafot (acréscimos): tosafistas ou comentaristas talmúdicos na França, inclusive descendentes de Rashi, como Samuel ben Meir (Rashbam), continuam o

ASQUENAZES: OS JUDEUS DA EUROPA OCIDENTAL E ORIENTAL

CRONOLOGIA – EUROPA ORIENTAL

1717 A Polônia cobra das comunidades judaicas um pesado tributo de capitação.

1720-1777 Elijah ben Solomon Zalman, o Vilna Gaon (1720-1797), transforma Vilna (Vilnius, na Lituânia) no centro da oposição ao hassidismo.

1734, 1750, 1768 Massacres na Polônia oriental

c. 1750 A maioria dos falantes de iídiche vive agora no leste da Europa.

1764-1765 A Polônia fecha os conselhos judaicos para reorganizar a tributação.

Década de 1750 Há cerca de 800.000 judeus na Polônia.

1772 A Primeira Partilha da Polônia entre Prússia, Áustria e Rússia expulsa os judeus dos novos territórios.

1793 Segunda Partilha da Polônia. Agora a Rússia tem enormes áreas onde vivem judeus e vê essa população como um "problema". A Rússia cria uma área chamada "Zona de Assentamento", onde a maioria dos judeus é forçada a morar.

1795 A Polônia desaparece como país com a Terceira Partilha.

Séculos XVIII/XIX Cerca de cinco milhões de judeus, 40% da população judaica mundial, vivem na Europa oriental.

1804 O tsar Alexandre I tenta forçar a assimilação expulsando os judeus das aldeias rurais para cidades maiores na Zona de Assentamento. Logo as cidades se tornam pobres e superpovoadas.

Tsar Alexandre I.

EDUCAÇÃO NA EUROPA ORIENTAL

1803 *Aberta na Lituânia a famosa Yeshivá de Volozhin.*

Décadas de 1820 e 1830 *Abertas na Rússia escolas do Haskalá que oferecem cadeiras seculares. Elas só crescem depois que o governo adota o ensino secular.*

Décadas de 1840 e 1850 *Na tentativa de controlar e assimilar os judeus, o governo russo cria uma rede de escolas judaicas com aulas em alemão, polonês ou russo, não o iídiche mais falado. Não há escolas secundárias judaicas, e, para continuar a sua educação, os judeus têm de ir para instituições não judaicas. No início, as escolas do governo não são populares, embora tenham o apoio de alguns reformistas.*

1843 *Os rabinos ortodoxos conquistam o direito de manter as escolas religiosas tradicionais além das novas escolas seculares patrocinadas pelo governo. As escolas judaicas enfatizam o aprendizado do alfabeto e, no fim do século, a alfabetização dos judeus russos, inclusive das meninas, é quase o dobro dos não judeus.*

1874 *Uma nova lei do serviço militar da Rússia permite a isenção educacional. De repente, os judeus acham mais atraentes as escolas estatais russas, e milhares passam a frequentá-las. Isso resulta em vários judeus russos assimilados.*

1892 *As autoridades russas fecham a Yeshivá de Volozhin devido à falta de professores seculares.*

1124–1163 EC

EUROPA OCIDENTAL

cruzados. Muitos sobreviventes vão para leste.

A partir de 1100 A perseguição dos cruzados faz os judeus continuarem se deslocando para leste.

c. 1175-1250 Desenvolve-se o hassidismo, movimento asquenaze de pietismo.

1242 Disputa de Paris. O Talmude é queimado na França.

1290 Os judeus são expulsos da Inglaterra.

A partir de meados do século XII, a Casa do Judeu, em Lincoln, foi tradicionalmente associada à próspera comunidade judaica da região. Em 1290, quando a comunidade inteira foi expulsa da Inglaterra, o prédio foi confiscado do seu proprietário judeu.

1298 Massacres de "Rindfleisch" ("carne bovina") na Alemanha.

1306-1322 Os judeus são expulsos da França.

Do século XIV em diante As perseguições e a Inquisição empurram um número imenso de judeus para o leste.

c. 1450-1520 Cidades alemãs expulsam os judeus.

1544 O sacro imperador romano Carlos V concede o "Grande Privilégio" de proteger os judeus. Mas as expulsões continuam depois da sua abdicação em 1556.

1595 Conforme os Países Baixos começam a se tornar independentes da Espanha, mais judeus se mudam para Amsterdam. A comunidade é oficialmente reconhecida em 1615.

De 1648 em diante A Guerra dos Trinta Anos

trabalho de Rashi fazendo notas de rodapé no Guemará. Finalmente, os rabinos decidem que o Talmude está completo.

Século XII Os anciãos da sinagoga do Cairo colocam na Guenizá a notação de música judaica mais antiga que se conhece, de Abdias, o prosélito normando.

1124 Há uma comunidade judaica em Kiev.

Carta de Maimônides, encontrada séculos depois na Guenizá do Cairo.

1130 Afonso VII abre uma escola em Toledo que dissemina os ensinamentos hebraicos e árabes, além do antigo conhecimento grego, pela Europa ocidental.

1131 Agora a maior parte da população judaica do mundo vive na Espanha.

1144 Norwich, na Inglaterra: primeiro caso registrado de libelo de sangue (acusação de que os judeus usam nas suas cerimônias o sangue de crianças cristãs mortas).

c. 1150 Primeiro sínodo rabínico em Asquenaz.

1151 Com a chegada de uma dinastia almôada ainda mais fanática à Espanha muçulmana, quase todos os judeus remanescentes fogem para o norte da África ou para a Espanha cristã, onde os judeus instruídos geralmente são bem-vindos.

c. 1159-1172 Benjamim de Tudela parte da Espanha, viaja pelo Oriente Médio e escreve o *Sefer ha-Massa'ot* (*Itinerário* ou *Livro de viagens*), relato importante das comunidades judaicas que visitou, além de registrar prováveis boatos de povoados na Ásia.

1163 Os judeus da China, provavelmente mercadores, constroem uma sinagoga na importante cidade de Kaifeng.

ASQUENAZES: OS JUDEUS DA EUROPA OCIDENTAL E ORIENTAL

CRONOLOGIA – EUROPA ORIENTAL

1820 A população judaica da Rússia é de cerca de 1,6 milhão de pessoas.

1830-1831 Muitos judeus poloneses se identificam como nacionalistas e participam de rebeliões contra a Rússia.

1825-1855 Forte opressão do tsar Nicolau I, principalmente os "Decretos cantonistas" de 1827, que impõem a conscrição de meninos com até 12 anos.

1836 A Rússia impõe uma censura rígida à imprensa judaica.

1837 O filantropo britânico Moses Montefiore visita o imperador Nicolau I para pleitear melhores condições de vida para os judeus.

Década de 1840 Israel Salanter (1810-1883) (Israel Lipkin de Salant) desenvolve o Movimento Mussar na sua academia em Vilna para incentivar o aperfeiçoamento ético e moral de indivíduos e comunidades. O movimento é muito influente na Europa oriental.

11 de janeiro de 1843 O Iluminismo toma forma. Abraham Mapu publica o primeiro romance hebraico, *O amor de Sião*.

1855 Alexandre II inicia um regime menos opressor. Os judeus começam a ter um papel intelectual, cultural e econômico na Rússia.

1863 Levante polonês sufocado pela Rússia, que passa a desconfiar mais de todas as minorias.

1865 Os judeus têm permissão de morar em Moscou.

c. 1870 Criadas na Europa oriental as sociedades **Hovevei** Zion (Amantes de Sião) para apoiar o reassentamento na Palestina.

1880 Há cerca de cinco milhões de judeus na Rússia. A maioria permanece pobre e culturalmente isolada, mas também há um grupo secular crescente muito envolvido na *intelligentsia* liberal e nos partidos políticos.

1881 Alexandre II da Rússia é assassinado. Um dos assassinos é uma judia, e uma onda

Anton Rubinstein (1829-1894), judeu russo, foi um dos grandes pianistas do século XIX.

de *pogroms* ("tempestade", em russo) ou ataques oficialmente sancionados, mata dezenas de milhares de judeus em 1881-1884, 1903-1906 e 1918-1920. Começa a emigração em massa. Entre 1880 e 1928, mais de dois milhões de judeus deixam a Rússia: 1.749.000 vão para os EUA, 111.000 para a América do Sul, 240.000 para a Europa ocidental, 70.000 para o Canadá, 45.000 para Israel e outros para outros lugares.. As outras reações à nova perseguição na Rússia são o aumento da política revolucionária e do socialismo judeu e o apoio crescente ao nacionalismo judeu ou sionismo.

Tsar Alexandre II da Rússia.

EUROPA OCIDENTAL

Menasseh ben Israel (Esperança de Israel), estudioso de Amsterdam.

(1618-1648) devasta a Europa central, principalmente a Alemanha. Muitas regiões convidam os judeus a voltar. Os "judeus da corte", cortesãos e financistas, recebem cargos oficiais em alguns estados alemães.

1656 Os judeus retornam semioficialmente à Inglaterra depois que Menasseh ben Israel (1605-1657) negocia com Oliver Cromwell a sua readmissão. As primeiras comunidades na Grã-Bretanha são sefarditas.

1664 A Grã-Bretanha permite oficialmente a residência de judeus.

1670 Os judeus são expulsos de Viena.

Até 1750 Agora, a maioria dos judeus na América do Norte é asquenaze.

1782 "Édito de Tolerância" baixado pelo sacro imperador romano José II para melhorar a vida dos judeus, mas também para assimilá-los à sociedade austríaca. Criadas as escolas estatais e o serviço militar.

1789 A Revolução Francesa promove os ideais do Iluminismo, como a emancipação dos judeus. Eles são declarados cidadãos plenos da França em 1791.

1790 Mayer Amschel Rothschild (1744-1812), fundador do banco Rothschild em Frankfurt, é um dos homens mais ricos da cidade.

1796-1799 O exército revolucionário francês conquista boa parte da Europa, e a França impõe as suas leis às novas terras. Emancipação dos judeus nos Países Baixos, na Bélgica,

c. 1175-1250 O movimento hassídico asquenaze de pietismo e extrema moralidade se desenvolve em Asquenaz.

c. 1178 Moshe Ben Maimon (Rambam ou Maimônides, 1135-1204) escreve a sua influente codificação de leis *Mishné Torá* (*Segunda Torá*), primeira indexação abrangente de toda a Mishná. Ele é o principal rabino dos judeus sefarditas e também escreve uma importante obra filosófica (*Guia para os perplexos*) em 1185-1190 e lista os treze princípios da fé. No entanto, nem todos aceitam a sua filosofia racionalista nem algumas das suas aparentes conclusões.

1187 O sultão turco Saladino vence os cruzados em Jerusalém e dá alguns direitos aos judeus.

16 de março de 1190 Massacre de cerca de 150 judeus em York, na Inglaterra.

1204 Cruzados saqueiam Constantinopla e queimam o bairro judeu.

1204 Primeira sinagoga em Viena.

1209-1211 Um grande grupo de tosafistas migra para a Palestina – "A aliá de trezentos rabinos".

1212 Os cristãos assumem o controle da maior parte da Ibéria.

Os cruzados conquistam Constantinopla.

1213-1276 Jaime I se torna rei de Aragão e incentiva os judeus a se instalarem lá. Ele emprega em cargos importantes muitos judeus, agora bem recebidos nos reinos cristãos da Espanha.

1215 O Quarto Concílio de Latrão da igreja cristã decreta que os judeus têm de usar insígnias especiais e impõe restrições a muitas atividades judaicas. O concílio adota a doutrina da transubstanciação, ou seja, que a carne e o sangue de Jesus Cristo estão contidos na hóstia e no vinho consagrados. Imediatamente, surgem novos libelos de que os judeus roubam e profanam a Hóstia.

ASQUENAZES: OS JUDEUS DA EUROPA OCIDENTAL E ORIENTAL

A ZONA DE ASSENTAMENTO

c. 1220–1263 EC

METAS

- Impedir a concorrência de empresas judaicas nas cidades.
- Impedir que o povo judeu se misturasse livremente com os camponeses feudais da Rússia
- Proteger os camponeses dos judeus.

CONDIÇÕES

Os judeus foram discriminados até dentro da Zona. Tinham de pagar tributos dobrados e, segundo as leis de maio de 1882, foram ainda mais restritos a cidades ou aldeias (*shtetls*) superpovoadas com oportunidades limitadas. Não tinham mais permissão de arrendar e administrar terras ou tabernas, duas das suas principais ocupações anteriores. Também não podiam ter educação superior. A pobreza aumentou.

ÁREA

Quatro por cento da Rússia imperial, centrados em torno das províncias ex-polonesas como Ucrânia, Lituânia, Bielorrússia, Letônia, Crimeia, passando pela fronteira ocidental da Rússia do mar Báltico ao mar Negro.

POBREZA

Com frequências, organizações eficientes de bem-estar eram o único meio de evitar a fome em massa.

O *pogrom* de Bielostok foi um dos vários realizados contra os judeus que viviam na Zona de Assentamento. Nessa imagem, espectadores judeus são atacados pela turba irada depois que alguém lança uma bomba durante a procissão cristã de Corpus Christi em Bielostok, junho de 1906.

c. 1220 Surge na Itália a lenda do Judeu Errante.
1229 Jerusalém é devolvida aos cruzados por um tratado.

Ruínas do castelo cruzado de Atlit.

1242 Disputa de Paris. O rei francês Luís IX ordena um debate entre rabinos e clérigos cristãos e depois ordena que se queime o Talmude. Autoridades francesas confiscam 24 carroças cheias de Talmudes e outros manuscritos, as levam a Paris e as queimam em público.
1244 Os mamelucos muçulmanos (classe militar que chegara ao poder no Egito) assumem o controle de Jerusalém.
1258-1260 Os mongóis invadem o Oriente Médio e ocupam Jerusalém por um breve período. Ao tomar Bagdá, eles se tornam muçulmanos, mas toleram outras religiões. Os judeus prosperam em todas as áreas da política e da economia.
20-23 de julho de 1263 Disputa de Barcelona entre o rabino Moshe ben Nachman (Rambam ou Nachmânides, 1194-1270) e um judeu que se convertera ao cristianismo. Dizem a Nachmânides que ele deveria falar livremente, sem medo de repercussões, mas é ameaçado pela igreja e foge para a Palestina em 1257.
Do século XIII em diante (c. 1250-1550) Período rabínico. Agora não há um centro único de autoridade para responder perguntas sobre lei e prática. Para preencher a lacuna, estudiosos interpretam individualmente a lei e escrevem comentários aos códigos para as suas comunidades.

Maimônides (Rambam).

ASQUENAZES: OS JUDEUS DA EUROPA OCIDENTAL E ORIENTAL

CRONOLOGIA – EUROPA ORIENTAL

A antiga fábrica de vidro criada por Edmond de Rothschild no kibutz Nahsholim, em Israel. Hoje, é um museu.

1881 A Argentina tenta atrair imigrantes judeus da Rússia.

1882 O médico russo Leon Pinsker (1821-1891) publica *Autoemancipação*, que defende uma pátria nacional judaica. Até os *pogroms* antissemitas modernos, ele acreditava que os judeus poderiam vir a fazer parte da Rússia.

De 1882 em diante As Leis de Maio restringem novamente os direitos judeus na Rússia.

1882-1902 Primeira emigração em grande escala para a Palestina, principalmente de russos e romenos rurais, financiada pelo barão Edmond de Rothschild.

1891 Moscou expulsa cerca de metade dos vinte mil judeus da cidade.

1891 O barão Hirsch (1831-1896) cria a Jewish Colonization Association para reassentar judeus europeus na Argentina e nos EUA.

1897-1898 Formado o primeiro partido socialista judeu da Europa oriental, o Bund (união ou liga). Ele ajuda a lançar as bases do futuro Partido Comunista.

Abril de 1903 Pelo menos 45 pessoas são mortas no *pogrom* de Kishinev, na Bessarábia, Rússia. Há indignação internacional, e o poeta Chaim Nachman Bialik inspira grupos de autodefesa. Bialik (1873-1934) é um dos primeiros escritores a usar o hebraico como língua literária.

1903-1914 A segunda maior migração para a Palestina consiste principalmente de sionistas socialistas da Europa oriental.

1905 Instigados pela polícia secreta da Rússia tsarista, surgem os antissemitas Protocolos dos Sábios de Sião.

1905-1907 Onda de *pogroms* oficiais do grupo antirrevolucionário e antissemita "Centúrias Negras".

Chaim Nachman Bialik (à direita) com o seu sócio literário Yehoshua Khane Ravnitski (à esquerda).

EUROPA OCIDENTAL

em alguns estados alemães e fim temporário da Era do Gueto na Itália.

Fim do século XVIII O movimento Haskalá do Iluminismo começa na Alemanha e na Europa ocidental.

1800-1900 O conceito iluminista de direitos iguais se espalha. Emancipação ou melhora dos direitos civis em Baden, 1809; Prússia, 1812; Dinamarca, 1814; Áustria, 1849 (rescindidos em 1851, mas renovados em 1867); Suécia, 1865; Baviera, 1871; Suíça, 1874.

1807 O imperador francês Napoleão cria o Sinédrio, um novo conselho judeu na França, que tem autoridade espiritual judaica mas impõe a lei civil francesa.

1809-1810 O movimento da Reforma começa na Alemanha.

1867 Emancipação plena e final na Áustria-Hungria.

Século XIX Para os registros tributários e do recenseamento, os países europeus insistem num sobrenome adequado, dando fim ao costume asquenaze de só usar o primeiro nome.

1871 A unificação da Alemanha dá plenos direitos aos judeus.

1878 Primeiro uso da palavra "antissemitismo".

1894-1906 O Caso Dreyfus.

1896 Theodor Herzl (1860-1904) publica *O Estado judeu* e dá início ao sionismo político moderno.

1914-1918 Primeira Guerra Mundial. Pela primeira vez, grande número de judeus se alista voluntariamente nos exércitos nacionais.

O ataque à Bastilha em Paris, em 14 de julho de 1789, foi um evento importantíssimo da Revolução Francesa.

ASQUENAZES: OS JUDEUS DA EUROPA OCIDENTAL E ORIENTAL

CRONOLOGIA – EUROPA ORIENTAL

1910 A população judaica da Rússia é de cerca de 5,6 milhões de pessoas.

1912 Iniciado o movimento ortodoxo antissionista Agudat Israel.

1911-1913 Menachem Mendel Beilis (1874-1934), de Kiev, é acusado de matar um menino para usar o seu sangue para assar o pão do Pessach. Para o mundo que observa, é claro que não há nenhuma prova contra ele. Beilis é absolvido, e o julgamento tem como efeito unir vários grupos de oposição ao governo.

1914-1918 Primeira Guerra Mundial. O pavoroso tratamento dos judeus pela Rússia leva algumas organizações internacionais a incentivar os judeus a apoiar a Alemanha e a Áustria-Hungria.

1917 Sarah Schenirer (1883-1935) funda a primeira escola de estudo da Torá para meninas em Cracóvia, na Polônia.

1918 Depois da Primeira Guerra Mundial, a Polônia e a Lituânia se tornam nações soberanas. A Polônia tem uma população de três milhões de judeus, só atrás dos EUA, que constituem cerca de 10% da população. Em geral, os judeus poloneses mantêm o separatismo, com algumas aldeias rurais pobres e ignorantes. Outras partes da comunidade judaica são social, cultural e politicamente ativas.

1919-1923 Terceira emigração em massa para a Palestina de cerca de 35.000 russos e húngaros.

1928 Cria-se uma área judaica autônoma em Birobidjan, na Sibéria oriental. Cerca de vinte mil judeus russos se mudam para lá, embora mais tarde a maior parte vá embora.

Década de 1930 Stalin finalmente destrói a maior parte dos institutos de cultura judaica soviética. As escolas de iídiche desaparecem.

De 1936 em diante Muitos intelectuais judeus revolucionários são julgados e executados por Stalin.

Joseph Stalin.

1939 Há cerca de cem mil soldados judeus no exército polonês no início da Segunda Guerra Mundial.

1957 Pela primeira vez desde a revolução russa, abre-se uma academia talmúdica (yeshivá) em Moscou.

Fim da década de 1960 A URSS impede que os judeus saiam do país. Os *refuseniks* – aqueles cuja permissão de partir foi recusada – são presos e perseguidos.

Pós-guerra Os novos regimes comunistas da Europa oriental suprimem a cultura judaica.

1985 Mikhail Gorbatchov inicia reformas na URSS e permite que a religião e a cultura judaicas revivam.

1270–1303 EC

1270 Os judeus da Etiópia participam de uma série de guerras civis.

Década de 1280 Moisés de Leão (1250-1305), da Espanha, escreve várias obras sobre a Cabala, o lado místico do judaísmo. O seu *Sefer Zohar* (*Livro do esplendor*) provoca um novo entusiasmo pelos estudos cabalísticos.

Década de 1280 O viajante italiano Marco Polo encontra judeus na China.

A Hagadá das "Cabeças de Pássaro", produzida na Renânia na virada do século.

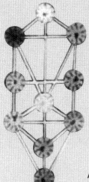

A Árvore da Vida cabalística.

1288-1344 Rabino Levi ben Gershon (Ralbag ou Gersônides). Filósofo da França mais conhecido pelo *Sefer Milhamot Adonai* (*As guerras do Senhor*), assim como pelos comentários filosóficos. Ele também inventa uma medida astronômica chamada cajado de Jacó, usada durante trezentos anos.

1290 A Inglaterra expulsa os judeus. A maioria vai para países germânicos da Europa, alguns para a Espanha.

1291 Os mamelucos capturam Acre, a última fortaleza cruzada da Terra Santa, e, em Damasco, governam a Palestina até 1516. Para prevenir novas Cruzadas, os mamelucos destroem Jafa e outros portos. O país declina, Jerusalém é quase abandonada e as pequenas comunidades judaicas empobrecem.

1298 O cavaleiro alemão Rindfleisch comanda massacres na Alemanha, mata milhares de pessoas e destrói cerca de 146 comunidades.

1303 Asher ben Jehiel (c. 1250-1327), o Rosh, e o seu filho Jacó ben Asher (c. 1270-1343) se mudam da Alemanha para Toledo, na Espanha. As suas obras jurídicas estão entre as primeiras a combinar as autoridades asquenazes e sefarditas. Mais tarde, Jacó escreve a codificação legislativa *Arba'ah Turim* (*Quatro Linhas*), cuja divisão das leis em quatro partes se torna padrão.

Judeus do Sacro Império Romano recebem os seus direitos do imperador Henrique VII, c. 1308.

ASQUENAZES: OS JUDEUS DA EUROPA OCIDENTAL E ORIENTAL

CRONOLOGIA – EUROPA ORIENTAL

A REVOLUÇÃO E A URSS

1905 Muitos judeus participam dos crescentes movimentos revolucionários.

1917 A Revolução Russa e a criação da União Soviética dão fim aos *pogroms* da era tsarista, à Zona de Assentamento e a todas as leis antijudaicas. Pela primeira vez, os judeus têm igualdade na Rússia.

1918-1921 Como muitos líderes comunistas são judeus, na Guerra Civil russa há *pogroms* generalizados contra os judeus. O Exército Vermelho é a única facção que tenta ajudá-los.

Pós-revolução Muitos judeus de partidos revolucionários assumem cargos no novo governo comunista. No entanto, surgem restrições diferentes, pois todas as formas de cultura consideradas não revolucionárias são banidas e a religião é desdenhada.

Mikhail Gorbatchov.

1989 Grupos judaicos da URSS realizam a sua primeira reunião nacional desde a revolução de 1917.

1989 A URSS permite que os judeus partam, se quiserem. Em poucos anos, 700.000 migram para Israel. Outros vão para os Estados Unidos ou para a Europa ocidental.

Simone Weil, advogada e política judia francesa, ocupou vários cargos importantes na França e foi ministra da Saúde.

EUROPA OCIDENTAL

1933 Começa o Holocausto. O Partido Nazista assume o poder na Alemanha e começa a perseguir judeus.

1933-1945 Segunda Guerra Mundial Cerca de seis milhões de judeus são assassinados, e comunidades asquenazes de boa parte da Europa são destruídas. Só um terço dos judeus dos Bálcãs, do leste e do centro da Europa sobrevive, incluindo os que partiram da Europa antes da Segunda Guerra Mundial. Dos três milhões de judeus da Polônia no início da guerra, menos de dez por cento sobrevivem.

1945 Muitos judeus sobreviventes começam um movimento em massa pela Europa e, finalmente, para fora do continente.

1946 Quarenta e três sobreviventes do Holocausto são mortos num *pogrom* em Kielce, na Polônia. Cerca de cem mil judeus deixam o país imediatamente. Ao mesmo tempo, cerca de 154.000 judeus voltam à Polônia, vindos de regiões sob ocupação soviética.

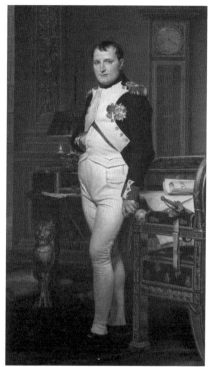

Napoleão.

2010 A primeira academia de ginástica casher da Europa é aberta em Paris.

Novembro de 2015 A União Europeia baixa diretrizes para os rótulos de produtos de assentamentos na Cisjordânia.

2015 No Reino Unido, o University College London organiza uma nova coleção de quatro mil documentos sobre a história dos judeus na Grã-Bretanha.

2015 Os rabinos reformistas do Reino Unido decidem que pessoas com pai judeu e mãe não judia não precisam se converter para serem consideradas judias.

Junho de 2015 A rainha Elizabeth II do Reino Unido faz a sua primeira visita a Bergen-Belsen e põe uma guirlanda no monumento a Anne Frank.

2015 Especialistas em terrorismo avisam que a competição entre grupos jihadistas como Daesh e Al Qaeda traz uma nova ameaça aos judeus europeus ocidentais.

2016 Depois do referendo do Reino Unido para sair da União Europeia, centenas de descendentes de sefarditas pedem passaporte português, contra um número minúsculo em anos anteriores.

2016 O governo do Reino Unido anuncia uma competição para projetar em Londres um monumento em memória do Holocausto.

Junho de 2017 Cerca de 77% dos eleitores judeus britânicos apoiam o Partido Conservador.

ASQUENAZES: OS JUDEUS DA EUROPA OCIDENTAL E ORIENTAL

CRONOLOGIA – EUROPA ORIENTAL

A famosa atriz judia britânica Rachel Weisz.

2006 Com uma população judaica que se aproxima de meio milhão, a França tem a terceira maior população judaica do mundo, depois de Israel e dos EUA.

2007 Um novo relatório indica que os judeus asquenazes têm risco duas ou três vezes maior de câncer do intestino do que a população em geral.

2008 Devido à elevada taxa de natalidade das famílias ultraortodoxas, a população judaica do Reino Unido sobe para 280.000 pessoas, o primeiro crescimento desde a Segunda Guerra Mundial.

2009 Algumas famílias não asquenazes de Israel mudam o nome para outros que soem asquenazes para que os filhos sejam aceitos nas melhores escolas.

Dezembro de 2009 A Fundação Toronto Women's Hospital divulga que as mulheres asquenazes têm mais predisposição a desenvolver câncer de mama do que a população em geral. Os pesquisadores recomendam um programa amplo de exames para pessoas com ascendência asquenaze.

2013 A Polônia proíbe o abate casher de animais.

2015 Onze mil judeus de Donetsk fogem da luta entre a Rússia e a Ucrânia.

2016 Um túnel cavado com colheres por cativos judeus em fuga dos nazistas é encontrado perto de Vilnius, na Lituânia.

Dezembro de 2017 Um imenso arquivo de documentos judeus confiscados pelos nazistas na Lituânia é disponibilizado da Biblioteca Nacional de Vilnius.

2018 A Hungria fica em má posição na pesquisa Global 100 da Liga Antidifamação sobre o antissemitismo, com 41% da população antissemita, contra a média de 25% na Europa e de 9% nos EUA.

2018 Uma pesquisa do Centro Pew constata que muitos europeus orientais não se dispõem a aceitar judeus como cidadãos: Polônia, 18%; Romênia, 22%; Lituânia, 23%.

2018 O presidente russo Vladimir Putin observa que os judeus podem estar por trás da tentativa de influenciar as eleições americanas de 2016.

2018 A Polônia aprova uma lei que torna ilegal culpar a Polônia por crimes cometidos por nazistas no país.

2018 Com uma estimativa de 186.000 indivíduos, a Rússia tem a maior população judaica da Europa oriental.

EUROPA OCIDENTAL

2017 A Bélgica proíbe o abate religioso de animais sem atordoamento para entrar em vigor em 2019.

2017 Kevin Myers, no jornal irlandês *Sunday Times*, escreve que Claudia Winkleman e Vanessa Feltz, da BBC, ganham mais do que outras apresentadoras porque são judias.

2017 Novos hidrômetros instalados em residências de Londres são considerados contrários ao Shabat por funcionarem com energia elétrica.

2017 Um estudo sobre antissemitismo na Alemanha constata que há antissemitas tanto na extrema esquerda quanto na extrema direita.

2017 O Tribunal de Recursos do Reino Unido determina que um pai transgênero precisa ter contato face a face com os seus filhos haredis, apesar do risco de que a família seja rejeitada pela comunidade.

2017 Com a nova tecnologia dos itens domésticos, a Federação de Sinagogas do Reino Unido divulga um guia na internet de utensílios aprovados para o Shabat.

Abril de 2018 O governo alemão cria o novo cargo de comissário de Antissemitismo e planeja um novo banco de dados nacional para registrar incidentes antissemitas.

Abril de 2018 Um estudo do Kantor Center de Israel constata que as comunidades judaicas da Europa estão vivenciando uma normalização e generalização do antissemitismo sem precedentes desde a Segunda Guerra.

2018 Criada a entidade Sinagogas Históricas da Europa para restaurar e reparar prédios em todo o continente.

2018 A Junta de Delegados e o Conselho de Líderes Judeus da Grã-Bretanha preveem que a carne casher pode se tornar mais barata quando o país sair da União Europeia (Brexit).

2018 A França tem a maior população judaica da Europa ocidental, com estimadas 465.000 pessoas.

Cena de rua em Odessa em 1837. Com grande população judaica, a cidade abrigava judeus de todas as tradições asquenazes.

PRIMEIROS ESTUDIOSOS DO JUDAÍSMO

SAADIA BEN-YOSEF AL-FAYUMI (SAADIA GAON)
Datas: 892-942
Viveu em: Egito, Babilônia
Escreveu: Comentários bíblicos, traduções, tratados jurídicos, liturgia, filosofia, primeira gramática hebraica, dicionário de hebraico, primeira tradução da Bíblia para o árabe, o Livro das crenças e opiniões. Autoridade suprema durante séculos. Encerrou a "disputa do calendário" em 921-923. Argumentou contra os caraítas.

SALOMÃO BEN ISAAC (RASHI) (SAADIA GAON)
Datas: 1040-1105
Viveu em: Renânia, França
Escreveu: Comentários. Os seus comentários ainda são impressos hoje no Talmude babilônico. De forma incomum, as filhas o ajudaram a publicar os seus textos. Ancestral de muitos tosafistas.

MOSHE BEN MAIMON RAMBAM OU MAIMÔNIDES)
Datas: 1135-1204
Viveu em: Espanha, Egito
Escreveu: Códice, Comentários à Mishná, Lista de mandamentos, Princípios da fé, filosofia; Mishné Torá (Segunda Torá, c. 1178), Guia para os perplexos (1185-1190). Descrito como "talvez o único filósofo da Idade Média [...] a simbolizar a confluência de quatro culturas: greco-romana, árabe, judaica e ocidental."

MOSHE BEN NACHMAN (RAMBAM OU NACHMÂNIDES)
Datas: 1194-1270
Viveu em: Espanha, Palestina
Escreveu: Comentários ao Talmude e à Bíblia, Responsa. Líder espiritual dos judeus espanhóis. Participou com sucesso da Disputa de Barcelona, em 20 a 23 de julho de 1263, e teve de fugir para a Palestina. Revitalizou a comunidade de Acre.

Vilna Gaon e Rosh.

Nome	Datas	Viveu em	Escreveu
Isaac ben Yaacov Alfasi (o Rif)	1013-c. 1103	Argélia, Espanha, Marrocos	Códice Sefer Hahalachot (Livro de Leis), que compila a Torá por tema e em regras definitivas.
Moses Ibn Ezra	1055-c. 1135	Espanha	Orações de penitência, poesia.
Yehudah Halevi	c. 1075-1141	Espanha	Filosofia, poesia – canções de amor, poemas do exílio, liturgia: *Cantos de Sião, Sefer Hakuzari (O livro dos cazares)*. Maior poeta da época áurea da Espanha.
Samuel ben Meir ibn Ezra (Rashbam)	c. 1080-1174	França	Comentários ao Talmude e à Bíblia. Tosafista francês (comentador talmúdico na linha de Rashi), neto de Rashi.
Abraão ben Meir ibn Ezra (Abenezra)	1092-1167	Espanha, Itália.	Primeiros livros de gramática hebraica, poesia, comentários com uma abordagem gramatical do norte da África francês.
Jacob ben Meir (Tam)	1100-1171	França	Comentários ao Talmude, poesia. Tosafista, irmão de Rashbam.
Abraão ibn Daúde (Abraão ben David ou Rabad)	c. 1110-1180	Espanha	Filosofia, história rabínica; *Fé sublime, O livro da tradição*. Primeiro filósofo judeu aristotélico.
Salomão ben Abraão **ibn Aderet** (Rashba)	c. 1235-c. 1310	Espanha	Comentários ao Talmude, Responsa; Lei da casa, que tratava de regras domésticas.
Asher ben Jehiel (Rosh)	c. 1250-1327	Alemanha, Espanha	Comentários ao Talmude, códice.
Levi ben Gershon (Gersônides ou Ralbag)	1288-1344	França	Astronomia, matemática, comentários. As guerras do Senhor. Inventou o cajado de Jacó, ferramenta de navegação; ensinou astronomia na universidade papal.
Elijah ben Solomon Zalman (Vilna Gaon ou o Gra)	1720-1797	Europa oriental	Análise talmúdica. Legislação. Opôs-se ao hassidismo. Os seus livros foram publicados postumamente pelos discípulos.

PRIMEIROS ESTUDIOSOS DO JUDAÍSMO

MEIR DE ROTEMBURGO (MEIR BEN BARUCH OU MAHARAM)
Datas: c. 1215-1293
Viveu em: França, Alemanha.
Escreveu: Comentário crítico do Talmude, Responsa. Recusou-se a permitir que o povo pagasse o seu resgate quando foi preso.

YOSSEF CARO
Datas: 1488-1575
Viveu em: Turquia, Palestina
Escreveu: Códice; Bet Yoseph (Casa de José); Sulchan Aruch (A mesa posta), 1565, códice de leis e práticas judaicas acessível a todos.

Rambam e Rema.

Página manuscrita de Maimônides.

YAAKOV BEN ASHER (FILHO DO ROSH)
Datas: c. 1270-c. 1343
Viveu em: Espanha
Escreveu: Códice; Arba'ah Turim (Quatro linhas), que divide a lei em: 1. leis de conduta religiosa; 2. leis que permitem ou proíbem comportamentos (ex.: leis alimentares); 3. leis sobre mulheres, ex.: casamento e divórcio; 4. leis e procedimentos civis.

MOSHÉ ISSERLES (O REMA)
Datas: 1525-1572
Viveu em: Polônia
Escreveu: Comentários, códice, Hamapá (Toalha), acrescentando tradições asquenazes aos costumes sefarditas de Caro.

ISAAC LURIA (O ARI)
Datas: 1534-1572
Viveu em: Palestina
Escreveu: Cabala Luriana

1305-1355 EC

O porto da antiga Jafa é reformado na década de 1300.

1305 Em Barcelona, Salomão ben Abraão Aderet (o Rasba, c. 1235-c. 1310) proíbe que homens com menos de 25 anos estudem ciência e filosofia. É uma continuação das discussões provocadas pelas obras de Rambam e uma tentativa de impedir que os jovens se tornem tão racionalistas que deem as costas à religião. Ele é tão influente que a proibição se espalha fora da Espanha.

1306 A França expulsa os judeus. Muitos vão para a Espanha.

1315 Como em muitos Estados europeus, a França permite que os judeus retornem se pagarem uma taxa. Mas a ordem de expulsão volta a entrar em vigor em 1322.

1333 Ibn Batuta, o viajante árabe, visita comunidades judias na Índia.

1348-49 Peste Negra. A peste bubônica atinge a Europa e mata quase 40% da população total. Os antissemitas acusam os judeus de envenenar poços, e tumultos antissemitas destroem mais de duzentas comunidades judaicas só na Alemanha, com a morte de milhares de pessoas.

1350 Pedro, o Cruel, se torna rei de Castela. O seu tesoureiro é Samuel Levi de Toledo, e o seu médico pessoal também é judeu. Os judeus têm de pagar tributos extras e fornecem metade da receita do rei em algumas áreas.

Da década de 1350 em diante Muitas cidades italianas convidam os judeus a se instalar e exercer atividade financeira.

1355 Henrique de Trastâmara luta com Pedro, o Cruel, pelo trono de Castela e afirma que os assessores judeus de Pedro prejudicam o país. As suas forças matam mais de mil judeus e saqueiam parte do bairro judeu de Toledo.

Judeus consultam o seu rabino, de um livro francês medieval.

Judeu italiano do século XIV.

MOVIMENTOS E ESCOLAS DE PENSAMENTO

	Fariseus	Saduceus	Essenos	Zelotes
Número	c. 6.000	c. 3.000	c. 4.000	Pequeno
O nome vem de	Perushim, "separar".	Zadoque, sumo-sacerdote na época do rei Salomão.	Da palavra grega para o grupo, *Essenoi*: "desconhecido".	Zelo pela lei.
Crenças:	Lei oral, tanto quanto escrita; vida após a morte e ressureição; nenhuma outra doutrina obrigatória.	Rejeitavam ressurreição, anjos e espíritos; não apoiavam a lei oral; nenhum outro dogma.	Misticismo, ascetismo, celibato; afastamento do mundo.	Compromisso de defender a Lei.
Influência	Religiosa: muitos líderes de sinagogas eram fariseus. No entanto, o ensino religioso variava, já que eles tinham variedade de crenças. Inimigos figadais dos saduceus.	Política: facção dos aristocratas ricos e da maioria dos sacerdotes do Templo; constituía a maior parte do Sinédrio, ou supremo tribunal.	Nenhuma em assuntos gerais. É possível que a comunidade de Qumran, que provavelmente escreveu os pergaminhos do Mar Morto, fosse essênia.	Grupo nacionalista revolucionário com vistas a derrubar o domínio romano. Começaram a rebelião contra Roma que levou à destruição do Templo e à Diáspora em 70 EC.
Desenvolvimento	Tornou-se a norma depois que o judaísmo sacerdotal desapareceu com a destruição do Templo. Desenvolveu-se como judaísmo rabínico.	Com a destruição do Segundo Templo em 70 EC, deixaram de existir.	Não conhecido depois da queda de Jerusalém.	Os últimos zelotes se mataram em Massada, em 73 EC, para não se render.

1364-Década de 1450 EC

1364 Casimiro, o Grande, da Polônia dá direitos aos judeus em todo o seu grande reino. Aumenta a migração da Alemanha. A chegada de judeus asquenazes logo supera os da Europa oriental que vieram da Rússia, de Bizâncio ou da Itália.

1366 Henrique de Trastâmara entra em Toledo e cobra um imenso resgate da comunidade judaica.

1382 (9 de novembro) Escrito o mais antigo documento em iídiche a sobreviver, o *Cambridge Yiddish Codex*.

1391 Massacres e conversões forçadas em Castela e Aragão, na Espanha.

1394 A França finalmente expulsa todos os judeus.

c. 1400-1600 O Renascimento europeu envolve tolerância marcante e ocasional com não cristãos.

1413-1414 Disputa de Tortosa. Os representantes judeus são intimidados e enganados para fracassar num debate com teólogos cristãos na Espanha. Desanimados e ameaçados, mais judeus se convertem.

1424 Yongle, imperador Ming da China, confere honras ao médico judeu Yen Cheng.

1438 As autoridades de Fez, no Marrocos, criam um bairro judeu separado, o *mellah*.

Da década de 1450 em diante A invenção dos tipos móveis e da impressão revoluciona a publicação de livros. Livros mais baratos aumentam o número de leitores, e há uma transformação social e intelectual.

Os saduceus, elite do Templo.

MOVIMENTOS E ESCOLAS DE PENSAMENTO

JUDAÍSMO ORTODOXO

Significado
"Crença correta". A princípio, aplicado com sarcasmo aos judeus conservadores, hoje o termo é usado para todas as formas tradicionais de judaísmo.

Histórico
Só é aplicável depois de 1800, quando começaram os movimentos modernos.

Grupos
Muitos, como a ortodoxia moderna, os haredim ("ultraortodoxos"), os hassidim, o judaísmo tradicional etc. Eles concordam com a natureza divina da Torá, mas têm opiniões diferentes sobre outras questões, como:
- Relações com não ortodoxos
- Misticismo
- Sionismo e o Estado de Israel
- Messianismo.

TRADIÇÕES
Abordagem estrita da halacá. Deus deu a Moisés a Torá inteira, escrita e oral. Portanto, a lei judaica é divina, obrigatória e nunca mudou. Os papéis e obrigações de gênero são claramente definidos.

Cena típica de rua em Mea Shearim, bairro "ultraortodoxo" de Jerusalém.

c. 1450–1454 EC

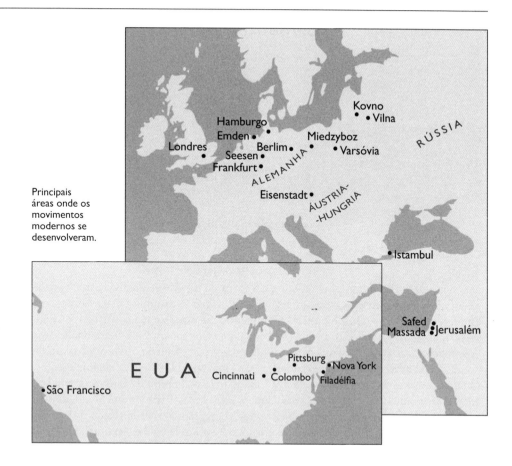

Principais áreas onde os movimentos modernos se desenvolveram.

- **c. 1450-1520** As cidades alemãs gozam de crescimento econômico e decidem que não precisam mais de banqueiros e agiotas judeus, que são expulsos.
- **1452-c. 1515** Abraham Zacuto, astrônomo e matemático sefardita inovador. Ele fornece mapas e astrolábio novos a Cristóvão Colombo para a viagem pelo Atlântico em 1492 e a Vasco da Gama para a viagem de 1496 à Índia.
- **1453** Os turcos otomanos capturam Constantinopla, a chamam de Istambul e dão fim ao Império Bizantino. A situação melhora para os judeus no Império Otomano, embora os turcos levem muita gente à força para Istambul para ajudar a construir a nova capital.
- **1454** A Polônia revoga a carta liberal de direitos dos judeus no país.

Representação de uma sinagoga do século XIV na Espanha muçulmana.

MOVIMENTOS E ESCOLAS DE PENSAMENTO

ORTODOXIA MODERNA

"Torá com os modos do mundo."

"Torá e ciência."

Fundadores
Samson Raphael Hirsch (1808-1888), Azriel Hildesheimer (1820-1899), Joseph Dov Soloveitchik, "o Rav" (1903-1993).

Quando/onde se desenvolveu
Século XIX, Alemanha; século XX, EUA.

Também chamada de
Neo-ortodoxia.

Histórico
Em resposta ao Iluminismo na Europa a partir do fim do século XVIII, intelectuais como Samson Raphael Hirsch estudaram maneiras de tornar os estudos judaicos atraentes para os estudantes modernos. Hirsch propôs novos padrões de estudo e temas seculares, como ciência, filosofia, idiomas, mas baseados em valores judaicos tradicionais. Os estudos analíticos poderiam ser aplicados aos textos sagrados para aprofundar a compreensão, não para criticar. Uma das prioridades do movimento era a boa educação, e Hirsch e Hildesheimer criaram escolas-modelos. O movimento se desenvolveu mais nos EUA, quando imigrantes da Europa oriental chegaram em grande número. Menos dispostos a adotar o mundo moderno do que os imigrantes alemães com educação secular, eles se sentiram à vontade com as reformas modestas da neo-ortodoxia. Joseph Dov Soloveitchik ("o Rav") se tornou o líder intelectual e espiritual do movimento.

Tradições

A origem divina da Torá é aceita, mas a crítica bíblica acadêmica é estudada pelo interesse erudito. Os judeus deveriam viver segundo as leis e os costumes tradicionais, mas a ortodoxia moderna é tolerante na sua interpretação e incentiva a integração com o mundo mais amplo.

Ela aceita como válidas várias "reformas", como os cultos em idioma vernáculo e os coros na sinagoga. O envolvimento com o mundo externo por meio da educação e do trabalho profissional é incentivado.

A vestimenta tradicional de alguns grupos ortodoxos da Europa oriental ainda é importante hoje.

CRONOLOGIA DA ORTODOXIA MODERNA

1836 Samson Raphael Hirsch publica *Dezenove cartas sobre judaísmo*, a sua defesa do tradicionalismo. De forma incomum em textos ortodoxos, é escrita em alemão.

1841 Hirsch se torna rabino em Emden e começa a fazer campanha contra a Reforma.

1846 Hirsch se torna grão-rabino da Morávia, na Áustria-Hungria.

1851 Hirsch se torna líder da comunidade tradicional minoritária de Frankfort am Main. Ele leva a comunidade ao afastamento da organização judia abrangente local, dominada pela Reforma.

Década de 1850 Azriel Hildesheimer ensina alemão e outras matérias e métodos seculares na sua escola rabínica em Eisenstadt, na Hungria. As autoridades tradicionais tentam fechar a escola.

1869 Hildesheimer define a sua filosofia como "adesão fiel aos ensinamentos tradicionais combinada ao esforço efetivo de manter contato com o espírito do progresso".

1869 Hildesheimer se torna rabino de famílias ortodoxas de Berlim que rejeitam o movimento da Reforma mas aceitam algum grau de modernidade.

1885-1886 Hirsch funda a União Livre pelo Interesse do Judaísmo Ortodoxo, uma aliança de comunidades judaicas tradicionalistas de toda a Europa. No entanto, por usar idioma vernáculo e estudar temas seculares, ele é considerado moderno demais para muitos tradicionalistas, principalmente na Europa oriental.

1928 O Yeshiva College é fundado em Nova York numa fusão de várias escolas e seminários rabínicos que oferecem estudos talmúdicos e alguns seculares. Torna-se o centro intelectual da moderna ortodoxia norte-americana.

1941 Joseph Dov Soloveitchik (o Rav) se torna diretor do seminário do Yeshiva College. Ele passa a ser o líder intelectual e espiritual do movimento, uma linha moderada do judaísmo tradicional totalmente envolvida com o mundo moderno.

1946 O Yeshiva College se torna uma universidade.

2004 O rabino britânico Jonathan Sachs escreve em apoio aos judeus homossexuais e diz que devem ser tratados com empatia e compreensão.

2008 O Documento de Princípios de rabinos ortodoxos israelenses afirma que os atos homossexuais são proibidos, mas não as pessoas com orientação homossexual.

2010 Declaração dos rabinos ortodoxos modernos Schachter, Willig, Rosensweig e Twersky sobre questões LGBT nos EUA.

Junho de 2012 Jonathan Sachs, grão-rabino britânico, se opõe ao casamento gay.

2016 Um estudo do Centro de Pesquisa Pew mostra que 21% dos judeus israelenses e 10% dos judeus norte-americanos são ortodoxos.

2017 Debates contemporâneos sobre o papel das mulheres e os efeitos dos avanços tecnológicos sobre a prática da Halacá.

2018 As congregações ortodoxas crescem, devido à adesão de mais judeus não ortodoxos e à taxa de natalidade mais alta.

2018 A tendência é de que a ortodoxia moderna se torne mais estritamente obediente à Lei, tornando indistinto o limite entre os ortodoxos modernos e os haredis.

Um menino ortodoxo com cachos anelados.

MOVIMENTOS E ESCOLAS DE PENSAMENTO

HASSIDISMO

"O importante não é a quantos mandamentos separados obedecemos, mas o espírito em que obedecemos."

Significado

Piedade.

Fundador

Israel ben Eliezer (1700-1760), também conhecido como Baal Shem Tov (Mestre do Bom Nome) ou pelo acrônimo hebraico Besht.

Quando/onde se desenvolveu

Século XVIII; Polônia.

Histórico

Tensões na Europa oriental, centro importante da população judaica no início do século XVIII. As províncias do sul da Polônia – a Ucrânia – eram pobres, rurais e pouco instruídas. Cem mil judeus tinham sido mortos, e os centros de estudos foram destruídos pelo cossaco Boris Chmielnitsky em 1648-1649. Os sobreviventes rejeitavam os rabinos intelectuais que ignoravam as preocupações sociais e não ofereciam muita esperança ou alegria espiritual. Também sentiam que carregavam uma parte injusta do fardo tributário judeu. Houve um aumento do misticismo depois do movimento messiânico de Sabbatai Zevi em 1666.

Algumas personalidades hassídicas importantes

(conhecidas como *rebes* ou mestres espirituais)

• Dov Baer, o *Maggid* (pregador) de Meseritz (c. 1704-1772)

Ajudou a desenvolver o movimento na sua forma descentralizada e disseminada.

• Jacob Joseph de Polnoye

Estabeleceu a doutrina dos *tzadic* (os justos) para os discípulos do Besht.

• Shneur Zalman de Ladi (1746-1812)

Fundador do grupo Chabad-Lubavitch, com o nome da cidade lituana de Lubavitch. Chabad é um acrônico de *hochma* (sabedoria), *binah* (compreensão) e *da'at* (conhecimento).

c. 1465–1496 EC

CRONOLOGIA DO HASSIDISMO

c. **1700** O Besht, nascido em Okopy, na Ucrânia.
- Atraído pelo misticismo e pela meditação, não foi um bom aluno acadêmico.
- Enquanto trabalhava como auxiliar de professor, estudou a Cabala.

c. **1718** Ganhou fama como curandeiro, usando ervas medicinais enquanto trabalhava como mineiro de cal numa remota aldeia dos Cárpatos.

c. **1736** Começou a pregar em público e foi aceito como autoridade religiosa.

c. **1740** Mudou-se para Miedzyboz, na Podólia. Reuniu discípulos que redigiram os seus ensinamentos. Místico, ele mesmo não escrevia, mas ensinava oralmente com histórias e parábolas. Acreditava que os seus ensinamentos lhe tinham sido revelados por meio do misticismo. Os seus ensinamentos logo se tornaram populares no povo comum e não instruído.

1760 Depois da morte do Besht, os discípulos continuaram a espalhar o movimento pela Europa oriental, desenvolvendo-o em grupos um pouquinho diferentes.

1764 e 1777 Alguns hassidim migram para a Palestina.

1772 Líderes acadêmicos tradicionais condenam o hassidismo como liberal e revolucionário. O movimento é oficialmente proibido em Vilna, na Lituânia. Os rabinos de ambos os lados praticam a excomunhão.

Tradições

Uma fé simples, mas profunda, voltada a levar as pessoas comuns mais para perto de Deus e da Torá. Baseada em dois princípios: Deus está em toda parte; os seres humanos podem entrar em comunhão com Deus. Enfatiza a relação pessoal com Deus em vez do dogma solene.

Os judeus hassídicos tendem a usar roupas distintas e escuras; em geral, os homens usam chapéu e deixam a barba crescer; os meninos usam o peiot, os cachos ao lado do rosto. Geralmente descritos como haredim ("ultraortodoxos").

1465 Tumultos e massacres antijudaicos no Marrocos quando um judeu é nomeado assessor do governante.

1469 Isabel I de Castela e Fernão II de Aragão se casam, unindo a Espanha num só país. Os judeus da corte ajudam a conseguir a união, na esperança de que uma Espanha pacífica e centralizada ofereça mais segurança e prosperidade.

1475 O primeiro livro impresso conhecido em hebraico, os *Comentários do Chumash*, de Rashi, é lançado na Itália.

Imagem de Jerusalém em 1493.

1475 O libelo de sangue de Simão de Trento (Trento, na Itália) leva à execução de muitos judeus. Trento expulsa os judeus por centenas de anos.

1481 Primeiro auto de fé – execução na fogueira – de hereges pela Inquisição espanhola, criada para investigar hereges, principalmente os conversos que ainda praticam o judaísmo em segredo.

1483 A imigração de judeus da diáspora na Palestina é um pinga-pinga constante há séculos. A tensão entre os líderes locais e os recém-chegados chega ao ápice no "Caso dos Anciãos".

1492 A Inquisição espanhola convence Fernão e Isabel a assinar o Édito de Expulsão para tirar os judeus da Espanha. Mais de cem mil pessoas partem, a maioria para Portugal, outras para o norte da África, o Império Otomano e a Itália. Algumas se instalam nos Países Baixos e no sul da França. O idioma ladino, mistura de castelhano e hebraico, se desenvolve entre os exilados sefarditas. Cerca de cinquenta mil judeus se convertem ao cristianismo para ficar na Espanha.

1494 A cidade de Cracóvia restringe os judeus ao subúrbio de Kazimierz.

1495 Expulsão dos judeus da Lituânia.

1496 Portugal ameaça expulsar os judeus. Milhares fogem, depois o rei decide converter os judeus à força.

Virada do século Os estudos talmúdicos começam a crescer na Polônia e na Lituânia, logo superando os da Alemanha.

MOVIMENTOS E ESCOLAS DE PENSAMENTO

HASSIDISMO

- **Nachman de Breslau (1772-1810)**
  Os seus seguidores nunca aceitaram sucessores.

- **Menahem Mendel Schneerson (1902-1993)**
  Desenvolveu o movimento Lubavitch nos EUA. Considerado Messias por muitos seguidores.

Menahem Mendel Schneerson

Início do século XIX A ortodoxia tradicional e o hassidismo dão fim à inimizade diante do perigo comum do Iluminismo e da Reforma judaicos.

1939-1945 Cerca de 96% dos hassídicos são mortos no Holocausto.

De 1945 em diante A maioria dos hassidim sobreviventes se muda para os EUA, Canadá, Reino Unido e Israel.

1945-década de 1950 As famílias hassídicas Gerer, Belzer e Vizhnitz criam tribunais na Palestina. No recém-criado Estado de Israel, os Vizhnitz assumem importância no partido Agudas Yisrael.

1949 Israel isenta os estudantes da Torá e as mulheres haredim do serviço militar.

1951 O rabino Menachem Mendel Schneerson se torna o rebe Chabad-Lubavitch e faz crescer o movimento, agora com 5.600 instituições no mundo inteiro.

1968 A seita isolacionista Satmar, que rejeita a modernidade, é o maior grupo hassídico de Nova York, nascido de um punhado de famílias em 1948.

Década de 1970 O estilo de vida hassídico, recluso e estritamente religioso, cresce em Israel, preocupando a tendência principal de israelenses seculares.

1974 Cria-se em Nova York um povoado isolacionista Satmar.

1978 O aniversário do rebe Menachim Mendel Schneerson, do Chabad-Lubavitch, é transformado em Dia da Educação e do Compartilhamento pelo presidente americano Jimmy Carter.

Décadas de 1970 e 1980 O rabino Eliezer Shlomo Schick, de Breslov, realiza grandes atividades comunitárias que atraem milhares de pessoas.

1981 Publicado o Álbum de Auschwitz, registro fotográfico inigualável dos judeus hassídicos em Auschwitz.

Junho de 1994 O rebe Menachem Schneerson do Chabad morre em Nova York. Para muitos seguidores do Chabad-Lubavitch, ele é o Messias que retornará. Satmar e outros os consideram apóstatas.

2005 Em média, as famílias hassídicas dos EUA têm oito filhos.

2005 Estima-se que haja quatrocentos mil hassidim no mundo inteiro.

2006 Com a morte do rebe Moshe Teitelbaum, do Satmar, a dinastia se divide.

2007 Cinco instituições de caridade da dinastia Spinka, no Brooklyn, nos EUA, são acusadas de lavagem de dinheiro.

2010 O iídiche é um idioma próspero em Nova York.

Janeiro de 2012 Rebes das dinastias Satmar e Belz se encontram para reconciliar as duas seitas.

Maio de 2012 O rabino Satmar Aaron Teitelbaum, de Nova York, proíbe a posse de computadores domésticos, a menos que os negócios os tornem estritamente necessários. As mulheres não podem ter smartfones.

2015 O rebe israelense Shalom Arush, de Breslov, diz que homens e mulheres não devem trabalhar juntos e proíbe os rabinos de receberem mulheres.

2015 Os Belz de Londres, no Reino Unido, afirmam que mulheres que dirigem quebram as regras do recato e ameaçam proibir as crianças de serem levadas à escola de carro pelas mães.

2017 Grande número de hassidim se muda do Brooklyn para Jersey City devido ao alto custo das moradias. Agora, a população hassídica crescente de Nova York chega a 330.000 pessoas.

2017 O rebe Karlin-Stolin provoca controvérsia ao dançar com a filha no seu casamento, já que, tradicionalmente, o pai e a noiva dançam segurando entre si um pano comprido.

Maio de 2017 O rebe de Belz visita Londres para abrir um centro educacional. Satmar e Neturei Karta protestam e se chocam em Stamford Hill.

2017 A isenção militar dos estudantes da Torá é considerada inconstitucional pelo Supremo Tribunal israelense. As mulheres haredis continuam isentas.

Junho de 2018 Um juiz federal do estado de Nova York determina que os municípios Bloomingburg e Mamakating discriminaram os hassidim quando tentaram impedir que se mudassem para lá.

Junho de 2018 O rebe Satmar Aaron Teitelbaum lembra aos seguidores que não devem participar do sionismo nem do Estado de Israel. Ele lamenta o que vê como admiração crescente por Israel e reafirma a sua oposição ao alistamento de alunos de yeshivás no exército israelense.

2018 Agora, Ger é o maior grupo hassídico de Israel.

MOVIMENTOS E ESCOLAS DE PENSAMENTO

CONSERVADORES

"Quaisquer que fossem os defeitos dos rabinos, a coerência não era um deles."

"Há algo superior à modernidade: a eternidade."

Fundadores

Zecharias Frankel e Solomon Schechter.

Onde/Quando

Século XIX, Alemanha; século XX, Estados Unidos.

Grupos/Outros nomes

Movimento histórico positivo, escola histórica, Masorti (Tradicional), Neolog. A princípio, movimento de coalizão não doutrinário. Nos EUA, o judaísmo conservador está bastante unificado.

Histórico

O iluminismo judaico e a emancipação dos judeus na Europa no século XIX soprou um vento de mudança nos estudos talmúdicos. Muitos estudiosos fizeram contato com as novas disciplinas da história e da análise crítica; alguns as aplicaram às leis e tradições judaicas e chegaram ao entendimento de que o judaísmo nunca foi estático e sempre mudou e se desenvolveu no decorrer da história. Zecharias Frankel (1801-1875) foi um dos rabinos que, na Alemanha, sentiram que a reforma estava indo longe demais, mas que o judaísmo evoluíra e ainda evoluía. Ele não tinha a intenção de criar um movimento separado: só queria incentivar o desenvolvimento das ideias. No entanto, muitos líderes ortodoxos fizeram objeção à sua abertura aos estudos modernos. Ao mesmo tempo, ele e outros achavam que o judaísmo da reforma estava se afastando demais do que consideravam o núcleo da fé. Em poucas décadas, a popularidade dessa ideologia intelectual cresceu.

Outros personagens importantes

Isaac Klein (1905-1979), autor de A Guide to Jewish Religious Practice (Guia da prática religiosa judaica)

Mathilde Roth Schechter (1859-1924) revisou os textos do marido Solomon. Fundou institutos importantes nos EUA.

Louis Ginzberg (1873-1953), professor do Seminário Teológico Judaico por mais de cinquenta anos.

Abraham Joshua Heschel (1909-1972), teólogo influente, escritor e ativista social.

Solomon Schechter

Tradições

Não fundamentalista e não dogmático. Aceita a autoridade divina, mas a interpretação da lei muda com o tempo. A tradição é importante, mas a religião deve se adaptar. Por exemplo, rabinas são aceitas, e homens e mulheres rezam juntos.

CRONOLOGIA DO JUDAÍSMO CONSERVADOR

1842 Fundada a sinagoga do oeste de Londres na Grã-Bretanha. Embora se dizendo da "Reforma", o movimento britânico se desenvolve na linha do movimento conservador dos EUA.

1854 Zecharias Frankel encabeça o novo Seminário Teológico Judaico de Breslau, na Alemanha. A escola visa a preparar rabinos no judaísmo tradicional, mas com conhecimento dos estudos críticos modernos.

Zecharias Frankel

1887 Sabato Morais, Alexander Kohut e Bernard Drachman defendem a reação conservadora à reforma americana. Apoiam mudanças moderadas que não ofendam os tradicionalistas e se opõem a mudanças mais radicais. Criam um novo seminário rabínico nos Estados Unidos, o Seminário Teológico Judaico de Nova York, com o mesmo nome do seminário de 1902 de Frankel em Breslau. Solomon Schechter (1847-1915), que redescobriu a Guenizá do Cairo, se muda da Inglaterra para os Estados Unidos para dirigir o seminário. Ele o transforma num grande centro intelectual e escola rabínica com ênfase na união.

1913 O movimento se torna formalmente organizado quando Solomon Schechter abre a Sinagoga Unida do Judaísmo Conservador como ala leiga.

1968 A ala liberal se separa para formar o movimento reconstrucionista.

1983 As primeiras rabinas são ordenadas dentro do movimento conservador.

1985 A ala mais tradicionalista se separa para formar o movimento do judaísmo tradicional: Halacá e interpretação moderna.

1988 Divulgada uma declaração de crenças.

1990 43% dos judeus americanos se identificam como conservadores.

1992 O movimento afirma a proibição tradicional da conduta homossexual.

1998 O *Sim Shalom*, livro de orações conservador atualizado, inclui o nome das matriarcas e alguns termos de gênero neutro para Deus.

2000 33% dos judeus americanos são conservadores.

2006 O Comitê Americano de Legislação e Padrões Judaicos divulga várias opiniões conflitantes sobre questões LGBT devido à sua filosofia pluralista e permite que cada congregação adote a opinião preferida.

2012 O ramo americano do judaísmo conservador aprova o casamento entre pessoas do mesmo sexo.

2013 O Centro de Pesquisa Pew constata que 18% dos judeus americanos se identificam como conservadores.

2015 Um relatório diz que o uso de externatos e acampamentos constrói nos EUA um núcleo de judeus conservadores observantes e engajados que continuarão a manter a denominação.

MOVIMENTOS E ESCOLAS DE PENSAMENTO

RECONSTRUCIONISTA

"O principal problema da religião judaica [...] é levar a Bíblia a sério sem entendê-la literalmente."

"As antigas autoridades têm direito a voto, mas não a veto."

Fundadores

Mordecai Kaplan (1881-1983) e Ira Eisenstein (falecido em 2001).

Quando/Onde

Décadas de 1920 a 1940, EUA.

Histórico

A princípio no movimento conservador, Mordecai Kaplan começou a ver o judaísmo como uma civilização religiosa que evolui continuamente e resulta do desenvolvimento humano natural, não da intervenção divina. Ele sustentava que as características culturais, étnicas e sociais são tão importantes quanto a religião e que os avanços da ciência e da história impossibilitam agarrar-se a algumas crenças tradicionais. Ele não pretendia criar uma nova denominação, apenas inspirar e influenciar todos os movimentos. Em vez disso, o seu moderno livro de orações foi queimado em público por judeus ortodoxos de Nova York, e os seus seguidores acharam que o movimento conservador era "ortodoxo" e tradicional demais para eles.

TRADIÇÕES

Visa a transformar o judaísmo e passar do foco na salvação no outro mundo para a salvação neste mundo com a criação de uma sociedade justa e a melhora da personalidade humana. Não fundamentalista e não dogmático. A cultura e os estudos modernos são valorizados, assim como o estudo rabínico tradicional. Não dogmático, promove a escolha pessoal, sugere que os mandamentos são "normas de comportamento" e não leis, mas os costumes e a cultura judaicos são incentivados. Contra superstições, democrático, aceita a ascendência patrilinear.

CRONOLOGIA RECONSTRUCIONISTA

1909 Mordecai Kaplan entra no Seminário Teológico Judaico conservador para dirigir o seu Instituto dos Professores.

1915 Kaplan se torna rabino do Centro Judaico de Nova York e o transforma em centro comunitário, com atividades de lazer para suplementar os eventos religiosos.

1922 Kaplan funda a Sociedade pelo Avanço do Judaísmo para disseminar os seus ensinamentos.

1922 Ele inicia os bat mitzvá para as meninas como equivalente ao bar mitzvá dos meninos e escreve talvez a primeira cerimônia do mundo para a sua filha Judith.

1968 Os seguidores de Kaplan se separam do movimento conservador e criam formalmente um movimento próprio com a fundação do Reconstructionist Rabbinical College (Faculdade Rabínica Reconstrucionista) em Filadélfia.

1986 Publicada a plataforma reconstrucionista como consenso de crenças atuais.

1990 Os reconstrucionistas obtêm a condição de Observadores da União Mundial do Judaísmo Progressista.

1993 O movimento anuncia que as pessoas LGBT deveriam participar de todas as áreas da vida comunitária.

2007 A Associação Rabínica Reconstrucionista elege o primeiro homem abertamente *gay* para chefiar a entidade nos EUA.

3 de junho de 2012 O movimento se reestrutura em dois grupos: o Reconstructionist Rabbinical College e o braço Congregacional, chamado de "Comunidades reconstrucionistas judaicas".

Início da década de 1500 A maior população judaica do mundo está no vasto Império Otomano, onde, com o pagamento de um imposto de capitação e o reconhecimento do Estado, os judeus têm liberdade de culto e podem prosperar. Às vezes, o império incentiva judeus ricos a imigrarem.

1501 As dinastias muçulmanas fanáticas da Pérsia começam a assediar os judeus.

c. 1510-1569 Gracia Mendes (Gracia Nasi), influente filantropa e empresária sefardita.

1510 Há judeus e cristãos-novos entre os colonos portugueses em Goa, na Índia. No entanto, a Inquisição logo chega.

1516 Veneza confina os judeus numa pequena ilha com o nome da nova fundição de ferro, a Ghetto Nuova. O uso da palavra gueto para um bairro judeu restrito logo se espalha pelo mundo.

O Talmude.

1517 O Império Otomano conquista a Palestina e a governa em Istambul. Talvez só haja mil famílias judias na região, mas a população logo cresce, e a cidade de Safed se torna a mais importante do país e um centro próspero de erudição.

1520 Começa a construção das atuais muralhas de Jerusalém.

1520-1523 O primeiro Talmude completo é impresso na Itália.

1524 Surge em Veneza o misterioso David Reubeni, que afirma ser da tribo perdida de Rubem. Salomão Molcho se torna seu seguidor e se declara o Messias. A Igreja queima ambos na fogueira.

1528 Nisso, os conversos da Espanha se instalaram em lugares como Cuba e México.

1541 O reformador protestante alemão Martinho Lutero publica talvez o primeiro livro antissemita moderno.

MOVIMENTOS E ESCOLAS DE PENSAMENTO

RECONSTRUCIONISTA

Mordecai Kaplan.

2014 A rabina Deborah Waxman é empossada como presidente do movimento e se torna a primeira rabina a comandar uma união congregacional judaica e a primeira lésbica a frequentar um seminário judeu.

2015 O Reconstructionist Rabbinical College aprova a matrícula de alunos em relações interfés.

2016 Alguns rabinos protestam, afirmando que formariam um grupo derivado.

2018 O braço congregacional passa a se chamar Reconstructing Judaism (Reconstruindo o judaísmo) para refletir a ênfase em "praticar" judaísmo em vez de "ser" judeu. O seminário passa a ser o College for Reconstructing Judaism (Faculdade para reconstruir o judaísmo).

1551 Os judeus da Polônia/Lituânia conquistam o direito de nomear o seu próprio grão-rabino, em vez de aceitar a escolha do rei polonês.

De 1553 em diante A Polônia e a Lituânia oferecem mais liberdade do que os outros países e se tornam os novos centros culturais do judaísmo europeu.

1555-1796 Era do Gueto na Itália, em que muitas cidades segregam ou expulsam os judeus.

1565 Yossef Caro (1488-1575) publica em Safed o importante códice de leis *Shulchan Aruch (A mesa posta)*.

1569 Polônia e Lituânia se unem e há um movimento da população para a Ucrânia, região no sudeste do novo país.

1570 Isaac Luria (o Ari, 1534-1572) desenvolve a Cabala Luriânica em Safed, na Palestina.

1570-1571 Moshé Isserles (o Rema, 1525-1572), de Cracóvia, na Polônia, escreve o *Hamapá (Toalha)*, um suplemento do *Shulchan Aruch*.

1580 Conselho das Quatro Terras criado na Polônia, dando aos judeus da Diáspora mais autonomia do que nunca.

1593 A família Médici convida os judeus para ajudar a desenvolver Livorno, na Itália.

1595 Os judeus começam a se mudar para Amsterdam quando os Países Baixos se tornam independentes da Espanha.

1598 Judá Loew ben Betzalel (Maharal, c. 1520-1609) funda uma academia em Praga, na Boêmia. Acredita-se que criou um *golem*.

Século XVII Com o advento da imprensa para manuscritos da Escritura, os artistas começam a usar a micrografia para decorar outros documentos, como *ketubot* (contratos de casamento), calendários e retratos.

1605 A comunidade judaica de Kaifeng, na China, renova o contato com o mundo ocidental quando o professor Ai T'ien encontra um missionário jesuíta em Pequim. A maior parte do que se sabe da comunidade de Kaifeng vem da sua correspondência posterior.

Safed, centro de misticismo e erudição.

MOVIMENTOS E ESCOLAS DE PENSAMENTO

REFORMA

"O judaísmo exige meramente o sopro libertador para rejuvenescer de dentro para fora."

Personagens importantes

Moses Mendelssohn (1729-1786) – Embora tradicional e piedoso, o seu pensamento teve enorme influência sobre os judeus da Reforma

Israel Jacobson (1768-1828)

Samuel Holdheim (1806-1860)

Abraham Geiger (1810-1874)

David Einhorn (1809-1879)

Claude Montefiore (1858-1938)

Lily Montagu (1873-1963)

Quando/Onde

Séculos XVIII e XIX, Alemanha; século XIX, EUA.

Outros nomes

Judaísmo liberal, judaísmo progressista.

Histórico

Depois do Iluminismo e dos sinais da iminente emancipação na Alemanha, no século XIX, muitos estudiosos judeus reexaminaram a sua religião de um ponto de vista racional e igualitário. Propuseram reformas para modernizar o judaísmo e facilitar a integração dos judeus à sociedade mais ampla se quisessem ter total participação no mundo como alemães. Os integrantes do movimento embrionário consideravam que a Lei tinha inspiração divina, mas era escrita por rabinos. Só as leis éticas eram obrigatórias, e as leis rituais não precisavam ser seguidas. Com o tempo, o movimento mudou e agora sustenta que uma ampla variedade de observâncias é aceitável. Especificamente, o movimento mudou a sua oposição ao sionismo.

CRONOLOGIA DA REFORMA

Fim do século XVIII Moses Mendelssohn, pensador do Iluminismo, embora ortodoxo, influencia os judeus que querem modernizar a sua religião.

Início da década de 1800 Israel Jacobson (pai do músico Meyerbeer) vê que rituais incompreensíveis estão afastando os jovens do judaísmo. Ele introduz música e idioma alemão nos cultos das suas escolas na Alemanha.

1804-1807 Corais profissionais e música de órgão em alguns cultos em sinagogas da Alemanha.

1810 Jacobson abre o primeiro templo da Reforma em Seesen, na Alemanha, onde, pela primeira vez, as orações não são feitas em hebraico, mas em alemão.

1815-1823 Jacobson e Jacob Herz Beer realizam cerimônias reformistas particulares em casa, em Berlim. O corpo judeu tradicional convence as autoridades prussianas a impedir esses cultos particulares.

1818 Aberto o Templo de Hamburgo.

1840 Samuel Holdheim se torna rabino em Mecklenburg-Schwerin e é defensor destacado da liberdade religiosa e da reforma radical.

Década de 1840 Nos EUA, alguns imigrantes alemães começam a exigir cultos modernizados.

1843 Abraham Geiger se torna chefe da comunidade de Breslau. Ele acredita que racionalizar a religião e descartar os costumes judaicos "separatistas" manterá os judeus jovens, modernos e científicos no judaísmo e dará fim ao antissemitismo.

1844 Primeira convenção rabínica da Reforma, em Brunswick.

1846 Holdheim se torna rabino da nova congregação de Berlim.

1854 Zecharias Frankel, antes da ala da Reforma, desenvolve o judaísmo conservador. Na Alemanha, a Reforma deixa de se desenvolver, embora os grupos permaneçam. A dinâmica da mudança passa para os Estados Unidos.

Abraham Geiger.

MOVIMENTOS E ESCOLAS DE PENSAMENTO

REFORMA

Tradições

Não fundamentalista e não dogmático. A Torá é inspirada por Deus, mas não escrita por ele. O judaísmo mudou e evoluiu – reformou-se – com o passar do tempo e assim continuará. A autonomia individual é primordial. Igualdade entre homens e mulheres. As mulheres podem se tornar rabinas. O judaísmo é uma crença religiosa, e a nacionalidade é a do país de cidadania. Prédios são templos, não sinagogas.

Sinagoga tradicional com uma galeria separada para mulheres.

1855 O rabino reformista David Einhorn migra da Alemanha para os Estados Unidos, onde se torna o líder da Reforma.

1869 Primeira conferência de rabinos americanos da Reforma em Filadélfia.

1873 Isaac Mayer Wise forma a União de Congregações Hebraicas Americanas (UAHC). Ele espera unir todas as variantes da opinião judaica.

1875 Isaac Mayer Wise funda o Hebrew Union College (Faculdade da União Hebraica) em Cincinnati.

1885 Os rabinos americanos da Reforma produzem uma definição, a Plataforma de Pittsburgh. Diz que os judeus são um grupamento religioso, não uma nação, e rejeita o retorno a Sião.

1885 A UAHC adota a posição da Reforma. Os rabinos tradicionalistas saem.

1902 Lily Montagu (1873-1963) e Claude Montefiore (1858-1938) ajudam a fundar o movimento liberal no Reino Unido, mais progressista do que a Reforma britânica e semelhante à Reforma dos EUA.

1922 Stephen S. Wise cria o Instituto Judeu da Religião em Nova York. Ele se funde ao Hebrew Union College em 1950.

1937 O movimento americano da Reforma produz a Plataforma de Columbus, que aceita uma visão mais tradicional dos mandamentos e cerimônias e a defesa do sionismo.

Da década de 1920 em diante A Reforma se espalha lentamente pelo norte da Europa, em geral com oposição feroz dos tradicionalistas.

1976 A Plataforma de São Francisco do movimento americano afirma que a Reforma pode adotar toda variedade de opiniões, inclusive conceitos mais tradicionais do que antes se dispunha a aceitar.

1977 As congregações da Reforma britânica passam a pôr homens e mulheres sentados juntos.

1983 Os judeus da Reforma americana aceitam a ascendência patrilinear.

1994 A congregação Beth Adam, que remove referências a Deus da sua liturgia, não é aceita na União de Congregações Hebraicas Americanas (UAHC).

1997 Publicadas diretrizes sobre casamento de pessoas do mesmo sexo que apoiam oportunidades iguais para homens *gays* e lésbicas.

1997 Adotada em Pittsburg a Declaração de Princípios do Judaísmo da Reforma. Ela afirma "a realidade e a unicidade de Deus, a Torá como revelação contínua de Deus ao nosso povo e o compromisso com o estudo constante de toda a série de mandamentos".

2003 A UAHC se torna União pelo Judaísmo da Reforma.

2008 Revisão do *Sidur* (livro de orações) dos movimentos da Reforma, que adotam inclusive idiomas.

2010 A Conferência Central de Rabinos Americanos recomenda estender a mão a familiares não judeus e casados com não judeus.

2015 O Hebrew Union College, principalmente americano, declara que a divisão dos gêneros de rabinos reformistas recém-ordenados é agora meio a meio.

MOVIMENTOS E ESCOLAS DE PENSAMENTO

RENOVAÇÃO

Fundadores: Shlomo Carlebach e Zalman Schachter-Shalomi.

Quando/Onde: Década de 1960, EUA.

Histórico

Um fenômeno da década de 1960 nos Estados Unidos foram os jovens que buscavam formas alternativas de expressão religiosa. Dentro do judaísmo, essa busca resultou em pequenos grupos de camaradagem enraizados na espiritualidade tradicional, mas com ênfase na inclusão e no igualitarismo. Em 1962, Zalman Schachter-Shalomi, ex-rabino do hassidismo Chabad-Lubavitch, formou o B'nai ou Irmandade Religiosa, que cresceu e se tornou a rede nacional Aleph: Aliança pela Renovação Judaica.

> **TRADIÇÕES**
>
> *"Transdenominacional". Ênfase no misticismo e na experiência espiritual pessoal. Renovação de tradições como meditação, dança, canto.*

Outros nomes: Neo-hassidismo; Quatro Mundos.

JUDAÍSMO HUMANISTA

Fundador: Sherwin Wine.

Quando/Onde: Década de 1960, EUA.

Histórico

Sempre houve judeus não religiosos e até movimentos judaicos seculares, mas o judaísmo humanista é diferente por oferecer uma estrutura congregacional organizada para judeus seculares. A primeira congregação foi fundada em 1963, e a sociedade americana nacional, em 1969.

Seja qual for o movimento ou tradição a que pertençam os judeus, eles estão unidos por costumes e tradições, como a refeição do Pessach.

> **TRADIÇÕES**
>
> *Não teísta. Os assuntos humanos devem ser resolvidos sem autoridade sobrenatural. Os seres humanos têm capacidade de desenvolver a ética, resolver os problemas da sociedade e se aprimorar sem referência a um deus. O judaísmo é uma cultura; a educação, as festas, as tradições e os eventos do ciclo da vida judaicos são comemorados para reforçar a comunidade e como lembrança cultural.*

1615–1656 EC

Reconstrução da sinagoga de Kaifeng, em estilo chinês.

1615 A próspera comunidade judaica de Amsterdam finalmente recebe reconhecimento oficial.

1622 Salomão de Rossi (c. 1570-c. 1630), primeiro compositor de música litúrgica para sinagogas, publica em Veneza as suas "Canções de Salomão". Ele é o principal compositor judeu do fim do Renascimento italiano e diretor musical da corte de Mântua.

1624 Grupos judaicos da Etiópia são perseguidos. Eles se retiram para o isolamento na província nortista de Gondar.

1630 Os conversos começam a viver abertamente como judeus no nordeste do Brasil depois da conquista holandesa da área. Desenvolve-se uma importante comunidade em Recife. Em partes das Américas colonizadas por Espanha e Portugal, a Inquisição persegue os cristãos novos.

Hagadá de Pessach de 1629.

De 1648 em diante Depois da devastação da Guerra dos Trinta Anos, muitas regiões da Europa central convidam os judeus a voltar. Proteção e liberdade de culto são garantidas. Os "judeus da corte", cortesãos e financistas, recebem cargos oficiais em alguns estados alemães. Muitos grandes bancos são fundados nesse período. A Inquisição no sul da Europa e os massacres no leste incentivam mais migrações para a Europa ocidental.

1648-1649 O cossaco ucraniano Boris Chmielnitsky se rebela contra a Polônia. Os seus seguidores massacram cerca de um milhão de poloneses e mais de cem mil judeus na Polônia e na Lituânia, destruindo setecentas comunidades judaicas. O dinamismo econômico e cultural de lá se perde.

Bóris Chmielnitsky.

1654-1646 Mal recuperadas dos massacres cossacos, as comunidades judaicas da Europa oriental são envolvidas pela guerra russo-sueca.

1654 Os portugueses expulsam os holandeses do Brasil. Os judeus de lá fogem. Alguns se instalam na nova colônia holandesa de Nova Amsterdam (mais tarde, Nova York) e formam o primeiro povoado judeu da América do Norte. Outros se espalham pelos Estados Unidos e pelo Caribe.

1655 Os judeus retornam semioficialmente à Inglaterra depois que Menasseh ben Israel (a Esperança de Israel), de Amsterdam (1605-1657), negocia com Oliver Cromwell, protetor da nova Commonwealth da Inglaterra, a sua readmissão. As primeiras comunidades novas na Grã-Bretanha são sefarditas.

27 de julho de 1656 O filósofo e livre-pensador Baruch (Benedito) Spinoza (1632-1677) é excomungado por heterodoxia por um tribunal religioso de Amsterdam. Em 1670, seu racionalista *Tratado teológico-político* é publicado anonimamente e proibido.

101

HASKALÁ: O ILUMINISMO

Moses Mendelssohn.

Movimento intelectual, o nome Haskalá vem do hebraico *sekhel*, "razão" ou "intelecto". Os seus seguidores eram chamados de *maskilim* (esclarecidos ou intelectuais). O movimento nasceu da "Idade da Razão" do século XVIII na Europa, em que os intelectuais acreditaram na filosofia racionalista e numa abordagem científica da religião. Embora de vida breve, o movimento causou turbulência no judaísmo, que até então passara séculos imutável.

O ímpeto veio de países europeus onde havia alto grau de intolerância e sentimento antijudaico, na Alemanha e no leste. A Haskalá se espalhou onde o mundo exterior era atraente para os judeus, e só lentamente foi adotado na Rússia, que não era uma sociedade progressista e, portanto, não atraía os judeus. Por outro lado, no noroeste da Europa – Grã-Bretanha, Países Baixos, Dinamarca – não havia nenhum muro real de gueto a demolir, e a Haskalá teve grande influência.

Os maskilim queriam que as crianças judias aprendessem habilidades práticas e idiomas "modernos" para participar da sociedade mais ampla. **Moses Mendelssohn**, pai do Iluminismo, era ortodoxo e nunca quis que as pessoas perdessem a noção da identidade judaica. No entanto, os seus seguidores costumavam relegar os estudos judaicos ao fim da fila na escola. A comunidade tradicional, em que os rabinos controlavam a educação, fez objeções. Mendelssohn achava o iídiche um idioma primitivo e incentivava o hebraico como um passo no caminho para aprender idiomas vernáculos. Ao modernizar o hebraico e usá-lo na ficção romântica e nacionalista, os maskilim se chocaram de novo com a tradição: durante séculos, o hebraico foi uma língua sagrada, só usada para ler as escrituras.

A oposição à Haskalá foi muito maior na **Rússia** do que na Alemanha, embora a situação fosse complicada pela interferência do governo russo. Nessa época, os governantes europeus se dispunham a integrar os judeus, não por benevolência, mas para fazer uso deles no mundo moderno em industrialização. Enquanto só falassem iídiche e não fossem hábeis na agricultura e nos ofícios "modernos", os judeus teriam pouca utilidade. Na Rússia, o governo impôs escolas estatais que eliminavam os estudos talmúdicos. A princípio apoiadas pelos maskilim, logo as escolas se tornaram extremadas demais para eles. Para muitos tradicionalistas, a mudança aconteceu assim mesmo, mas foi imposta de fora, em vez de se formar por dentro.

Na Europa central, a Haskalá terminou com a emancipação. Na Europa oriental, o movimento terminou quando o antissemitismo fez os judeus pensarem em emancipação, fuga ou involução.

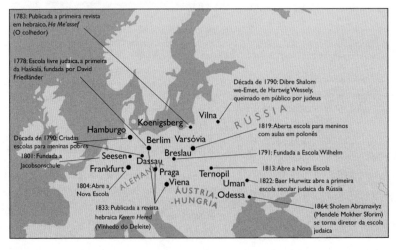

1664–1666 EC

METAS DA HASKALÁ
- Acabar com o isolamento judaico e mostrar ao mundo a rica tradição do judaísmo
- Ser parte integrante do mundo externo
- Judeus reconhecidos como iguais
- Modernizar o judaísmo
- Acabar com o antissemitismo

MÉTODOS
- Abordagem científica da religião
- Abrir o judaísmo à cultura europeia e à filosofia do racionalismo
- Modernizar e aprimorar a educação
- Incentivar a integração visível, adotando língua, vestimenta e costumes do país onde moram os judeus
- Estimular o uso poético e ficcional do hebraico como novo idioma nacional

SISTEMAS DE EDUCAÇÃO
- Hebraico e depois idiomas europeus para substituir o iídiche
- Estudos seculares
- Artes, ciência e ofícios para atividades "modernas"
- Escolas para meninas
- Estudos talmúdicos incluídos, mas secundários

A HASKALÁ SE OPUNHA A
- Fanatismo
- Superstição
- Hassidismo
- Fervor messiânico
- Autoridade tradicional exclusiva dos rabinos

A HASKALÁ CONTRIBUIU PARA
- Assimilação
- Declínio do iídiche
- Renovação do idioma hebraico
- Sionismo
- Educação moderna
- Criação de muitas denominações modernas
- Estudo acadêmico do judaísmo e da história judaica
- Contribuiu para a emancipação
- Variedade maior de atividades

Menasseh ben Israel (segundo quadro de Rembrandt van Rijn)

1664 A Grã-Bretanha concede permissão oficial à residência de judeus. Conforme a Grã-Bretanha demonstra cada vez mais tolerância religiosa, em um século o número de judeus cresce de algumas centenas para milhares. A migração vem principalmente de Amsterdam, Alemanha e Europa oriental.

O grande filósofo Spinoza.

1666 Sabbatai Zevi (falso Messias ou pseudo-Messias), 1626-1760, da Turquia, declara ser o

Representação artística de Sabbatai Zevi.

HASKALÁ: O ILUMINISMO

CRONOLOGIA 1763-1799

Da esquerda para a direita: Moses Mendelssohn, Gotthold Lessing e o pastor suíço Johann Lavater (segundo quadro de Moritz Daniel Oppenheim).

1763 Os judeus alemães racionalistas que incentivam a emancipação pela educação chamam o seu movimento de Haskalá, o Iluminismo.

1763 Moses Mendelssohn ganha o prêmio da Real Academia Prussiana de Ciências e conquista fama como filósofo e intelectual.

1778 David Friedlander e Daniel Itzig fundam em Berlim a Escola Livre Judaica para meninos pobres, que ensina alemão, hebraico, tecnologia comercial e outras matérias. Como primeira escola da Haskalá, é comum ser considerada o seu início. Logo se abrem outras escolas na Alemanha.

1782 O Édito de Tolerância do imperador José II aumenta os direitos dos judeus e revoga algumas leis humilhantes que restringem judeus no Império Austro-Húngaro. Incentiva a educação secular.

1783 Mendelssohn publica *Jerusalém*, que afirma que o judaísmo é uma religião racional, mas postula a separação entre igreja e Estado.

1783 Mendelssohn termina a tradução do Pentateuco para o alemão, impressa com o alfabeto hebraico, com comentários em hebraico. Isso permite que mais judeus estudem as escrituras por conta própria.

1783-1811 A primeira revista mensal em hebraico é publicada em Konigsheim, na Prússia: *Ha Me'assef* (O colhedor). Fundada por alunos de Mendelssohn, publica poesia e ficção, além de notícias e artigos.

c. 1790 As reuniões mais intelectualmente inspiradoras de Berlim são realizadas por "judias de salão", como

Revista *Ha Me'assef*

Henriette Herz (1764-1847) e Rahel Vernhagen (1771-1833). Elas ajudam

1667–1707 EC

a romper as barreiras que mantêm os judeus separados.

c. **1790** Hartwig Wessely escreve *Palavras de verdade e paz* e recomenda a educação secular como um modo de os judeus austríacos

Henriette Herz.

Hartwig Wessely.

Messias. Embora excomungado e condenado, ganha seguidores em toda a Europa e no Oriente Médio. Mas, quando o sultão turco ameaça executá-lo se não se converter ao islamismo, Sabbatai se converte.

1667 Pela primeira vez, os judeus da Diáspora conquistam plena igualdade, na colônia holandesa do Suriname, na América do Sul.

1670 Os judeus são expulsos de Viena.

1676 O financista Samuel Oppenheimer (1630-1703), que supria os exércitos austríacos na guerra contra a França, tem permissão de se reinstalar em Viena.

1678-1679 Judeus perseguidos no Iêmen.

1698-1738 Joseph Süsskind Oppenheimer ("Jud Süss") é tesoureiro da corte do duque de Württemberg. Depois da morte do patrono, Oppenheimer é executado com acusações fraudadas.

1699-1718 Glueckel de Hameln (1645-1724), empresária e negociante de sucesso, escreve as suas memórias, que mostram a extensão das redes comerciais judaicas em toda a Europa.

Década de 1700 A Palestina se torna um país negligenciado e empobrecido. Desertos e pântanos crescem quando as florestas da Galileia e do monte Carmelo são derrubadas.

Início do século XVIII A migração de judeus para o Novo Mundo começa a sério, originalmente da Espanha e de Portugal.

1700 Judá Hassid, seguidor de Sabbatai Zevi no leste europeu, lidera 1.300 imigrantes na Palestina, mas o grupo se dissolve depois da sua morte.

Década de 1700 Mercadores judeus do Império Otomano começam a perder negócios com a expansão dos interesses comerciais cristãos.

Início do século XVIII O fervor messiânico e o desejo de redenção espalha o sabateanismo pela Europa central e pelo norte da Itália. Durante décadas, há ferozes batalhas sectárias sobre isso.

23 de junho de 1700 Salomão de Medina se torna o primeiro judeu a ser feito cavaleiro por um monarca da Inglaterra.

1707 Moses Khaghiz, representando os judeus da Palestina, visita Amsterdam para tentar convencer o povo a "retornar à Terra de Israel". A maioria dos judeus sugere que só os pobres da Polônia, da Alemanha e da Turquia precisam retornar.

HASKALÁ: O ILUMINISMO

CRONOLOGIA 1790-1856

aproveitarem as novas oportunidades. O livro é queimado em público por judeus de Vilna.

Década de 1790 A maioria dos judeus franceses fala francês e abandonou o iídiche.

1791 Fundada a Escola Wilhelm de Breslau. Como muitas escolas novas, aceita meninas além de meninos.

1792 Gesellschaft der Freunde (Sociedade dos Amigos) criada por judeus alemães da Haskalá. Marca o rápido processo de assimilação na Alemanha.

1799 Fundada a Escola Superior e Livre judaica de Dessau.

1801 Jacobsonschule fundada em Seesen.

1804 Nova escola em Frankfurt-am-Main.

c. 1806 A Haskalá é adotada no noroeste da Europa – Países Baixos, França, Grã-Bretanha – e, na Itália, o hebraico é praticamente abandonado a favor de idiomas nacionais em publicações judaicas.

1807 Nova escola em Wolfenbüttel.

1813 Aberta a Escola Superior de Tarnopol, na Galícia, modelo para outras novas escolas na Áustria. Há turmas para ambos os sexos.

1819 Escolas para meninos com aulas em polonês abrem em Varsóvia. A Haskalá se espalha.

1821 A revista em hebraico *Bikkurei ha-Ittim* (Primeiros frutos do tempo) é publicada anualmente em Viena até 1832.

1821 Formada em Berlim a Sociedade pela Cultura e Ciência Judaicas. Nessa época, os partidários alemães da Haskalá deram as costas ao hebraico, adotaram o alemão e estão se tornando completamente assimilados.

1822 Hirsch (Hyman) Baer Hurwitz (mais tarde, professor de hebraico do University College, Londres) abre a primeira escola judaica secular da Rússia em Uman, na Ucrânia. Mas as primeiras iniciativas da Haskalá na Rússia fracassam. Poucos judeus veem razão para entrar na atrasada cultura russa. Os hassidim e os seus adversários mitnagdim se unem contra a Haskalá.

1833 A revista *Kerem Hemed* (Vinhedo do deleite), publicada em Viena, Praga e Berlim até 1856, é a primeira a se concentrar em estudos judaicos modernos.

Rahel Vernhagen, "judia de salão".

1714–1764 EC

Max Lilienthal.

Samson Raphael Hirsch.

1714 Publicado *Reasons for Naturalizing the Jews in Great Britain and Ireland* (Razões para naturalizar os judeus na Grã-Bretanha e na Irlanda), de John Toland, que sugere que os judeus nascidos no exterior sejam naturalizados e tenham permissão de ocupar cargos públicos.

1717 Sob pressão financeira, a Polônia começa a se concentrar no potencial tributário das suas comunidades judaicas. Cria-se um pesado imposto de capitação.

1720-1797 Elijah ben Solomon Zalman, o Gaon de Vilna. Com ênfase nos ensinamentos tradicionais, ele transforma Vilna (Vilnius, Lituânia) no centro dos mitnagdim – a oposição ao hassidismo.

1723 A comunidade judaica portuguesa de Bordéus, na França, é reconhecida oficialmente.

O Baal Shem Tov (Mestre do Bom Nome), também chamado de Besht.

HASKALÁ: O ILUMINISMO

Década de 1840 Max Lilienthal é empregado pelo governo russo para estabelecer a sua rede de escolas judaicas estatais que ensinam matérias seculares em russo e alemão. Nunca populares, são vistas pelos rabinos como o caminho da assimilação.

Década de 1840 O grupo ortodoxo dominante na Europa central reage abrindo escolas próprias, como a criada por Samson Raphael Hirsch.

1841 Agora a Haskalá retornou à Rússia. Um grupo russo chamado Buscadores da Luz e da Educação publica o primeiro periódico literário em hebraico do país, *Pirhei Zafon* (Flores do norte).

1843 Os tradicionalistas ortodoxos da Rússia conquistam o direito de continuar com as suas escolas tradicionais.

1845 Uma nova escola é aberta em Lvov.

1853 Abraham Mapu (1808-1867), da Lituânia, pai do moderno romance hebraico, inaugura a ficção nesse idioma

Abraham Mapu.

William Huskisson (1770-1830) e Henry Vassal Fox, terceiro barão Holland (1773-1840), foram parlamentares britânicos que propuseram a emancipação dos judeus na Inglaterra.

108

c. 1730 Os hazanim asquenazes começam a anotar a sua música religiosa.
1730 Construída a primeira sinagoga de Nova York.
1734 Massacres na Polônia oriental (também em 1750 e 1768).
c. 1736 Baal Shem Tov ou Israel Ben Eliezer (c. 1700-1760) funda o hassidismo (pietismo) na Polônia.
1740 A Grã-Bretanha dá direitos civis a cristãos não anglicanos e a judeus, inclusive em colônias como Barbados e Jamaica.
Década de 1750 Há aproximadamente 800.000 judeus no reino da Polônia.
c. 1750 O iídiche escrito muda para refletir o dialeto da maioria dos falantes de iídiche existentes, que agora moram na Europa oriental.
c. 1750 Os judeus de Bene Israel, em Concão, na Índia, retomam o contato com outros grupos judeus.
1759 A seita frankista da Ucrânia aceita Jacob Frank (1726-1791) como sucessor de Sabbatai Zevi.
1764 Os primeiros hassidim migram para a Palestina. Em 1777, migra um grupo maior de 300 pessoas, comandado por Menachem Mendel, de Vitebsk.
1764 Os judeus marroquinos são instalados à força na nova cidade de Mogador, mas têm condições privilegiadas.

Judah Leib Gordon.

com a publicação de *Ahavat Zion* (O amor de Sião), o seu primeiro romance.

1858 Emancipação na Grã-Bretanha.

1863 A Sociedade pela Promoção da Cultura dos judeus da Rússia decide promover a escrita hebraica e a educação da Haskalá.

1863 Judah Leib Gordon (1831-1892) publica o seu poema *Desperta, meu povo*, adotado pela Haskalá russa. Os seus textos destacam o estado miserável dos judeus na Rússia e tentam promover a Haskalá.

1864 Mendele Mokher Sforim, pseudônimo de Sholem Abramovitz (1836-1917), o "avô da literatura iídiche", publica o seu primeiro conto nesse idioma. Nascido em Kapulye, na Lituânia, torna-se diretor de uma escola judaica de Odessa, e os seus textos sempre promovem a educação e a moral. Ele personifica a Haskalá na Lituânia, que mantém o iídiche como forma de se comunicar com o povo comum.

1871 Emancipação total na Alemanha recém-unificada.

HASKALÁ: O ILUMINISMO

HASKALÁ: OS INTELECTOS

Moses Mendelssohn (1729-1786)
O "pai da Haskalá". Nascido num gueto de Dessau, sofria com uma doença que o deixou com a coluna curvada. Recebeu educação judaica tradicional, mas também estudou idiomas modernos e temas seculares como lógica e filosofia. Em meados da década de 1750, fez amizade com o filósofo Immanuel Kant e o dramaturgo Gotthold Lessing e começou a publicar ensaios filosóficos em alemão.

Em 1763, a Academia Prussiana de Ciências lhe conferiu um prêmio pelo ensaio sobre "provas nas ciências metafísicas". Ele foi o modelo do herói da peça *Nathan, o sábio*, de 1779, de Lessing.

Embora ortodoxo e tradicionalmente piedoso, Mendelssohn adotou a filosofia racionalista do Iluminismo europeu e defendia que a razão podia descobrir verdades religiosas. Ele defendia o judaísmo, mas a sua meta era levar os judeus para o mundo secular. Contrário à superstição, opunha-se à excomunhão como ameaça religiosa, fez campanha pela emancipação e defendeu a tolerância.

Daniel Itzig (1722-1799)
Partidário de Mendelssohn e, com o seu genro David Friedlander, providencial na Escola Livre de Berlim.

Daniel Itzig.

Naphtali Hirz (Hartwig) Wessely, (1725-1805)
Hebraísta e educacionista alemão.

Mendel Levin (1741-1819)
Acadêmico e escritor polonês que propôs o início da Haskalá na Rússia.

Herz Homberg (1749-1841)
Seguidor de Mendelssohn, tornou-se superintendente de todas as escolas judaico-alemãs da Galícia em 1784, depois que a Áustria-Hungria decidiu criar novas escolas para judeus no estilo alemão. De 1793 a 1797, trabalhou para o imperador compilando leis sobre a situação moral e política dos judeus, o que lhe valeu uma medalha.

David Friedlander (1750-1834)
Principal força motriz por trás da inovadora Escola Livre de Berlim.

Leopold Zunz (1794-1886)
Líder alemão da Sociedade pela Cultura e Ciência entre os Judeus (Wissenschaft des Judenthums), em 1819. Em 1845, publicou uma defesa do estudo do judaísmo em universidades. Ele acreditava que pregar em vernáculo era, na verdade, uma parte tradicional do culto nas sinagogas.

Leopold Zunz.

Max Lilienthal (1815-1882)
Rabino bávaro, diretor da escola judia progressista de Riga, em 1839. Na década de 1840, trabalhou para o governo russo no estabelecimento da sua rede de escolas. Não conseguiu convencer as autoridades ortodoxas e hassídicas da Rússia a adotar as novas escolas e, em 1845, emigrou para os EUA.

Heinrich Graetz (1817-1891)
Alemão; primeiro historiador moderno a escrever uma história dos judeus do ponto de vista judeu. Sua *História dos judeus* em onze volumes foi publicada em 1853-1875 e muito lida.

Sarah Menkin Foner (1854-1936)
Escritora do leste europeu, sionista e fundadora

de escolas para meninas. Primeira mulher romancista em hebraico.

DAVID FRISCHMANN (1859-1922)
Poeta do leste europeu e crítico de textos hebraicos. Às vezes, houve mais críticos do que escritores no fim do período da Haskalá.

DVORA BARON (1887-1956)
Escritora e editora do leste europeu. Traduziu para o hebraico as obras de vários escritores europeus e americanos modernos.

Prédio do jornal judeu *Daily Forward* em Nova York, nos EUA. Os jornais em iídiche têm raízes na Haskalá.

A HASKALÁ (ILUMINISMO)

Movimento racionalista para "modernizar" o judaísmo e incentivar a integração.

1763 Moses Mendelssohn (1729-1786), "pai do Iluminismo", ganha o prêmio da Real Academia Prussiana de Ciências. Ortodoxo, ele insiste que a crença e a observância judaicas podem andar de mãos dadas com a vida moderna.

1783 Ele publica a sua tradução da Torá para o alemão.

1778 Primeira "escola livre judaica" em Berlim, que ensina matérias práticas e comerciais em vez de estudos talmúdicos..

1772 A comunidade judaica de Calcutá, na Índia, começa a crescer quando a cidade se torna capital britânica da colônia.

1773 Encerram-se as perseguições de cristãos-novos portugueses.

1776 Os Estados Unidos se declaram independentes da Grã-Bretanha. A constituição do novo país garante a liberdade de culto.

1781 O xeque Sassoon ben Salah, presidente da comunidade judaica de Bagdá, se torna tesoureiro-mor dos pachás otomanos.

1782 "Édito de Tolerância" no Sacro Império Romano.

O DESAPARECIMENTO DA POLÔNIA

1764 O governo polonês fecha o Conselho das Quatro Terras.

1772, 1793, 1795 Partilhas da Polônia. Áustria, Rússia e Prússia, vizinhas da Polônia, dividem entre si a nação enfraquecida. Todos os novos governantes tentam controlar os judeus com a meta de assimilá-los aos regimes absolutistas. A Rússia, que toma o leste da Lituânia e a Ucrânia, onde vivem muitos judeus poloneses, agora tem de derrubar a sua proibição de séculos, mas define a "Zona de Assentamento" onde os judeus têm permissão de morar.

1794 Comandados por Berek Joselewicz, de Varsóvia, alguns judeus participam de uma rebelião contra a Rússia. Os rebeldes são esmagados, mas Joselewicz foge para a França e é aclamado herói militar..

1789 Começa a Revolução Francesa. Seus ideais incluem a emancipação dos judeus da Europa. Os judeus franceses se tornam cidadãos plenos e entusiasmados da nova república. Em 1796, os exércitos revolucionários franceses levam a emancipação aos Países Baixos, à Bélgica, a alguns estados alemães e, até serem derrotados em 1799, dão fim temporário à Era do Gueto na Itália..

HASKALÁ: O ILUMINISMO

OCUPAÇÕES
A emancipação permitiu que os judeus adotassem uma variedade maior de profissões. A Haskalá incentivava os idiomas seculares, o que ajudou os judeus a aproveitaram ao máximo as novas oportunidades. As contribuições judaicas à ciência e à filosofia modernas vêm do Iluminismo, assim como a ascensão da classe média.

SIONISMO
O movimento sionista se inspirou no amor romântico e nacionalista da Haskalá por Israel, o ideal de redenção pelo esforço humano, a ênfase na cultura ocidental, a renovação do hebraico e a promoção dos ofícios manuais e da agricultura.

LÍNGUA E LITERATURA
O hebraico como língua moderna é resultado direto da Haskalá. Toda uma nova literatura brotou, tanto em hebraico quanto em iídiche.

O MOVIMENTO DA REFORMA
Influenciou o desenvolvimento do judaísmo da Reforma, principalmente mudanças como homens e mulheres juntos no culto, a introdução de sermões, coros e música de órgão, o abandono dos chapéus. O movimento da Reforma tentou evitar as conversões modernizando o judaísmo e introduziu também um foco mais ético e racional.

JUDAÍSMO CONSERVADOR
Com mais observância religiosa tradicional do que o judaísmo da Reforma e com uso pleno do hebraico no culto, o movimento conservador começou em 1845, quando Zacharias Frankel e outros se retiraram de um sínodo da Reforma em Frankfurt.

JUDAÍSMO ORTODOXO
Com a defesa das práticas tradicionais, a neo-ortodoxia ou ortodoxia moderna se desenvolveu a princípio com a publicação, em 1836, das *Dezenove cartas sobre o judaísmo*, de Samson Raphael Hirsch, uma defesa intelectual da ortodoxia, mas em alemão e com argumentos racionalistas.

ASSIMILAÇÃO E CONVERSÃO
Com a emancipação, a Haskalá facilitou a integração dos judeus nos países europeus. O efeito inesperado foi que muitos se tornaram seculares ou se converteram ao cristianismo como parte da assimilação, como o pai de Benjamin Disraeli na Inglaterra, a família de Karl Marx na Prússia, o poeta alemão Heinrich Heine.

Cartão-postal do centenário da escola livre de Frankfurt am Main.

1790–1806 EC

1790 Agora há 26.000 judeus na Grã-Bretanha.

Até 1800 Há cerca de quatro mil judeus nos Estados Unidos.

1800 Há cerca de dois milhões de judeus na Europa.

Década de 1800 Com a morte do Vilna Gaon, a feroz guerra religiosa entre o hassidismo e os mitnagdim começa a se acalmar, principalmente porque ambos enfrentam o inimigo comum do Iluminismo.

NOVAS COMUNIDADES NORTE-AMERICANAS

1747 *Filadélfia*
1750 *Charleston*
1758 *Quebec*
1780 *Montreal*
1795 *Primeira sinagoga asquenaze (Filadélfia)*

Início do século XIX Os países da América Latina conquistam a independência da França ou da Espanha, e as novas repúblicas permitem legalmente que não católicos se instalem. A imigração começa pelas comunidades perseguidas do Marrocos e da Europa.

1800-1900 O conceito de direitos iguais do Iluminismo continua a se espalhar pela Europa ocidental. Os judeus que vivem lá começam a gozar de mais liberdade religiosa e direitos de cidadania, mesmo depois que a igualdade napoleônica é retirada. Emancipação ou melhora dos direitos civis em: Baden, 1849 (rescindida em 1851 mas reimposta em 1867); Suécia, 1865; Grã-Bretanha, 1866; Baviera, 1871; Suíça, 1874.

1802 Solomon Hirschel é nomeado grão-rabino da importante Grande Sinagoga de Londres e reconhecido por judeus ingleses e estrangeiros como o grão-rabino da Inglaterra. O direito de nomear um grão-rabino dentro da comunidade em vez de ser uma escolha dos governantes do país é um grande passo adiante.

1802 A Yeshivá de Volozhin, fundada pelo rabino Chaim de Volozhin, na Lituânia, é a primeira academia da Europa oriental a oferecer ajuda financeira a possíveis estudantes de toda a Zona de Assentamento.

1804 O "Estatuto relativo à organização dos judeus", do tsar Alexandre I, visa a forçar a assimilação e expulsar os judeus das aldeias. Eles ficam restritos à Zona de Assentamento e são proibidos de arrendar terras em aldeias. Logo as cidades se tornam pobres e superpovoadas. No fim do século, a população judaica da Rússia empobreceu tanto que cerca de um terço precisa de ajuda de entidades judaicas de bem-estar.

c. 1804 Corais profissionais e música de órgão introduzidos nas sinagogas pelo movimento alemão da Reforma.

1805 Pela primeira vez na história argelina, há um massacre de judeus quando alguns muçulmanos acham que o Bey, o governante, favorece demais os judeus.

1806-1807 Napoleão Bonaparte convoca a "Assembleia de judeus notáveis" para lhe falar dos judeus franceses. Depois, ele cria um novo conselho judeu, o Grande Sinédrio. Os judeus franceses têm plena igualdade como indivíduos perante a lei.

1806 Moshe Sofer, conhecido como o Hatam Sofer (1762-1839), se torna grão-rabino de Pressburg, maior comunidade judaica da Hungria. Ele transforma a academia de Pressburg na maior do mundo, com 500 alunos, e faz dela um centro intelectual e espiritual da oposição ortodoxa ao hassidismo e ao sionismo..

Solomon Hirschel e a Grande Sinagoga de Londres em 1809.

Moses Sofer.

113

OS JUDEUS NOS EUA

A cidade de Nova York tem a maior população judaica dos Estados Unidos.

HASKALÁ: OS INTELECTOS

1654	25
1700	200–300
1776	1.000–2.500
1790	1.243–3.000
1800	2.000–2.500
1820	2.650–5.000
1826	6.000
1830	4.000–6.000
1840	15.000
1848	50.000
1850	50.000–100.000
1860	150.000–200.000
1870	200.000
1880	230.000–280.000
1890	400.000–475.000
1910	1.508.000–2.349.700

1910	1.508.000–2.349.700
1920	3.300.000–3.604.500
1927	4.228.029
1937	4.641.000–4.831.180
1940	4.770.000–4.975.000
1950	4.500.000–5.000.000
1960	5.367.000–5.531.500
1970	5.370.000–6.000.000
1980	5.500.000–5.920.800
1992	5.828.000
2000	6.136.000
2006	5.275.000
2007	5.128.000
2010	6.544.000
2012	5.425.000
2018	5.700.000

Fontes: US Bureau of the Census, American Jewish Yearbook 2006, Jewish Population in the United States, 2010 (Berman Institute – North American Jewish Data Bank, Universidade de Connecticut).

1808–1831 EC

1808 Napoleão ordena que os judeus do seu império francês adotem sobrenomes com propósitos civis em acréscimo à tradição dos judeus asquenazes de simplesmente se identificar com o próprio nome e o nome do pai.

1810 Inaugurado o primeiro templo da Reforma em Seesen, na Alemanha.

1810 O último rabino da comunidade chinesa morre. Os judeus de Kaifeng começam a perder o conhecimento das suas tradições e da religião.

1815 Uma delegação judaica apresenta, sem sucesso, uma petição de direitos iguais ao imperador austríaco no Congresso de Viena.

Arrogante ilustração francesa em que Napoleão, benevolente, ergue o judaísmo. Os rabinos se ajoelham com gratidão aos seus pés!

Até 1820 A Haskalá se espalhou para o leste até a Lituânia e a Galícia austríaca e continua a se espalhar pelo restante do século.

1821 Rebeldes gregos contra o domínio turco massacram judeus, acusados de apoiar o opressor turco.

1823 Heinrich Heine (1797-1856), um dos maiores poetas líricos do mundo, é batizado como luterano, ato que ele vê como seu "bilhete de entrada na cultura europeia".

1825-1855 Com o tsar Nicolau I, há forte opressão na Rússia, principalmente com os "Decretos cantonistas" de 1827, que impõem a conscrição de meninos desde os 12 anos durante até 25 anos.

1826 Último auto de fé da inquisição espanhola.

1830 A França toma a Argélia do Império Otomano. Os judeus perdem o direito aos tribunais da lei rabínica, mas depois se beneficiam com a cidadania plena francesa.

1831 Embora vivam na Jamaica desde 1655, só agora os judeus obtêm o direito de voto.

Retrato de Heinrich Heine por Oppenheim.

Autorretrato de Moritz Oppenheim (1800-1882). Nascido num gueto da Alemanha, ele se torna o primeiro pintor judeu a se manter observante mas a trabalhar e ganhar renome no resto do mundo.

115

OS JUDEUS NOS EUA

CRONOLOGIA 1492-1885

1492 O converso Luís de Torres, intérprete de Cristóvão Colombo, é o primeiro europeu desde os vikings a registrar uma expedição terrestre nas Américas quando desembarca em Cuba.

1502 Começa o assentamento judeu no Novo Mundo.

1654 Portugal conquista a colônia holandesa de Recife, no Brasil. Os judeus que tinham se instalado lá fogem para o Caribe e as Américas. Vinte e três se instalam na colônia holandesa de Nova Amsterdam, na América do Norte. É o primeiro assentamento judeu na região que será os EUA.

1664 A Grã-Bretanha toma Nova Amsterdam dos holandeses e a chama de Nova York. Os judeus recebem cidadania inglesa e liberdade de culto.

1675 Primeiro cemitério judeu nos EUA criado em Newport, Rhode Island.

1697 Há um grupo de 44 judeus em Charleston.

Século XVII Mais judeus chegam às colônias britânicas da América.

1763 Inaugurada a Sinagoga Touro, em Newport, Rhode Island, a mais antiga dos EUA. A colônia de Rhode Island é um porto seguro para minorias religiosas.

1774 Isaac Abrahams é o primeiro estudante judeu a se formar numa escola americana, o Kings College (mais tarde, Universidade de Colúmbia), em Nova York.

1775 Francis Salvador é o primeiro judeu a ocupar cargo eletivo quando se torna delegado do Congresso da Província da Carolina do Sul.

1776 Muitos judeus americanos têm papel importante na Guerra de Independência.

1776 Declaração de Independência americana. Há entre 1.000 e 2.500 judeus nos Estados Unidos, espalhados como indivíduos ou em pequenos grupos familiares. Por nunca terem sido expulsos dos EUA, os judeus não têm necessidade de se agrupar para se autoproteger ou se autogovernar.

1791 Os EUA adotam a Declaração de Direitos que garante liberdade de culto. Isso lança as bases para a participação dos judeus em todas as áreas da sociedade civil americana.

1801 Reuben Etting é o primeiro judeu a ocupar cargo público nos Estados Unidos ao ser nomeado delegado de polícia dos EUA pelo estado de Maryland.

Década de 1830 Começa a imigração maciça vinda da Alemanha. O judaísmo americano passa a assumir uma forma alemã "moderna", com o uso de inglês ou alemão em vez de hebraico.

1830 Os judeus americanos já demonstram tendência à observância menos estrita, mas, ao mesmo tempo, mantêm a identidade judaica e a noção de comunidade.

1838 A filantropa Rebecca Gratz (1781-1869) funda a Escola Dominical Hebraica de Filadélfia, primeira instituição judaica americana administrada por mulheres. Ela também

Filantropa Rebecca Gratz.

funda o Orfanato Judaico e trabalha por todas as mulheres e crianças desprivilegiadas. Gratz visa a incentivar as mulheres a serem plenamente americanas e plenamente judias e ajuda a desenvolver a mudança do papel das mulheres americanas.

1843 Fundada em Nova York a Irmandade Judaica B'nai B'rith.

1848 A agitação social na Alemanha faz mais judeus emigrarem.

1846 Isaac Mayer Wise (1819-1900) chega aos Estados Unidos vindo da Boêmia. Ele encabeça o movimento americano da Reforma.

1850 A maioria dos judeus ganha a vida no comércio e no varejo. Quando os Estados Unidos expandem as suas fronteiras internas, os judeus também vão para os novos territórios.

Início da década de 1850 Levi Strauss (1829-1902) vende calças novas e resistentes – *jeans* – aos mineiros da Corrida do Ouro da Califórnia.

1852 Fundado o hospital Monte Sinai, primeiro hospital judaico dos EUA.

1860 A população judaica chega a 150.000 pessoas.

1867 Fundada a Ku Klux Klan para defender a "supremacia branca". Ao lado dos afro-americanos, os judeus também são alvo.

1869 Agora presidente dos EUA, o general Grant oferece o cargo de Secretário do Tesouro ao financista judeu Joseph Seligman, que o recusa.

1873 Isaac Mayer Wise forma a União de Congregações Hebraicas Americanas (UAHC).

1875 Fundado por Isaac Mayer Wise o Hebrew Union College em Cincinnati, que ordena os primeiros rabinos americanos nativos.

1880 Continua a imigração de alemães.

1881 Começa uma onda de imigração da Rússia e de outras regiões da Europa oriental. Entre 1881 e 1914, chegam dois milhões de judeus europeus do leste, a maioria empobrecida. Trazem consigo as tradições iídiches.

1883 Emma Lazarus (1849-1887) escreve o poema *O novo colosso* para levantar recursos para o pedestal da Estátua da Liberdade. O poema é gravado no pedestal em 1903.

1885 A UAHC adota a posição da Reforma. Os tradicionalistas saem da União.

1887 Fundado em Nova York o Seminário Teológico Judeu da América para a "ortodoxia esclarecida".

1888 O primeiro grão-rabino da posição ortodoxa é convidado a ir aos Estados Unidos.

GUERRA DE SECESSÃO, 1861-1865

Cerca de sete mil judeus lutam pelo Norte, três mil pelo Sul

1861 Judah P. Benjamin (1811-1884), advogado-geral da confederação sulista, é o primeiro judeu a ocupar cargo em nível de gabinete num governo americano.

Dezembro de 1862 O general americano Ulysses S. Grant expulsa os judeus da área controlada pelo seu exército. Mais tarde, o presidente Lincoln revoga a expulsão.

1862 Jacob Frankel é o primeiro capelão judeu do exército americano após a guerra. A economia nacional prospera; algumas famílias judaicas se tornam multimilionárias no varejo ou no setor bancário, com empresas como Sears Roebuck, Bloomingdales, Guggenheim, Warburg. Isaac Merritt Singer, milionário das máquinas de costura, é um raro industrial judeu.

OS JUDEUS NOS EUA

CRONOLOGIA 1887-1928

Nisso, os diversos movimentos estão completamente separados uns dos outros.

Década de 1890 Imigrantes socialistas russos ajudam a criar sindicatos judeus para lutar por melhores condições de vida e trabalho para todos os trabalhadores.

Década de 1890 Cerca de um terço dos trabalhadores judeus das grandes cidades está no setor de vestuário, geralmente em pequenas confecções.

1897 Fundado o jornal iídiche *Jewish Daily Forward*.

1897 Fundado o antecessor da Yeshiva University, primeiro centro educacional ortodoxo importante dos Estados Unidos.

Fim do século XIX A não ser por grupos ortodoxos separatistas, a maioria das crianças judias se integra ao novo sistema de escolas públicas gratuitas.

1902 Solomon Schechter (1847-1915) se muda da Universidade de Cambridge, no Reino Unido, para encabeçar o Seminário Teológico Judeu de Nova York. Ele o transforma num instituto e biblioteca com renome mundial e se torna um personagem importante do judaísmo conservador.

1906 Criado o Comitê Judeu Americano, a mais antiga organização de defesa dos EUA.

1909 Stephen Samuel Wise (1874-1949), rabino da Reforma, é um dos fundadores da Associação Nacional para o Avanço das Pessoas de Cor. Ele também se envolve na fundação da União Americana das Liberdades Civis e, em 1942, divulga os horrores das atrocidades nazistas.

1913 Fundada a Liga Antidifamação (Anti-Defamation League, ADL)

bloomingdale's
like no other store in the world

1914 Henrietta Szold (1860-1943) cria o Hadassah, Organização Sionista de Mulheres da América, que se torna o maior grupo sionista do mundo e o maior grupo de voluntários dos Estados Unidos.

1914 Criado o Comitê de Distribuição Conjunta Judaico-Americano para auxiliar os judeus europeus.

c. 1915 Financistas, artistas e redatores judeus têm papel importante na transformação de Hollywood no maior centro cinematográfico do mundo.

1915 O Lower East Side de Nova York tem uma população de 1,4 milhão de judeus, na

Henrietta Szold era incomum entre os sionistas americanos porque emigrou para a Palestina, onde, entre outros, se tornou líder da comunidade judaica. Com sua Aliá da Juventude, resgatou dos nazistas muitas crianças judias alemãs.

Histórias de sucesso judeu nos EUA: A loja Blooomingdale's (acima) e o Museu Guggenheim.

maioria imigrantes pobres do leste europeu amontoados como numa favela.

1916 Louis Brandeis (1856-1941) se torna o primeiro judeu a integrar a Suprema Corte.

1918 Fundado por Stephen Wise o Congresso Judaico Americano.

1918 Nisso, há mais judeus nos EUA do que em qualquer outro país.

Década de 1920 Franklin D. Roosevelt conquista o apoio duradouro dos judeus ao Partido Democrata pela postura antirracista.

1920 A população judaica dos Estados Unidos chega a quase quatro milhões de pessoas, com maioria da Europa oriental.

1920 O fabricante de automóveis Henry Ford publica artigos antissemitas. É forçado a pedir desculpas públicas em 1927.

1922 Mordecai Kaplan funda o movimento reconstrucionista e organiza o Bat Mitzvah da filha Judith, talvez o primeiro do mundo.

1922 A organização estudantil B'nai B'rith Hillel é fundada na Universidade de Illinois.

1922 Harvard é a primeira universidade, logo seguida por outras, a impor uma cota ao número de alunos judeus.

1924 Os EUA impõem cotas estritas de imigração com a meta de reduzir o número de imigrantes do sul e do leste da Europa. Os americanos brancos invejam o sucesso dos judeus alemães e desprezam as massas pobres de judeus do leste europeu.

1926 Criado o Conselho de Sinagogas da América para a cooperação entre denominações.

Danny Kaye diverte soldados americanos estacionados no Japão pouco depois da Segunda Guerra Mundial. Muitas personalidades judias de Hollywood, como Kaye, eram defensoras entusiasmadas de Israel.

1928 Várias escolas e seminários rabínicos se fundem para formar o Yeshiva College em Nova York, centro intelectual da ortodoxia americana moderna.

Entre as guerras mundiais O moderado movimento sionista americano é liderado por Louis Brandeis, Stephen Wise, Henrietta Szold e outros. A maioria apoia o sionismo em teoria, mas quer permanecer americana.

OS JUDEUS NOS EUA

CRONOLOGIA DÉCADA DE 1930-1993

Década de 1930 O antissemitismo aumenta. Gângsteres judeus – Meyer Lansky em Nova York, David Berman em Mineápolis – atacam violentamente comícios fascistas.

Década de 1930 Só alguns refugiados judeus que tentam fugir da ameaça do nazismo são admitidos no país. Os intelectuais, cientistas e artistas europeus que conseguem fugir dos nazistas enriquecem os Estados Unidos.

1934 Hank Greenberg, primeiro superastro judeu do beisebol, escolhe não participar de um jogo importantíssimo no Yom Kipur.

1939 Pesquisas mostram que os americanos simpatizam com os judeus alemães perseguidos, mas não querem afrouxar o controle da imigração para permitir a entrada de mais refugiados.

Junho de 1939 Refugiados judeus a bordo do SS *St. Louis* têm sua entrada recusada em Cuba e nos Estados Unidos e são mandados de volta à Europa. Alguns se refugiam na Holanda, na França, na Grã-Bretanha e na Bélgica.

1940 Joseph Isaac Schneerson, líder do hassidismo Lubavitch (Chabad) chega a Nova York.

1941 Joseph Dov Soloveitchik, o "Rav" (1903-1993), se torna diretor do seminário do Yeshiva College e líder reconhecido da moderna ortodoxia.

6 de outubro de 1943 Rabinos e veteranos de guerra marcham em Washington para exigir ações contra o tratamento dos judeus pelos nazistas.

1944 Depois de pressão judaica contínua, o governo forma a Agência de Refugiados de Guerra para levar refugiados judeus para os EUA.

Após a Segunda Guerra Mundial Os judeus americanos se voltam mais intensamente para o sionismo e apoiam o movimento, mais com dólares do que com migrantes para Israel.

1946 O Yeshiva College se torna uma universidade.

1948 Os Estados Unidos são o primeiro país a reconhecer o novo Estado de Israel.

Fim da década de 1950 – meados da década de 1960 A "década judaica" da literatura

Leon Uris.

Lower East Side de Nova York, lar de grupos imigrantes por muitos anos.

120

Herman Wouk.

americana. Entre os escritores, estão Saul Bellow, Allen Ginsberg, Arthur Miller, Leon Uris, Herman Wouk etc.

Década de 1960 Os jovens adotam a nova espiritualidade – formam pequenos grupos de oração, *havurot*, em vez de frequentar sinagogas – e também novas alternativas políticas.

1963 Betty Friedan (1921-) publica o inovador livro feminista *A mística feminina*.

1965 Na campanha pelo direito de voto, Abraham Joshua Heschel marcha de Selma a Montgomery de braço dado com Martin Luther King.

1968 Fundado em Filadélfia o Colégio Rabínico Reconstrucionista, primeiro seminário a aceitar mulheres.

Betty Freidan.

Década de 1970 Os judeus americanos têm mais probabilidade de praticar uma profissão liberal e ter renda mais alta do que a população como um todo. Essa tendência continua no futuro.

1970-2000 Cerca de 250.000 israelenses, 150.000 judeus soviéticos, 30.000 do Irã e milhares da América Latina, da África do Sul e de outras regiões emigram para os EUA.

1972 Primeira rabina ordenada pelo movimento da Reforma.

1977 Inaugurado o Centro Simon Wiesenthal em Los Angeles.

1978 Cento e vinte milhões de americanos assistem à série televisiva *Holocaust*.

1984 Louis Farrakhan, líder da Nação do Islã, faz os primeiros comentários públicos antissemitas.

1985 O movimento conservador ordena a sua primeira rabina.

1985 A partir de agora, o auxílio americano a Israel chega a cerca de três bilhões por ano, que incluem mais de um bilhão em auxílio militar.

1987 Jonathan Pollard, analista de informações da marinha, é condenado por espionar para Israel.

1990 A pesquisa demográfica do Conselho de Federações Judaicas divulga uma população "central" de 5,5 milhões de judeus nos Estados Unidos (a contagem de comunidades menores revela um número maior). O casamento com não judeus é 52%.

1990 O movimento da Reforma aceita rabinos abertamente homossexuais.

1991 Combates de rua no Brooklyn, em Nova York, entre judeus e afro-americanos.

1993 O Museu Memorial do Holocausto dos EUA é inaugurado em Washington.

OS JUDEUS NOS EUA

CRONOLOGIA 1993-2018

1993 Aberto o Museu da Tolerância no Centro Simon Wiesenthal, em Los Angeles.

2002 O relatório preliminar de uma pesquisa demográfica das Comunidades Judaicas Unidas indica que a população judaica está em declínio, com uma população "central" de 4,1 milhões de pessoas, das quais só 3,5 milhões pertencem a famílias em que os dois pais são judeus. A contagem de comunidades menores estima uma população de 5,8 milhões de pessoas. Acredita-se que a taxa elevada de casamentos com não judeus continuará.

2005 July Jordan Farmar, da Califórnia, se torna o único jogador judeu de basquete da NBA (Associação Nacional de Basquete).

2006 Agora calcula-se que a população judaica dos EUA é menor do que a de Israel (5.275.000 contra 5.313.800).

2007 Uma pesquisa com judeus conservadores mostra que a maioria apoia o casamento de pessoas do mesmo sexo e a ordenação de rabinos homossexuais.

2008 Lançado um serviço de GPS para mostrar o caminho até restaurantes casher nos EUA e no Canadá.

4 de novembro de 2008 Cerca de 78% dos eleitores judeus votam no democrata Barack Obama, eleito novo presidente dos EUA.

2009 Omri Casspi se torna o primeiro israelense e o segundo jogador judeu da NBA.

Maio de 2009 John Demjanjuk, de 89 anos e morador do estado de Ohio, é deportado para a Alemanha para ser julgado como guarda de Sobibor, campo de extermínio nazista na Polônia.

2005 Cresce o movimento pós-denominacional ou transdenominacional.

2008 Num total de cerca de 5,4 milhões de pessoas, 3,4 milhões de judeus americanos se intitulam religiosos.

Omri Casspi.

2010 A população judaica dos EUA encolhe devido ao casamento com não judeus e à não observância.

2011 Eric Cantor se torna o primeiro vice-líder judeu da minoria republicana na Câmara de Representantes dos EUA.

2012 Cerca de 69% dos judeus votam no presidente democrata Barack Obama, candidato à reeleição.

Jordan Farmar.

2013 Louis Farrakhan, líder da Nação Americana do Islã, faz comentários antissemitas nos seus sermões.

2013 Entre os judeus não ortodoxos, a taxa de casamentos com não judeus subiu para 71%.

2013 Penny Pritzker é a primeira integrante judia do gabinete presidencial, como Secretária do Comércio dos EUA.

2014 O número crescente de praticantes do budismo que ainda se identificam como judeus dá origem à palavra "*jubus*".

Abril de 2014 Frazier Glen Miller, líder da Ku Klux Klan, ataca uma comunidade e centro de aposentadoria judaicos no Kansas e mata três não judeus.

2015 Uma marca de maconha medicinal recebe certificação casher nos EUA.

2015 Defensores dos direitos dos animais nos EUA protestam contra o ritual ortodoxo do Yom Kipur de girar galinhas em torno da cabeça para expurgar os pecados antes de abater ritualmente as aves.

2015 Uma pesquisa do Centro Pew sobre religião mostra que, em geral, os judeus americanos estão se tornando mais religiosos, embora 37% deles comam carne de porco.

Março de 2015 Louis Farrakhan acusa os judeus dos ataques de Onze de Setembro.

Julho de 2015 O rabino Capers Funnya, primo da primeira-dama dos EUA Michelle Obama, recebe o título de "grão-rabino negro" do abrangente grupo americano de judeus negros.

Agosto de 2015 Considerado o judeu mais velho e a sexta pessoa mais velha do mundo, Goldie Steinberg, nascida na Moldávia, morre em Nova York.

Dezembro de 2015 O Yom Kipur se torna um dos feriados oficiais dos EUA.

2016 Ted Nugent, da National Rifle Association, insinua que os judeus são responsáveis pelo controle de armas.

2016 Em New Hampshire, Bernie Sanders se torna o primeiro candidato judeu a vencer as eleições presidenciais primárias num estado.

2016 Uma pesquisa Pew constata que os judeus americanos são mais instruídos do que todos os outros grupos religiosos, com média de 13,4 anos de estudo e 61% dos indivíduos com diploma universitário.

Novembro de 2016 Só um em quatro judeus americanos vota em Donald Trump.

2017 Os incidentes antissemitas nos EUA aumentam 60%, ponto mais alto em duas décadas. A Liga Antidifamação (ADL) observa que, pela primeira vez em dez anos, há aumento das denúncias em todos os cinquenta estados. A entidade responsabiliza principalmente os supremacistas brancos de extrema direita.

2017 Nigel Farage, do partido UKIP do Reino Unido, afirma que o *lobby* judeu nos EUA o preocupa mais do que a influência russa.

2017 O presidente americano Donald Trump faz um discurso no memorial do Holocausto que não menciona os judeus.

2017 Ivanka Trump, que se converteu em 2009 para se casar com Jared Kushner, é a primeira pessoa judia numa família presidencial.

2017 A União Ortodoxa dos EUA confirma a proibição de mulheres terem papéis rabínicos ou clericais.

2018 Entre os candidatos republicanos às assembleias legislativas, ao Congresso e à Câmara de Representantes há negacionistas do Holocausto.

2018 Estima-se que a população judaica seja de 5.700.000 indivíduos.

Interior do Museu Memorial do Holocausto dos Estados Unidos.

DIÁSPORAS E MIGRAÇÕES

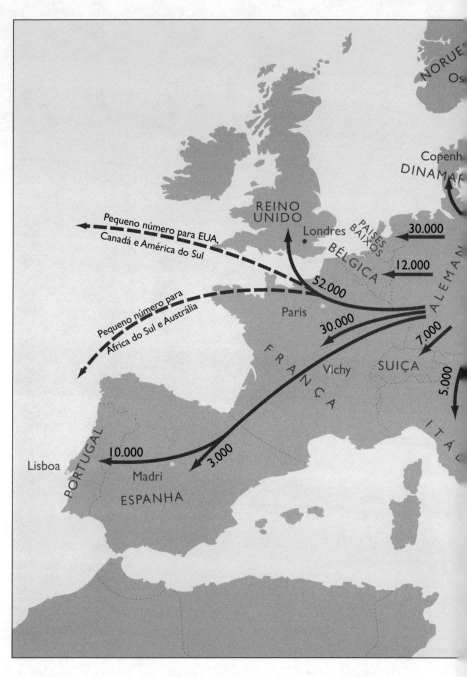

Tragicamente, havia poucos destinos seguros para refugiados judeus antes da Segunda Guerra Mundial. Em muitos casos, os judeus fugiram da Alemanha para outras regiões da Europa. Foi um abrigo temporário, pois em poucos anos caíram nas mãos dos nazistas quando a Alemanha conquistou a maior parte do continente

6500–1450 BCE

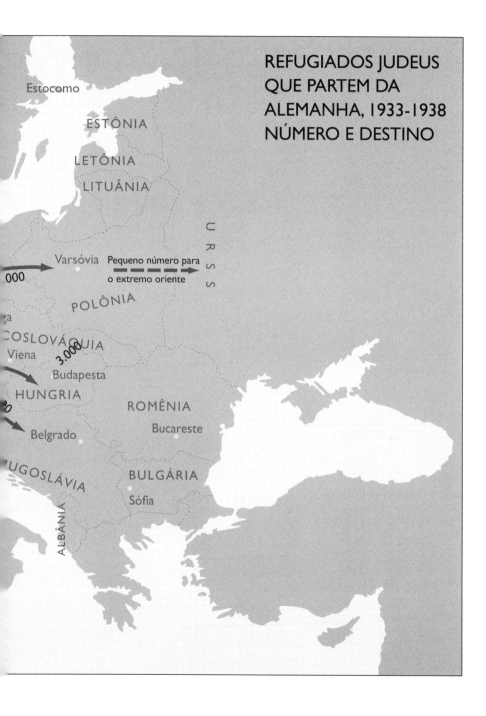

DIÁSPORAS E MIGRAÇÕES

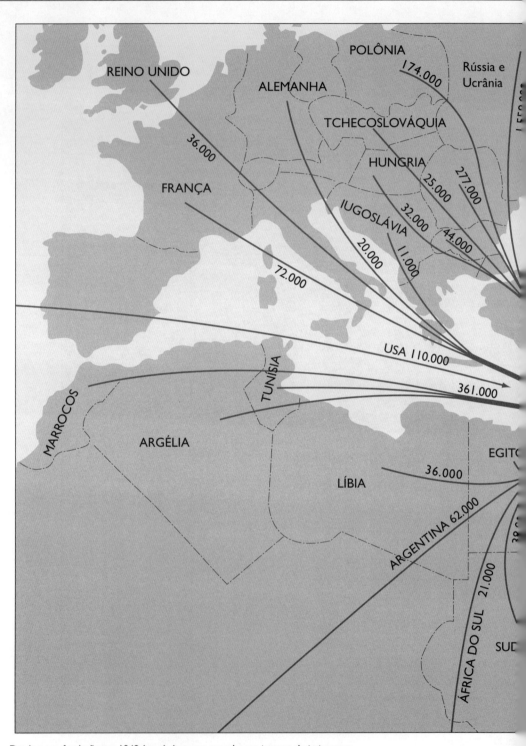

Desde a sua fundação em 1948, Israel absorveu um número imenso de imigrantes.

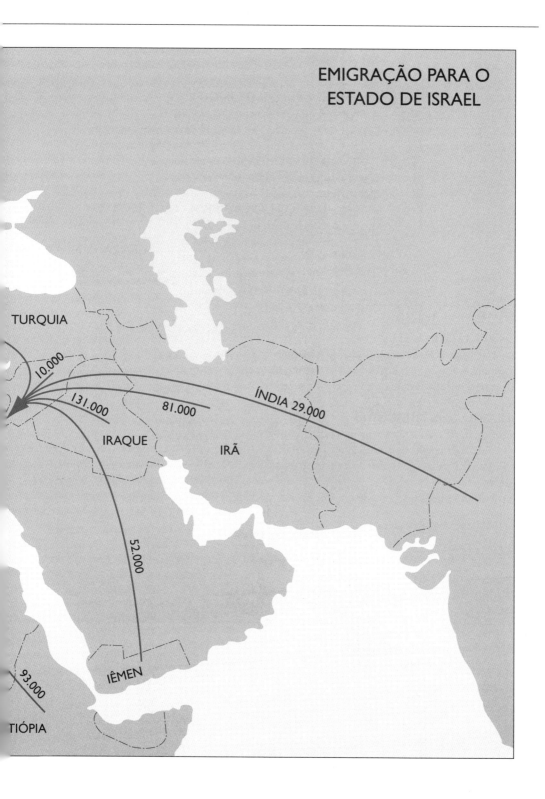

SIONISMO, PALESTINA E O ESTADO DE ISRAEL

"Somos um povo – um só povo."
Theodor Herzl, *O Estado judeu*

O ESTADO DE ISRAEL
- é uma democracia;
- tem eleições livres de quatro em quatro anos;
- o governo é exercido por representantes eleitos;
- a constituição tem a forma de Leis Básicas; algumas ainda estão sendo criadas.

RAMOS DO GOVERNO LEGISLATIVO – O KNESSET
- Câmara de deputados
- Os eleitores votam num partido político.
- 120 integrantes são eleitos por representação proporcional.
- O Knesset aprova leis.

O GOVERNO EXECUTIVO
- Em geral, o governo é uma coalizão de partidos.
- O primeiro-ministro é o líder do maior partido eleito.
- Ele nomeia ministros para os ministérios e secretarias do governo.

JUDICIÁRIO – OS TRIBUNAIS
- Os tribunais de magistrados julgam crimes menores.
- Os tribunais distritais, os crimes graves.
- A Suprema Corte atua como Supremo Tribunal de Recursos e como Supremo Tribunal de Justiça.
- Os tribunais religiosos tratam de questões pessoais, como casamento e divórcio.

O Presidente (Nasi)	
Chefe de Estado formal. Indicado pelos partidos políticos. Eleito por membros do Knesset. A princípio, dois mandatos de cinco anos. Hoje, um mandato de sete anos. Deveres principalmente cerimoniais.	
Chaim Weizmann	1949-1952
Itzhak Ben-Zvi	1952-1963
Zalman Shazar	1963-1973
Efraim Katzir	1973-1978
Yitzhak Navon	1978-1983
Chaim Herzog	1983-1993
Ezer Weizman	1993-2000
Moshe Katsav	2000 2007
Shimon Peres	2000 2014
Reuven Rivlin	2014–

DÉCADA DE 1830-1836 EC

CADEIRAS DO KNESSET EM SETEMBRO 2019

Partido	Votos	%	Cad.	+/-
Azul e Branco	1.151.214	25,95	33	-2
Likud	1.113.617	25,10	32	-6
Lista Conjunta	470.211	10,60	13	+3
Muis	330.199	7,44	9	+1
Yisrael Beiteinu	310.154	6,99	8	+3
Torá Unida Judaísmo	268.775	6,06	7	-1
Yamina	260.655	5,87	7	+1
Trabalhista-Gesher	212.782	4,80	6	0
União Democrática	192.495	4,34	5	+1
Otzma Yehudit	83.609	1,88	0	0
Tzomet	14.805	0,33	0	0
Unidade Popular	5.946	0,13	0	New
Vermelho e Branco	4.358	0,10	0	New
Justiça	3.053	0,07	0	New
Direito Secular	2.395	0,05	0	New
Respeito e Igualdade	1.545	0,03	0	New
Nosso Direito em Nosso Voto	1.473	0,03	0	0
Partido Pirata	1.236	0,03	0	0
Poder Econômico	1.193	0,03	0	New
Mitkademet	1.033	0,02	0	New
Kama	994	0,02	0	New
Nova Ordem	928	0,02	0	0
Partido da Democracia	736	0,02	0	New
Norte	725	0,02	0	New
Movimento Liberal Cristão	610	0,01	0	0
Da'am – Economia Verde – Nação Única	592	0,01	0	0
Dignidade Humana	542	0,01	0	0
Bloco da Bíblia	497	0,01	0	0
Liderança Social	434	0,01	0	New
Votos brancos e nulos	28.362	–	–	–
Total	4.465.168	100	120	0
Eleitores registrados/ comparecimento	6.394.030	69,83	–	–

Fonte: CEC, *The Times* de Israel

David Sassoon na Índia.

1832 Israel Bek, gráfico da Ucrânia, revive a impressão em hebraico em Safed, na Palestina.

c. 1832 David Sassoon (1792-1864), filho do xeque Sassoon, é um dos muitos judeus de Bagdá a se mudar para Mumbai (Bombaim) na Índia depois da repressão no Iraque. Ele constrói um imenso império comercial e se torna importante líder e filantropo da comunidade judaica indiana.

1832 O Canadá concede direitos políticos aos judeus.

1834 A Inquisição espanhola é abolida pela rainha mãe Maria Cristina da Espanha.

1836 Samson Raphael Hirsch (1808-88) publica *Dezenove cartas sobre judaísmo*, a sua defesa do tradicionalismo. As suas ideias, que também defendem o conhecimento da cultura secular e de princípios racionalistas, se tornam mais tarde conhecidas como neo-ortodoxia ou ortodoxia moderna.

O prédio do Knesset.

131

SIONISMO, PALESTINA E O ESTADO DE ISRAEL

CRONOLOGIA 1800-C. 1878

1800 Há cerca de cinco mil judeus na Palestina, concentrados em Jerusalém.

Século XIX A migração para a Palestina aumenta aos poucos quando filantropos como Moses Montefiore, barão de Hirsch e Edmundo de Rothschild ajudam judeus perseguidos ou empobrecidos do mundo inteiro a se instalar na Palestina. Esses benfeitores não pretendem criar uma entidade política na Palestina.

1834 Yehudá Ben Shelomo Chai Alkalay (1798-1878) publica os seus primeiros tex-

---

PERSONAGENS PRINCIPAIS DO SIONISMO: THEODOR (BINYAMIN ZE'EV) HERZL (1860-1904)

Nascido em Budapeste, mudou-se para Viena em 1878, tornou-se jornalista em Paris e estava presente na época do Caso Dreyfus, em 1894.

Herzl acreditava que a França era o centro da civilização, mas a nova onda de antissemitismo o fez concluir que só reivindicando a sua nacionalidade os judeus encontrariam o seu lugar no mundo.

Em 1896, ele publicou *Der Judenstaat* (O Estado judeu) para apresentar o seu ponto de vista. Propôs sistemas práticos para levantar recursos e uma organização para produzir um Estado político judeu. Não foi o primeiro nem o único a escrever sobre sionismo, mas, como jornalista carismático e experiente, conseguiu publicidade e apoio.

Embora os líderes e filantropos ricos judeus como os barões Hirsch e Rothschild não adotassem as suas ideias, outros reagiram com tamanho entusiasmo que Herzl organizou o primeiro Congresso Sionista em Basileia, na Suíça, em 29-31 de agosto de 1897. Havia mais jornalistas do que delegados, mas os que estavam lá adotaram a meta "O sionismo aspira a estabelecer uma pátria para o povo judeu, garantida pela legislação internacional, na terra de Israel" e criaram a Organização Sionista Mundial. Os congressos posteriores foram anuais e depois, bienais.

Herzl se esforçou para obter apoio de líderes europeus e do sultão da Turquia. Estava disposto a pensar na oferta da Grã-Bretanha de terras na África oriental. Isso quase rachou o movimento sionista, mas o congresso acabou decidindo que a pátria judaica só podia ser na terra de Israel.

Em 1902, Herzl publicou *Altneuland* (Velha terra nova), romance sionista muito influente, que imaginava como utopia o Estado proposto. Na época da sua morte, em 1904, ele presidia um movimento político reconhecido no mundo inteiro.

Em 1949, os seus restos mortais foram levados para Israel e sepultados no monte Herzl.

Theodor Herzl.

tos defendendo o retorno à Terra de Israel. Como Tzevi Hirsch Kalischer, é um precursor incomum do sionismo por ser um rabino ortodoxo sefardita.

1860 Como o número de judeus cresce lentamente no país, a cidade murada de Jerusalém fica superlotada. Construído o Mishkenot Sha'ananim, primeiro bairro fora das muralhas de Jerusalém, com a ajuda de Moses Montefiore.

1862 Moses Hess (1812-1875), filósofo, escritor e socialista alemão, publica *Roma e Jerusalém*. É um precursor do moderno sionismo político.

1862 Tzevi Hirsch Kalischer (1795-1874) publica *Derishat Tziyyon* (*Em busca de Sião*) e propõe um programa prático para reconstruir os povoados judeus de base agrícola na Palestina. Como Yehudá Alkalai, é um sionista incomum por ser rabino ortodoxo.

1870 Jerusalém tem maioria judaica.

1870 Aberta na Palestina a escola agrícola Mikve Yisrael, com recursos recolhidos por Tzevi Hirsch Kalischer.

c. 1870 Criadas na Europa oriental as sociedades Hovevei Zion (Amantes de Sião) para apoiar o reassentamento na Palestina. O grupo acaba muito endividado e dividido por discordâncias entre as facções secular e ortodoxa.

1878 Fundação de Petach Tikvah, a primeira *moshav* ou fazenda coletiva, no vale de Sarom.

c. 1878 Eliezer Ben-Yehudah da Lituânia (Eliezer Perlman, 1858-1922), "pai do hebraico moderno", publica um artigo defendendo que o hebraico seja revivido como idioma falado do sionismo. Embora com oposição dos ortodoxos, que querem manter o hebraico como língua oral sagrada, Ben-Yehudah continua o seu trabalho, muda-se para Jerusalém em 1881 e convence os judeus da Palestina a falar hebraico.

Samson Raphael Hirsch.

1836 The Russian government imposes a rigid censorship of Jewish printing. Some Orthodox rabbis welcome the move as a way of preventing the proliferation of Hasidic books.

Moses Montefiore (1784-1885)

Importante personagem britânico do século XIX, é o primeiro judeu eleito para a Royal Society com o seu trabalho pioneiro na instalação da iluminação a gás, mas se aposenta em 1824 e se dedica à filantropia, apoiando causas judias e gerais. Ele ajuda a conseguir a proibição britânica à escravidão e é sagrado cavaleiro pela rainha Vitória em 1837. Torna-se barão em 1846. Presidente da Junta de Deputados dos Judeus Britânicos por mais de quarenta anos a partir de 1835, é influente para evitar o crescimento do judaísmo da Reforma na Grã-Bretanha. Torna-se conhecido no mundo inteiro pela disposição em ajudar comunidades e atacar o antissemitismo de cima para baixo; visitou a Palestina várias vezes, fez petições bem sucedidas ao sultão da Turquia para combater o libelo de sangue de Damasco em 1840, visitou Nicolau I da Rússia em 1846 e conquistou concessões temporárias do sultão do Marrocos em 1863. No entanto, em 1858 não consegue convencer o Papa a devolver Edgardo Mortara à família.

SIONISMO, PALESTINA E O ESTADO DE ISRAEL

CRONOLOGIA 1880-1901

> **PERSONAGENS IMPORTANTES DO SIONISMO:**
> **HENRIETTA SZOLD (1860-1945)**
>
> Nascida nos EUA. Estudante do judaísmo, tradutora, filantropa. Em 1903, convenceu grupos de mulheres a assumir questões práticas e levantar recursos para a assistência médica na Palestina. Foi a base da Hadassah, a Organização das Mulheres Sionistas dos Estados Unidos, fundada em 1912, e adotou o seu nome (Ester, a salvadora do Purim, em hebraico) em 1914. Tornou-se a maior organização sionista do mundo e o maior grupo de voluntários dos EUA.
> Ao contrário da maioria dos sionistas americanos, ela emigrou para a Palestina em 1920. Em 1927, foi a primeira mulher eleita pelo Congresso Sionista para o seu órgão executivo. A partir de 1934, dirigiu a Aliá da Juventude e resgatou cerca de 22.000 crianças judias europeias. Tornou-se um dos três líderes do órgão de autogoverno da comunidade judaica.

1880 Há cerca de 24.000 judeus na Palestina.

1882 O médico russo Leon Pinsker (1821-1891) publica *Autoemancipação* que defende a criação de uma pátria nacional judaica. Até os *pogroms* de 1881-1882, ele acreditava que os judeus poderiam se tornar parte da Rússia.

1882-1902 Primeira Aliá (ascensão ou emigração organizada em grande escala) para a Palestina. A maioria dos migrantes parte da Rússia, com alguns da Romênia, e, como são principalmente gente do campo, criam novos assentamentos agrícolas, dando o tom "pioneiro" de futuras migrações. O auxílio financeiro vem do barão Edmond de Rothschild (1845-1934), que financia também outros assentamentos, além de hospitais, escolas e indústrias. No entanto, ele nunca se torna sionista, pois acredita que a emigração em massa de agricultores inexperientes sofreria oposição da Turquia e não teria sucesso.

1837–1847 EC

1889 Ahad Ha'am, pseudônimo de Asher Hirsch Ginsberg (1856-1927), publica o seu primeiro ensaio sobre sionismo cultural. Oriundo da Europa oriental, ele é um dos pensadores mais influentes do seu tempo e um dos principais escritores sobre o sionismo cultural e educacional.

1891 O barão Maurice de Hirsch (1831-1896) cria a Jewish Colonization Association para reassentar judeus europeus na Argentina e nos EUA. Com medo da situação geográfica vulnerável da Palestina, Hirsch acredita na criação de uma nova pátria judaica na Argentina. Banqueiro e investidor em ferrovias, Hirsch gasta cerca de quinhentos milhões de francos nos seus empreendimentos filantrópicos.

1893 O estudante vienense Nathan Birnbaum cunha o nome sionismo para o conceito de um novo Estado judeu na terra de Israel.

1896 Theodor Herzl publica *O Estado judeu* e reivindica a criação de um Estado judeu soberano como solução para o espalhamento dos judeus pelo mundo na Diáspora e para o antissemitismo. Ele é considerado o fundador do moderno sionismo político, em que o retorno a Israel como pátria tem impacto nacionalista e não religioso.

1897 Theodor Herzl organiza o Primeiro Congresso Sionista em Basileia, na Suíça, que cria a Organização Sionista.

1901 Delegados do Quinto Congresso Sionista criam o Fundo Nacional Judaico para comprar terras na Palestina como "propriedade do povo judeu como um todo".

1836 Um terremoto em Safed mata milhares.

1838-1840 Salomon Sulzer (1804-1890), "pai da Chazanut moderna e da música de sinagoga", publica a primeira parte da sua coletânea de músicas de sinagoga.

1838 A filantropa americana Rebecca Gratz (1781-1869) funda a Escola Dominical Hebraica em Filadélfia, primeira instituição judaica americana administrada por mulheres. Ela ajuda a desenvolver a mudança do papel das mulheres americanas.

1839 Primeiro decreto a dar direitos iguais a todos os grupos no Império Otomano. Mas o império está em declínio e começa a se desfazer. As populações se tornam parte de novas nações, como Tunísia, Romênia, Bulgária.

1840 O libelo de sangue de Damasco se torna um caso internacional quando líderes judeus europeus intervêm com sucesso.

O sultão Abd Al Majid (1823-1861) aprovou um édito para impedir os libelos de sangue no Império Otomano.

Década de 1840 Yehudá Alkalai (1798-1878), nascido em Sarajevo, começa a campanha na Europa pelo retorno em massa para a Terra Santa, tanto para proteção quanto para a redenção futura. Ele é um precursor do moderno sionismo político e, de forma incomum para sionistas, é rabino ortodoxo.

1842 Israel Salanter (1810-1883) desenvolve o Movimento Mussar (moralidade) em Vilna, enfatizando o desenvolvimento e o estudo ético.

1843 Judeus expulsos de Kiev.

1843 Doze homens em Nova York criam a organização fraterna B'nai B'rith.

1844-1846 Sínodos da Reforma criados na Rússia.

1844 Escolas do governo criadas para judeus na Rússia na tentativa de controlar as suas crenças.

1845 Fundada em Berlim a Sociedade da Reforma, primeira grande organização do movimento.

1847 Lionel Rothschild (1808-1879) é o primeiro parlamentar judeu praticante eleito na Grã-Bretanha. Mas, como não pode fazer o

SIONISMO, PALESTINA E O ESTADO DE ISRAEL

CRONOLOGIA 1492–1885

26 de agosto de 1903 "Controvérsia de Uganda" no Sexto Congresso Sionista. Quando Theodor Herzl concorda em examinar a oferta britânica de parte da África ocidental (na verdade, o Quênia) como pátria judaica, o sionismo se divide. O plano é finalmente rejeitado.

1903-1914 A Segunda Aliá consiste principalmente de sionistas socialistas do leste da Europa. Eles começam os movimentos trabalhista e dos *kibutz*, além de adotar o hebraico moderno como idioma.

1909 Fundado o primeiro *kibutz* em Degania, ao sul do Mar da Galileia.

1909 Fundada Tel Aviv, primeira cidade totalmente judaica em dois mil anos.

1912 O movimento ortodoxo e antissionista Agudat Israel é fundado em Katovice, na Polônia, para exprimir a cautela religiosa com o sionismo, pois esse movimento é liderado por socialistas, geralmente seculares.

1915-1916 Em cartas de Sir Henry MacMahon, alto comissário britânico do Egito, ao xarife Hussein de Meca, a Grã-Bretanha promete apoiar um Estado árabe independente em troca de uma rebelião contra a

---

PERSONAGENS IMPORTANTES DO SIONISMO: CHAIM WEIZMANN (1874-1952)

Nascido em Motol, na Zona de Assentamento, sionista desde a infância. Estudou ciências e, em 1904, se mudou para a Universidade de Manchester, na Grã-Bretanha. Suas descobertas na química contribuíram com o esforço de guerra aliado em ambas as guerras mundiais.

Figura de destaque do sionismo a partir de 1898. A Declaração de Balfour de 1917, que pedia o apoio britânico a "um lar nacional judeu na Palestina", deveu-se em parte ao trabalho diplomático de Weizmann.

Ele encabeçou a Comissão Sionista britânica enviada à Palestina para avaliar a situação e chegou a um acordo com o líder árabe emir Faiçal sobre o assentamento de judeus.

Presidente da Organização Sionista Mundial em 1920-1931 e 1935-1946. Intimamente ligado à Grã-Bretanha, não foi reeleito depois da guerra, quando o país demonstrou menos apoio a um Estado judeu. Mudou-se para a Palestina em 1937. Continuou o trabalho diplomático, apareceu nas Nações Unidas e ajudou a assegurar que os EUA reconhecessem o Estado de Israel.

Em reconhecimento pelas realizações, foi o primeiro presidente eleito de Israel.

1848–1848 EC

1914-1918 Primeira Guerra Mundial. Com medo de que os assentamentos judeus na Palestina fiquem vulneráveis aos governantes turcos, a Organização Sionista declara oficialmente a neutralidade quando a Turquia entra na guerra como inimiga da Rússia em 1915. Os turcos começam a expulsar sionistas como estrangeiros inimigos. No entanto, a Legião Judaica e o Zion Mule Corps de judeus palestinos lutam com a Grã-Bretanha.

Turquia. As fronteiras desse Estado árabe não são definidas.

1916 A Grã-Bretanha e a França assinam secretamente o Acordo Sykes-Picot, que dividia o Império Otomano em esferas de influência dos dois países.

A agricultura de hoje possibilitada pelos primeiros pioneiros sionistas.

1917 Com o general Allenby, a Grã-Bretanha conquista a Palestina e dá fim a quatrocentos anos de domínio otomano.

1917 A Declaração de Balfour de 2 de novembro transforma o futuro do sionismo. Balfour, ministro do Exterior britânico, declara o apoio a um "lar nacional judeu na Palestina". Embora alguns judeus ingleses vissem isso como ameaça à sua nacionalidade britânica, os sionistas do mundo inteiro louvam a declaração. A emigração de judeus para a Palestina aumenta.

Lionel Rothschild (no centro) com os irmãos.

juramento cristão para se sentar no parlamento, não consegue ocupar a sua cadeira.

1848 Muitos judeus apoiam a onda de revoluções na França, na Itália e na Europa central. Na Alemanha, a revolucionária Constituição de Frankfurt endossa o pleno direito dos judeus.

Com a emancipação, muitos judeus alemães adotam com entusiasmo o nacionalismo alemão e se integram à vida do país. Um sinal de integração é essa visita do imperador Francisco José a uma fábrica judaica.

137

SIONISMO, PALESTINA E O ESTADO DE ISRAEL

CRONOLOGIA 1919-1922

Cartaz de um Congresso Sionista.

1919-1923 Terceira Aliá ou emigração em massa para a Palestina. Cerca de 35.000 pessoas, em geral europeus do leste, inclusive muitos jovens agricultores socialistas, vão para a Palestina e criam assentamentos agrícolas coletivos ou começam a expandir os centros urbanos.

Pós-guerra Conforme o nacionalismo cresce na Europa, também cresce o apoio ao sionismo.

PRINCIPAIS PERSONAGENS DO SIONISMO:
VLADIMIR (ZE'EV) JABOTINSKY
(1880-1940)

Nascido em Odessa, tornou-se jornalista e entrou no movimento sionista russo. Insistia no poderio militar. Logo compreendeu que os judeus teriam de lutar por um Estado e acreditava que, finalmente, a Diáspora se esvaziaria e os judeus precisariam de um Estado que englobasse toda a Palestina. Ajudou a formar a Legião Judaica na Primeira Guerra Mundial. Discordou da Organização Sionista Mundial a respeito da direção do movimento sionista e fundou os Sionistas Revisionistas em 1925, exigindo a criação imediata de um Estado judeu. Os seus partidários se tornaram a base do grupo militante Irgun Zvi Leumi (Etzel), fundado na Palestina em 1931. Morreu nos EUA e só foi trasladado para Israel em 1964.

À direita: Soldados do Mandato Britânico prendem integrantes da Haganá.

DÉCADA DE 1800-1858 EC

1920 Os britânicos permitem que as comunidades judaica e árabe da Palestina administrem as suas questões. Os judeus organizam um Conselho Nacional. Também são fundadas a Histadrut (Federação Geral de Trabalhadores Judeus) e a Haganá (organização de defesa judaica). Com o dinheiro que agora chega do mundo inteiro, desenvolve-se uma rede de escolas, sinagogas, assistência médica e serviços sociais. Alguns árabes veem com cautela a força crescente dos judeus como um Estado dentro do Estado.

1920-1921 Tumultos árabes na Palestina.

1922 O primeiro *White Paper* (relatório) britânico, de autoria de Churchill, distingue a Transjordânia da área de um "lar nacional judaico".

1922 Criada a Agência Judaica para representar a comunidade dos judeus junto às autoridades do Mandato Britânico da Palestina.

De meados ao fim da década de 1800 Ao mesmo tempo do crescimento das opiniões liberais sobre direitos naturais na Europa que emancipam os judeus, surge uma nova forma de nacionalismo. Os judeus são considerados "estrangeiros", não uma verdadeira parte da nação.

De meados do século XIX em diante Muitos países do Oriente Médio e do norte da África são colonizados por nações europeias. Em geral, os judeus aprovam os novos regimes mais liberais.

Hospital judaico Monte Sinai, Estados Unidos.

Início da década de 1850 Levi Strauss vende calças novas e resistentes – *jeans* – aos mineiros da Corrida do Ouro da Califórnia.

1852 Fundado o Monte Sinai, primeiro hospital judaico dos Estados Unidos.

1853 Abraham Mapu (1808-1867), da Lituânia, pai do moderno romance hebraico, publica o seu primeiro livro.

1854 O Seminário Teológico Judaico de Breslau, na Alemanha, abre sob a direção de Zacharias Frankel (1801-1875) para formar rabinos no judaísmo tradicional mas com conhecimento dos estudos críticos modernos. Ele é considerado o precursor europeu do judaísmo conservador.

1855 Alexandre II se torna o tsar russo e inicia um regime muito menos opressor. Os judeus começam a ter papel intelectual, cultural e econômico na Rússia como um todo e, como expressão da Haskalá, surgem revistas judaicas.

1855 Sir David Salomons se torna o primeiro Lord Mayor judeu de Londres.

1858 O Caso Mortara. Edgardo Mortara, de 7 anos, é sequestrado pela igreja da Itália com base em que a sua ama o batizara secretamente quando bebê. O caso provoca clamor internacional, mas mesmo assim Edgardo é criado como cristão e não como judeu.

SIONISMO, PALESTINA E O ESTADO DE ISRAEL

CRONOLOGIA 1922–1940

A Luta Pelo Sionismo: Oposição Inicial

Árabes da Palestina, com medo de serem invadidos por judeus com mais recursos.

Turquia e nações europeias, contrárias a perder qualquer autonomia política ou território.

O "antigo yishuv", ou comunidade judaica da Palestina. Estritamente tradicional, com estrutura social estabelecida, chocava--se com pioneiros socialistas, seculares ou reformistas.

Nos primeiros anos, o sionismo era um movimento periférico. Na Europa oriental, os judeus interessados na política pertenciam a grupos socialistas ou comunistas. Nas comunidades ocidentais assimiladas, era mais provável que as pessoas participassem de organizações sociais.

Os "líderes" judeus ricos, como Moses Montefiore, que achavam inútil tentar convencer o mundo a tratar os judeus como uma nação igual. Ao mesmo tempo, eles deram apoio prático aos judeus pobres ou perseguidos que buscavam refúgio na Palestina.

A maioria dos judeus ortodoxos desaprovava a ideologia secular, socialista ou nacionalista dos sionistas. Sustentavam que o retorno aconteceria quando encabeçado pelo messias e quando se cumprissem as condições religiosas da redenção.

Judeus ocidentais que não se viam vivendo no exílio. Não acreditavam num messias pessoal e estavam comprometidos com os países onde moravam.

1922 A Liga das Nações confirma o Mandato Britânico na Palestina. A Transjordânia (mais tarde, reino da Jordânia) é criada em três quartos da área, deixando um quarto para a pátria nacional judaica. Há três idiomas oficiais: árabe, inglês e hebraico.

1922 A população da Palestina é de 750.000 habitantes. Onze por cento são judeus.

1924 O poeta nacionalista Chaim Nachman Bialik (1873-1934), nascido na Ucrânia, instala-se na Palestina e se torna um personagem nacional.

1924-1932 Quarta Aliá. Cerca de 60.000 judeus poloneses, em sua maioria urbanos, contribuem para o rápido crescimento de Tel Aviv e outras cidades.

1924 Aberto em Haifa o Technion, primeiro instituto de tecnologia da Palestina. Durante a década de 1920, desenvolvem-se a indústria e a tecnologia.

1925 Fundada a Universidade Hebraica de Jerusalém.

Agosto de 1929 Tumultos árabes. 133 judeus são mortos por árabes palestinos e 110 palestinos são mortos pela polícia britânica.

1929 Começa o trabalho no porto de Haifa.
1930
Segundo *White Paper* britânico, de Passfield, que revoga a Declaração de Balfour. Também dá início às restrições à imigração de judeus na Palestina.

Década de 1930 Com os Estados Unidos fechados, mas com a situação dos judeus piorando na Alemanha, cada vez mais judeus apoiam o sionismo, pois a Palestina parece o único refúgio que lhes resta.

1931 Por considerar a Haganá passiva demais, alguns dos seus comandantes, influenciados por Vladimir Jabotinsky, fundam a organização militante clandestina Irgun Zvi Le'umi

1858–1868 EC

(Organização Militar Nacional ou Etzel), que ataca tanto britânicos quanto árabes na Palestina.

1933 A população judaica subiu para cerca de 238.000 habitantes (20% da população da Palestina).

1933-1939 Quinta Aliá, principalmente de refugiados alemães. Em geral profissionais liberais instruídos, esses 165.000 imigrantes são o primeiro fluxo em grande escala da Europa central e ocidental para a Palestina. Pela primeira vez, chegam crianças sem família na Aliá da Juventude de Henrietta Szold.

1936-1938 Revolta árabe na Palestina.

1936 O Congresso Sionista Mundial transfere as suas reuniões da Europa para Jerusalém.

1937 Uma Comissão Real britânica, encabeçada por Lorde Peel, recomenda dividir a Palestina em Estados judeu e árabe separados, mantendo o controle de uma terça parte. Com relutância, os sionistas aceitam a proposta, rejeitada pelos árabes.

1938 A Mossad Aliá Bet é fundada para organizar a imigração ilegal na Palestina.

Maio de 1939 *White Paper* de MacDonald. Preocupada com a tensão constante entre árabes e judeus e às vésperas da guerra, a Grã-Bretanha limita ainda mais a imigração de judeus na Palestina para um total de 75.000 pessoas: dez mil por ano durante cinco anos mais 25.000 refugiados.

1940 Etzel interrompe as ações durante a guerra. O grupo Stern de Avraham Stern (mais tarde Lehi ou Combatentes pela Liberdade de Israel) se separa para continuar as ações contra os britânicos.

1858 "Emancipação dos judeus" na Grã-Bretanha. O juramento cristão no parlamento é alterado, e Lionel Rothschild consegue ocupar a sua cadeira como primeiro parlamentar judeu.

1859 Alguns judeus recebem direitos fora da Zona de Assentamento da Rússia.

1859 Jacques Offenbach (1819-1880) produz na França a opereta *Orfeu no inferno*.

1860 Fundada na França a Alliance Israelite Universelle para defender os direitos dos judeus no mundo inteiro e oferecer educação vocacional.

1861 Judah P. Benjamin (1811-1884) se torna procurador-geral da Confederação durante a Guerra de Secessão nos EUA. É o primeiro judeu a ocupar um cargo em nível de gabinete num governo americano.

Judah P. Benjamin, dos estados do sul dos Estados Unidos.

Dezembro de 1862 Durante a Guerra de Secessão, o general U. S. Grant proíbe negociantes judeus de negociarem com o seu exército. Mais tarde, o presidente Lincoln revoga a proibição.

1863 O primeiro partido dos trabalhadores alemães é fundado pelo intelectual judeu Ferdinand Lassalle.

1863 Levante polonês sufocado pela Rússia, que se torna mais nacionalista e desconfia de todas as minorias.

1864 Mendele Mokher Sforim, pseudônimo de Sholem Abramovitz (1836-1917), o "avô da literatura iídiche", publica o seu primeiro conto nesse idioma.

1867 Emancipação plena e definitiva na Áustria-Hungria.

1867 Contato renovado entre os judeus etíopes e ocidentais.

1867 Primeira escola rabínica dos Estados Unidos, o Maimonides College é fundado em Filadélfia.

1868 Benjamin Disraeli (1804-1881) se torna o primeiro (e até hoje, o único) primeiro-ministro judeu da Grã-Bretanha. (Quando criança, Disraeli chegou a ser batizado como cristão.)

SIONISMO, PALESTINA E O ESTADO DE ISRAEL

CRONOLOGIA 1945–1948

As águas densas e salgadas do Mar Morto facilitam flutuar.

945-48 85.000 imigrantes ilegais chegam à Palestina. Quando pegos, a Grã-Bretanha os devolve à Europa ou a Chipre.

Outubro de 1945 a julho de 1946 Etzel e Lehi combinam temporariamente uma onda de atividades de combate.

22 de julho de 1946 Sob o comando de Menachem Begin, o Etzel bombardeia o quartel-general britânico no hotel St. David, em Jerusalém, e mata 91 pessoas, inclusive 17 judeus.

Pós-guerra Depois do Holocausto, a maioria dos judeus do mundo apoia o sionismo. O grosso dos ultraortodoxos foi assassinado.

Sob um retrato de Theodor Herzl, David Ben Gurion lê a Declaração de Independência.

1869–1870 EC

Os judeus americanos não migram em grande número, mas dão apoio financeiro.

1946 A Grã-Bretanha prende a maioria dos líderes da comunidade judaica da Palestina.

Julho de 1947 4.515 refugiados no navio *Exodus* são deportados de volta para a Alemanha.

Julho de 1947 O Etzel captura e enforca dois soldados britânicos para se vingar da pena de morte de dois dos seus integrantes.

1947 Agora os judeus constituem cerca de um terço da população da Palestina.

Abril de 1947 A Grã-Bretanha leva a "Questão da Palestina" à Assembleia Geral das Nações Unidas. Em 29 de novembro de 1947, a ONU vota a divisão da Palestina em dois Estados, um judeu, o outro árabe. A comunidade judaica aceita o plano; os árabes o rejeitam.

9 de abril de 1948 O Lehi e o Etzel atacam a aldeia de Deir Yassin, matam cerca de 120 pessoas e provocam, quatro dias depois, um massacre árabe de 77 judeus num comboio médico. O "massacre" israelense continua controvertido até hoje.

14 de maio de 1948 Proclamado o Estado de Israel e o fim do Mandato Britânico. O país é organizado como democracia parlamentar com sufrágio universal. A população judaica de Israel é de cerca de 650.000 habitantes.

15 de maio de 1948 a julho de 1949 A Guerra de Independência termina e Israel conquista a Galileia, o Neguev e a planície litorânea.

17 de setembro de 1948 O Lehi assassina o conde Folke Bernadotte, mediador da ONU, que quer devolver os refugiados palestinos ao seu lar.

1948-1952 A imigração em massa dobra a população judaica de Israel para cerca de 1,3 milhão. Centenas de milhares de sobreviventes do Holocausto chegam da Europa, e cerca de 700.000 judeus fogem do mundo árabe.

1869 Israel Meir Ha-Kohen Kagan (Hafetz Hayyim, 1838-1933) abre uma importante academia em Radun, na Lituânia. Ele se torna o mentor espiritual do movimento "ultraortodoxo" Agudat Israel.

1870 Abolição dos guetos e emancipação definitiva no novo reino italiano unido.

Desenvolvimento do Sionismo Moderno

1862 Moses Hess é um dos escritores que prenunciam Theodor Herzl, com obras sobre nacionalismo judeu cultural ou político. Entre outros, também há: Tzevi Hirsch Kalischer (1862), que, como Alkalai, é um sionista incomum por ser rabino ortodoxo; Eliezer Ben-Yehudah (1878); Leon Pinsker (1882); Ahad Ha'am (1889).

1870 Criadas as sociedades de Amantes de Sião.

1893 Nathan Birnbaum cunha a palavra sionismo.

1896 Theodor Herzl dá forma plena ao sionismo político moderno com a publicação de *O Estado judeu*, que reivindica a criação de um Estado judeu soberano.

Theodor Herzl.

1897 Primeiro Congresso Sionista realizado em Basileia, na Suíça. Os participantes concordam: "O sionismo aspira a criar uma pátria para o povo judeu."

SIONISMO, PALESTINA E O ESTADO DE ISRAEL

CRONOLOGIA 1949–2009

8 de março de 1949 Primeiro governo de Israel. David Ben Gurion, líder socialista e sionista, é eleito primeiro-ministro pelo Knesset (parlamento). Ele dá início a trinta anos de governo do Partido Trabalhista.

Junho de 1949-agosto de 1950 A Operação Tapete Mágico (ou Nas Asas das Águias) leva quase cinquenta mil judeus iemenitas para Israel.

1950-1951 A Operação Esdras e Neemias leva quase todos os judeus iraquianos, cerca de 120.000, para Israel.

1950 Israel aprova a Lei do Retorno, que permite a qualquer judeu se instalar no país.

1950 Ben Gurion declara que Israel é um país e só pode representar o seu povo, não os judeus da Diáspora internacional.

1956 Crise de Suez.

1964 Completada a Adutora Nacional que leva água do Mar da Galileia, ao norte, para o sul semiárido.

1964 Criada a Organização para a Libertação da Palestina (OLP).

5 a 10 de junho de 1967 Guerra dos Seis Dias.

1968-1970 Guerra de atrito do Egito contra Israel.

6 a 26 de outubro de 1973 Guerra do Yom Kipur.

1975 Uma resolução da Assembleia Geral da ONU define o sionismo como uma forma de racismo.

1975 Israel se torna membro associado do Mercado Comum Europeu.

1977-1992 O número de colonos israelenses assentados nos Territórios Ocupados cresce para cerca de 110.000 pessoas.

1976 Terroristas sequestram um avião da Air France rumo a Israel e o forçam a pousar em Entebe, em Uganda. Uma equipe de militares israelenses ataca o avião e mata os sequestradores. Dois reféns e Yonatan Netanyahu, líder dos militares e irmão do futuro primeiro-ministro Benjamin Netanyahu, também morrem.

1977 O presidente egípcio Anwar Sadat é o primeiro líder árabe a visitar Israel.

20 de junho de 1977 Menahem Begin é eleito primeiro-ministro do 18º governo de Israel. Do partido Likud, de direita, ele representa uma virada na política israelense.

1978 Incentivados pelo presidente americano Jimmy Carter, Israel e Egito aceitam os Acordos de Camp David como base para a paz.

26 de março de 1979 Israel e Egito fazem a paz oficialmente em Camp David.

1980-1982 2.500 judeus etíopes se mudam para Israel.

1982 O hebraico se torna o idioma oficial de Israel.

1982 Terminada a retirada israelense do Sinai.

6 de junho de 1982 Guerra no Líbano.

Os judeus etíopes levam as suas vestimentas coloridas para Israel.

144

1871-1880 EC

1984-1985 Operação Moisés. Numa operação secreta, oito mil judeus etíopes são tirados de campos de refugiados no Sudão e levados de avião para Israel. Em 1985, a Operação Josué leva mais oitocentos. Em 2008, Israel fecha o seu centro de emigração na Etiópia e, supostamente, deixa para trás vários milhares de Falash Mura, de ascendência judaica. A imigração da Etiópia era de umas 300 pessoas por mês.

1987-1993 Primeira Intifada.

1989 Começa a Aliá russa. A União Soviética permite que os judeus saiam do país se quiserem. Em poucos anos, 700.000 judeus soviéticos migram para Israel.

24 de maio de 1991 Aliá etíope, Operação Salomão. Com a guerra civil na Etiópia, 14.325 judeus etíopes são levados de avião para Israel.

16 de dezembro de 1991 A Assembleia Geral da ONU revoga a declaração de 1975 de que sionismo é racismo.

1991 Guerra do Golfo.

2000 Segunda intifada.

2005 Israel sai da Faixa de Gaza e evacua cerca de oito mil colonos.

2006 O presidente Katzav é acusado de estupro e, em 2009, formalmente processado por estupro e assédio sexual.

2006 A Marcha do Orgulho Gay de Jerusalém é cancelada devido a tumultos dos haredis ortodoxos.

2008 O maestro Daniel Barenboim recebe a cidadania honorária da Palestina por trabalhar pela coexistência entre israelenses e palestinos.

1871 Os Estados alemães se unificam num só país. A nova constituição dá plenos direitos aos judeus.

1873-1875 As sinagogas da Reforma americana organizam o seu movimento.

1874 Camille Pissarro (1830-1903) ajuda a lançar o impressionismo francês.

Pissarro trabalha.

1874 Uma nova lei da Rússia permite a isenção educacional do serviço militar. De repente, os judeus acham as escolas estatais russas mais atraentes.

1874 Com a emancipação na Suíça, toda a Europa central e ocidental oferece, em teoria, plena igualdade.

1876 O Império Otomano dá direitos plenos e iguais aos judeus.

1878 Fundação de Petach Tikvah, primeira *moshav* ou fazenda coletiva, no vale de Sarom, na Palestina.

1878 Pela primeira vez, uma organização judaica participa de um congresso internacional quando a Alliance Israelite Universelle é representada no Congresso de Berlim.

1878 Primeiro uso da palavra "antissemitismo" por um agitador político alemão.

SIONISMO, PALESTINA E O ESTADO DE ISRAEL

CRONOLOGIA 2008-2016

A imigração russa em Israel uniu algumas famílias, mas separou outras.

2009 A decisão de um tribunal abre aos palestinos a "Estrada do Apartheid" na Cisjordânia, antes só acessível a judeus israelenses.

2010 A marinha israelense obriga uma flotilha turca que tenta levar auxílio a Gaza a voltar, com o custo de nove turcos mortos.

2010 O governo israelense aprova o transporte para Israel dos oito mil Falash Mura remanescentes na Etiópia.

2012 Uma cerca é construída na fronteira entre Israel e Egito para impedir a imigração ilegal africana.

2015 A imigração em Israel é a mais alta em doze anos, supostamente devido ao aumento do antissemitismo na Europa.

Outubro de 2015 Começa uma nova intifada e uma onda de terrorismo.

Outubro de 2015 Israel instala detetores de metal no Monte do Templo, em Jerusalém, e proíbe que muçulmanos com menos de 45 anos frequentem as orações de sexta-feira na mesquita Al Aqsa lá instalada.

Dezembro de 2015 O Daesh (Estado Islâmico) ameaça atacar Israel.

Dezembro de 2015 O Ministério da Educação de Israel proíbe a maioria das viagens escolares à Europa por medo do terrorismo.

2015 Uma reportagem da Al Jazeera compara favoravelmente o tratamento dos presos em Israel com os da Síria do presidente Assad.

2015 Escavações arqueológicas no Monte do Templo encontram um selo de 2.700 anos com o nome do rei bíblico Ezequias.

2015 Israel e Jordânia revivem um projeto "Vermelho-Morto" para construir um canal entre o Mar Vermelho e o Mar Morto, que está encolhendo.

2015 Meninas que frequentam escolas secula-

1880–1885 CE

res em Israel protestam contra a proibição do uso de bermudas, que não se aplica aos meninos.

2016 Declaração conjunta de paz de um grupo de rabinos israelenses e líderes palestinos, inclusive um fundador da ala militar do Hamas.

Fevereiro de 2016 Ehud Olmert, primeiro-ministro israelense, é o primeiro ocupante do cargo a ser preso depois de condenado por corrupção e obstrução da justiça.

2016 Milhares de mulheres árabes e judias marcham do Mar Morto a Jerusalém para pedir o fim do conflito.

2016 Depois de cerca de trinta anos de debate, confirma-se que o setor mais famoso do Muro das Lamentações fica sob o controle religioso dos haredis ortodoxos. Os grupos Reforma, Masorti e Mulheres do Muro recebem uma seção menos famosa, mas imediatamente os grupos ortodoxos protestam.

2016 A questão da carne de frango produzida em laboratório a partir de amostras de células ser "carne" verdadeira e casher divide os rabinos israelenses.

2016 Como parte do acordo de coalizão, o Knesset permite que escolas estritamente ortodoxas deixem de ensinar matérias básicas como inglês e matemática.

2016 Revela-se que o grão-rabino de Israel tem o que alguns chamam de "lista negra" – uma lista de rabinos e organizações do mundo inteiro cuja conversão ele se recusa a reconhecer.

2017 Depois que o Egito ajuda a montar um acordo de paz, o Hamas concorda em interromper os ataques na Cisjordânia, e a Autoridade Palestina assume o controle das travessias de fronteira entre Gaza e Israel ou Egito.

1880 Há cerca de sete milhões de judeus na Europa (cinco milhões na Rússia), uns 250.000 nos Estados Unidos e apenas cerca de 25.000 na Palestina. Também há grande número deles no Oriente Médio e no norte da África.

1881-1882 Muitos judeus do Iêmen migram para a Palestina.

1881 Uma onda de *pogroms* e perseguições na Rússia em 1881-1884, 1903-1906 e 1918-1920 mata dezenas de milhares de judeus. Começa a emigração em massa de mais de dois milhões de judeus nas cinco décadas seguintes. Outras reações à perseguição são o apoio à política revolucionária e o sionismo.

1882-1902 Primeira Aliá (imigração organizada em grande escala) na Palestina. A maioria dos migrantes vem da Rússia, com alguns da Romênia.

1883 Emma Lazarus (1849-1887) escreve o poema *O novo colosso*, mais tarde gravado na Estátua da Liberdade.

1885 Sir Nathaniel Meyer Rothschild se torna o primeiro membro judeu da Câmara dos Lordes, a casa superior do Parlamento britânico.

1885 Os rabinos americanos da Reforma produzem a Plataforma de Pittsburgh, definição do seu movimento.

SIONISMO, PALESTINA E O ESTADO DE ISRAEL

CRONOLOGIA 2016–2018

2017 Um alto tribunal israelense decide que a isenção do serviço militar para estudantes estritamente ortodoxos é discriminatória.

Março de 2017 A Lei do Boicote de Israel proíbe a entrada de estrangeiros que peçam o boicote do país ou das colônias da Cisjordânia ou que têm ligação com grupos que o fizeram.

2017 O filme israelense *Foxtrot* é premiado no importante Festival de Cinema de Veneza, mas condenado pelo ministro de Arte e Cultura de Israel por difamar as Forças de Defesa Israelenses (FDI), alegação rejeitada pelo diretor e pela comunidade artística israelense.

2017 Israel aprova 2.500 novas moradias para assentados na Cisjordânia e 556 moradias de judeus no leste de Jerusalém.

2017 Yigal Gueta, do Knesset, renuncia depois que o seu partido, o Shas ortodoxo e sefardita, condena a sua presença no casamento gay do sobrinho.

2017 Criado na Grécia por jovens judeus e árabes israelenses um centro para refugiados sírios.

2017 Israel aprova a "lei de regularização" que permite que terras particulares palestinas onde haja construções sejam compradas à força.

2017 O soldado israelense Elor Azaria é preso e acusado de homicídio por matar um atacante palestino ferido e indefeso.

2017 Depois de pressão dos partidos haredis ultraortodoxos, o governo israelense suspende o acordo anterior de dar a grupos progressistas uma parte do Muro das Lamentações.

2017 Renée Rabinowitz, sobrevivente do Holocausto de 82 anos, ganha o processo na justiça por discriminação contra a empresa aérea El Al; mandaram que trocasse de lugar porque um homem estritamente ortodoxo se recusou a ficar sentado ao lado dela. O tribunal determina que a El Al não pode mais tirar mulheres do lugar.

2017 Narendra Modi faz a primeira visita de um primeiro-ministro indiano a Israel.

Junho de 2017 Revela-se que Israel apoiou secretamente os rebeldes sírios na área das Colinas de Golan.

2018 Cinquenta mil judeus franceses migraram para Israel desde 2000, contra 25.000 de 1982 a 2000.

2018 Um diplomata austríaco em Israel é chamado de volta por usar uma camiseta com frases ligadas ao nazismo.

2018 O plano de Israel de oferecer dinheiro a cinquenta mil imigrantes africanos ilegais para que vão embora é impedido quando o serviço prisional do país anuncia que não tem capacidade de receber os que se recusam a partir.

Janeiro de 2018 O Knesset aprova um projeto de lei do Shas, partido estritamente ortodoxo, de fechar mercearias e supermercados no Shabat.

2018 Um grupo de cientistas simula uma expedição a Marte no deserto do Neguev, onde se acredita que as condições sejam semelhantes à do planeta.

2018 A polícia recomenda a abertura de processo contra o primeiro-ministro Benjamin Netanyahu por corrupção.

2018 Pela primeira vez em Israel, treinam-se supervisoras da *cashrut* ou alimentação casher.

2018 Donald Trump, presidente dos EUA, reconhece Jerusalém como capital de Israel e transfere para lá a embaixada americana.

2018 A população de Israel é de mais de oito milhões de habitantes, dos quais 6,5 milhões são judeus.

1887-1891 EC

Solomon Schechter, na época professor da Universidade de Cambridge, na Inglaterra, examina os documentos que descobriu na Guenizá do Cairo.

1887 Criado em Nova York o Seminário Teológico Judaico para a "ortodoxia esclarecida" ou movimento conservador.

1891 Os judeus são expulsos de Moscou.

1891 O libelo de sangue de Corfu força a maioria dos judeus da ilha – vários milhares – a emigrar.

Década de 1890 Cerca de um terço dos trabalhadores judeus das grandes cidades está no setor de vestuário, geralmente em pequenas confecções.

Fim do século XIX A maioria das crianças judias se integra ao novo sistema americano de escolas públicas gratuitas. O número das escolas judaicas separadas se reduz.

1891 O barão Hirsch (1831-1896) cria a Jewish Colonization Association para reassentar judeus europeus na Argentina e nos EUA. Começa a emigração em grande escala de judeus russos para a Argentina.

PRIMEIROS-MINISTROS DE ISRAEL

14 de maio de 1949 David Ben Gurion. Reeleito em 1950, 1951 e 1952.

26 de janeiro de 1954 Moshe Sharett. Reeleito em junho de 1955.

3 de novembro de 1954 David Ben Gurion. Reeleito em 1958, 1959 e 1961.

26 de junho de 1963 Levi Eshkol. Reeleito em 1963 e 1966.

17 de março de 1969 Golda Meir. Reeleita em 1966 e 1973.

3 de junho de 1974 Yitzhak Rabin.

20 de junho de 1977 Menahem Begin. Reeleito em 1981.

10 de outubro de 1983 Yitzhak Shamir.

13 de setembro de 1984 Shimon Peres. Reeleito em 1986.

22 de dezembro de 1986 Yitzhak Shamir. Reeleito em 1990.

13 de julho de 1992 Yitzhak Rabin.

22 de novembro de 1995 Shimon Peres

18 de junho de 1996 Benjamin Netanyahu.

6 de julho de 1999 Ehud Barak.

7 de março de 2001 Ariel Sharon. Reeleito em 2003 e 2005.

14 de abril de 2006 Ehud Olmert

31 de março de 2009 Benjamin Netanyahu. Reeleito em 2013 e 2015.

SIONISMO, PALESTINA E O ESTADO DE ISRAEL

OS PRIMEIROS-MINISTROS DE ISRAEL

David Ben Gurion
(1886-1973)

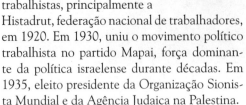

1º e 3º primeiro-ministro
Nascido David Green em Plonsk, na Polônia. Emigrou para a Palestina em 1906, ajudou a formar organizações trabalhistas, principalmente a Histadrut, federação nacional de trabalhadores, em 1920. Em 1930, uniu o movimento político trabalhista no partido Mapai, força dominante da política israelense durante décadas. Em 1935, eleito presidente da Organização Sionista Mundial e da Agência Judaica na Palestina.

Presidente do Conselho do Povo em 1948, tornou-se o primeiro primeiro-ministro e ministro da Defesa de Israel e supervisionou as primeiras vitórias militares do país e o seu desenvolvimento como Estado socialista que absorvia imigração maciça.

Aposentou-se em 1953, mas foi chamado de volta ao governo em 1955. Aposentou-se novamente em 1963, mas permaneceu politicamente ativo e criou um partido político separado em 1965.

Moshe Sharett
(1894-1965)

2º primeiro-ministro
Nascido em Kherson, na Ucrânia, como Moshe Shertok, emigrou em 1906. Foi o primeiro ministro de Relações Exteriores de Israel. Sucedeu Ben Gurion como primeiro-ministro, mas, por ser moderado,

chocou-se com ele, que foi seu aliado político durante trinta anos, e renunciou do governo renovado de Ben Gurion em 1956. Em 1960, tornou-se presidente da Organização Sionista Mundial e da Agência Judaica.

Levi Eshkol
(1895-1969)

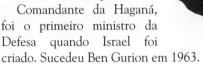

4º primeiro-ministro
Nascido na Ucrânia como Levi Shkolnik, emigrou em 1914. Ajudou a fundar um *kibutz*, a federação trabalhista Histradrut e, em 1930, o partido trabalhista Mapai.

Comandante da Haganá, foi o primeiro ministro da Defesa quando Israel foi criado. Sucedeu Ben Gurion em 1963.

Formou o primeiro governo de coalizão da Unidade Nacional em junho de 1967. Morreu de enfarte enquanto servia como primeiro-ministro.

Golda Meir
(1898-1978)

5º primeiro-ministro
Nascida Golda Mabovitch em Kiev, na Rússia. Mudou-se para os EUA e depois, em 1921, para a Palestina. Pouco antes da independência, cumpriu uma missão secreta, disfarçada de árabe, para tentar convencer o rei Abdulá da

Jordânia a não atacar Israel. Eleita para o Knesset em 1949 pelo Mapai, tornou-se a terceira primeira-ministra do mundo e a primeira de Israel em 7 de março de 1969. Renunciou em 1974 depois que um inquérito culpou o seu governo por não estar suficientemente preparado para o possível ataque árabe que se manifestou como a Guerra do Yom Kipur de 1973.

Yitzhak Rabin
(1922-1995)
6º e 11º primeiro-ministro
Primeiro primeiro-ministro nascido em Israel. Membro do Palmach e, depois, das FDI, chefe do estado-maior geral em 1962. Desenvolveu a política de ataques-relâmpago das FDI e comandou a Guerra de Seis Dias de 1967. Eleito deputado trabalhista do Knesset em 1973. Tornou-se primeiro-ministro em 1974 e renunciou em 1976. Em 1992, tornou-se primeiro-ministro outra vez. Conseguiu os Acordos de Oslo com os palestinos em 1993, o Tratado de Paz com a Jordânia de 1994 e ganhou o Prêmio Nobel da Paz de 1994 com Yasser Arafat e Shimon Peres. Em 4 de novembro de 1995, Rabin foi assassinado por um judeu extremista de direita.

Menachem Begin
(1913-1992)
7º primeiro-ministro
Nascido em Litovsk, na Europa oriental. Sionista revisionista, chegou à Palestina em 1942 com o Exército Polonês Livre. Tornou-se comandante do Irgun Zvi Leumi (Etzel) e, de 1949 a 1965, comandou a oposição de direita ao Partido Trabalhista no Knesset. Nomeado primeiro-ministro em 1977, obteve os Acordos de Camp David, o acordo de paz de 1979 com o Egito e ganhou o Prêmio Nobel da Paz de 1979 com o presidente egípcio Sadat. Deixou a política em novembro de 1982.

Yitzhak Shamir
(1915-2012)
8º e 10º primeiro-ministro
Nascido Yitzhak Yzernitzky em Ružinov, na Polônia. Mudou-se para a Palestina em 1935. Partidário de Jabotinsky, entrou para o Etzel e depois para o Lehi. Duas vezes preso pelos britânicos, fugiu nas duas. Eleito parlamentar pelo Likud em 1973; tornou-se primeiro-ministro em 1983 e formou um governo de coalizão com o líder trabalhista Shimon Peres em 1984, assumindo como primeiro-ministro em 1986 e liderando um novo governo de União Nacional de 1988 a 1992. Aposentou-se em 1996.

Shimon Peres
(1923-2016)
9º e 12º primeiro-ministro
Nascido em Višneva, na Polônia (hoje, na Bielorrússia). Tornou-se parlamentar trabalhista em 1959. Formou um governo de Unidade Nacional com Shamir, líder do Likud, em 1984 e 1988. Primeiro-ministro durante dois anos; ministro do Exterior em 1992; um dos ganhadores do Prêmio Nobel da Paz de 1994; primeiro-ministro outra vez em 1995-1996. Serviu no governo de Unidade Nacional de Ariel Sharon até os trabalhistas renunciarem em 2002.

SIONISMO, PALESTINA E O ESTADO DE ISRAEL

OS PRIMEIROS-MINISTROS DE ISRAEL

**BENJAMIN NETANYAHU
(1949-)**
13º, 17º, 18º e 19º primeiro-ministro
Nascido em Tel Aviv. Em 1976, o seu irmão tenente-coronel Yonatan Netanyahu foi morto quando comandava a operação de resgate dos reféns em Entebe. Tornou-se parlamentar pelo Likud em 1988 e foi eleito primeiro-ministro em 1996. Reestruturou a economia, iniciando o processo de privatização, e apoia novos assentamentos na Cisjordânia.

**EHUD BARAK
(1942-)**
14º primeiro-ministro
Nascido num kibutz. Tornou-se o soldado mais condecorado de Israel e o 14º chefe do estado-maior geral. Entrou no Knesset em 1996 pelo Partido Trabalhista e teve uma vitória arrasadora em 1999. Deu fim à ocupação do sul do Líbano e fez concessões aos palestinos. A violência renovada em 2000 na Cisjordânia e na Faixa de Gaza o fizeram perder popularidade e a eleição de 2001.

**ARIEL (ARIK) SHARON
(1928-2014)**
15º primeiro-ministro
Nascido em Israel. Membro da Haganá desde os 14 anos; 25 anos nas forças armadas. Foi um dos principais generais de Israel. Ajudou a fundar o Likud em 1973. Eleito pela primeira vez para o Knesset em 1974. Alguns acreditam que ajudou a provocar a Intifada de Al-Aqsa com uma visita ao Monte do Templo cercado pela polícia de choque em setembro de 2000. Eleito primeiro-ministro em 2001, encabeçou um governo de Unidade Nacional, e outra vez em 2003. Em 2005 sofreu um grave AVC e ficou em estado vegetativo persistente.

**EHUD OLMERT
(1945-)**
16º primeiro-ministro
Nascido em Binyamina (então na Palestina). Olmert serviu o exército antes de entrar no Knesset com 28 anos. Chegou a vice-líder com Sharon e depois foi primeiro-ministro quando Sharon sofreu um AVC. Seu mandato no cargo foi manchado pela má gestão dos 34 dias de conflito com o Hezbollah em 2006, e suspeitas de corrupção forçaram a sua renúncia.

Página ao lado: Entrada do Prédio Frumin, em Jerusalém, onde o Knesset funcionou de 1950 a 1966.

A SEGUNDA GUERRA MUNDIAL E A SHOÁ

O Holocausto ou Shoá é o nome dado ao período da história que vai da ascensão de Hitler ao poder até o fim da Segunda Guerra Mundial.

A ideologia antissemita dos líderes do Partido Nazista baseava-se principalmente na antiga tradição europeia de antijudaísmo e nas ideologias racistas dos séculos XIX e XX. No centro, estava a crença de que os povos arianos tinham de ser libertados do "jugo judeu".

O Partido Nazista foi fundado contra o pano de fundo da derrota da Alemanha na Primeira Guerra Mundial: a humilhação do Tratado de Versalhes, enormes indenizações a pagar, o resultante colapso econômico e social da República de Weimar. Com manobras políticas brilhantes, os nazistas conseguiram aproveitar os temores e a angústia genuína de muitos elementos da sociedade alemã. Em março de 1933, o partido racista e antidemocrático foi eleito para o poder por 43,9% dos votos e, com a ajuda de outros partidos extremistas de direita, assumiu o controle.

A ascensão de Hitler marcou o fim da emancipação dos judeus na Alemanha. Entre 1933 e 1939, os nazistas impuseram uma política de exclusão social, jurídica e econômica dos judeus da sociedade alemã com a meta de criar um "Judenfrei Reich" (Império sem judeus). Isso foi feito sem nenhuma oposição significativa dentro ou fora da Alemanha.

A anexação da Áustria pelos nazistas em março de 1938 – passo bem recebido pela maior parte da Áustria – pôs mais duzentos mil judeus sob o controle nazista. Em março de 1939, os nazistas ocuparam parte da Tchecoslováquia e mais 120.000 judeus ficaram sob o seu controle.

A invasão da Polônia em setembro de 1939 e a consequente deflagração da Segunda Guerra Mundial deixou mais 3.335.000 judeus à mercê de Hitler.

Quase desde o princípio, estabeleceu-se uma campanha de ataques físicos e degradação. Os judeus foram reunidos em guetos em toda a Polônia. O maior deles, em Varsóvia, continha, no ponto máximo, cerca de 450.000 pessoas numa área de 3,4 km². Nos anos da guerra, os nazistas criaram 356 guetos em toda a Europa oriental.

Áustria, março de 1938. A polícia alemã entra marchando em Imst, no Tirol, quando Hitler anexa a Áustria e cria a "Grande Alemanha". Agora os judeus da Áustria serão submetidos às mesmas leis e perseguições da Alemanha.

A partir de 1939, a Questão Judaica foi confiada às SS, corpo de "elite" dentro do Partido Nazista. Sob o seu líder Heinrich Himmler e o chefe da principal agência de segurança do Reich, Reinhard Heydrich, as SS se tornaram um "Estado dentro do Estado", fanaticamente racista e dedicada a um "Império ariano sem judeus". A imagem que tinham do judeu era de um organismo demoníaco e desumanizado que precisava ser destruído.

A Operação "Barbarossa", invasão da Rússia soviética em junho de 1941, deixou mais dois milhões de judeus sob o controle nazista. Uma ordem do marechal de campo Von Reichenau afirmava que as regras normais da guerra não se aplicavam no leste, e, com base em unidades de elite das SS, criaram-se Einsatzgruppen (unidades móveis de extermínio) para a "implementação da Solução Final". Quatro Einsatzgruppen, cada um com quinhentos a mil homens, operavam atrás do exército alemão na frente oriental, encarregados de eliminar "elementos hostis".

Até o fim de 1941, os Einsatzgruppen mataram cerca de um milhão de judeus. Eram indiscriminados: crianças, bebês, velhos, pessoas saudáveis e em boa forma, todos eram assassinados. Desenvolveu-se uma rotina para a operação: as vítimas eram forçadas a cavar um grande buraco ou trincheira, que se tornaria o seu túmulo. Então, eram postas em fila ao longo da borda do túmulo e massacradas. Numa única semana de setembro, os Einsatzgruppen mataram cerca de oitenta mil judeus na Ucrânia russa.

A violência cobrou o seu preço psicológico dos soldados. Além disso, as balas eram caras. Assim, em seguida Himmler recorreu a camionetes móveis com gás. Entre dezembro de 1941 e o segundo trimestre de 1943, vinte mil judeus e milhares de ciganos e prisioneiros de guerra soviéticos foram mortos dessa maneira.

A Solução Final entrou num novo estágio de assassinato industrializado em massa com a criação de campos de extermínio na Polônia, começando com Chelmno, em dezembro de 1941.

1893 Nas eleições nacionais alemãs, partidos antissemitas conquistam dezesseis cadeiras no parlamento.

1894-1906 O Caso Dreyfus. Alfred Dreyfus (1859-1935), capitão judeu do exército francês, é julgado por traição e enviado para a Ilha do Diabo, ao largo da Guiana Francesa, enquanto oficiais tentam encobrir o verdadeiro culpado. Em 1898, o escritor Émile Zola publica a carta *J'accuse* em defesa de Dreyfus. Ele é providencial para obter um novo julgamento e o perdão de Dreyfus.

Um oficial do exército quebra cerimonialmente a espada de Dreyfus num ato de humilhação.

1897 A antiga Guenizá do Cairo é redescoberta.

1897-1898 Formado o primeiro partido socialista judeu da Europa oriental, o Bund (união ou liga).

1897 O precursor da Yeshiva University é fundado pelo movimento ortodoxo dos Estados Unidos.

Virada do século A nova tecnologia permite que a música tradicional seja coletada e gravada sistematicamente.

Início da década de 1900 Cerimônias e festas elaboradas são criadas para comemorar o Bar Mitzvah ("maioridade") dos meninos.

1902 A organização sionista ortodoxa Misrachi é fundada para trabalhar contra os sionistas seculares.

1902 Solomon Schechter (1847-1915) se torna reitor do Seminário Teológico Judaico, nos EUA. Ele se torna um personagem importante do desenvolvimento do movimento conservador americano.

1903-1914 A segunda Aliá, ou grande migração para a Palestina, consiste principalmente de sionistas socialistas da Europa oriental. Eles começam os movimentos trabalhista e dos kibutz, além de adotar o hebraico moderno como idioma.

A SEGUNDA GUERRA MUNDIAL E A SHOÁ

Em 20 de janeiro de 1942, dezesseis representantes dos órgãos governantes da Alemanha se reuniram no subúrbio de Wannsee, em Berlim, para centralizar e coordenar a aniquilação dos judeus da Europa. A conferência entregou a gestão da Solução Final às SS.

De toda a Europa ocupada pelos nazistas, os judeus foram deportados para os campos de extermínio. Disseram-lhes que seriam reinstalados no leste e, a princípio, só alguns foram levados. O resto achou que seria deixado em paz, mesmo que fosse num gueto. Poucos acreditaram nos boatos sobre extermínio. Quando membros da resistência judaica e polonesa conseguiram levar aos aliados a notícia dos campos, na Grã-Bretanha e nos Estados Unidos poucos acreditaram.

Heydrich, comandante das SS, foi atacado em Praga, em 27 de maio de 1942. Ele morreu alguns dias depois, e os alemães retaliaram cruelmente, inclusive com o massacre da aldeia de Lídice. Adolf Eichmann, o burocrata que organizou muitos detalhes dos assassinatos em massa, foi sequestrado na Argentina pelo Mossad, depois da guerra, e julgado, condenado e executado em Israel.

Soldados das SA (tropas de assalto) nazistas marcham diante de Adolf Hitler em Nuremberg, em 9 de novembro de 1935. As SA foram o instrumento calculado de terrorismo em massa de Hitler durante a sua ascensão ao poder, responsáveis pelas primeiras atividades antissemitas nas ruas da Alemanha. As SS é que organizariam o assassinato em massa de judeus. Abaixo: Hitler e os seus principais generais.

Acima: Reinhard Heydrich (1904-1942). Acima à direita: Local do atentado a Heydrich em Praga. À direita: Um cartaz britânico da Segunda Guerra Mundial exprime apoio à devastada aldeia de Lídice.

REFUGIADOS

Em 1933, havia cerca de quinhentos mil judeus morando na Alemanha. Eles começaram a partir imediatamente após a tomada de poder por Hitler: 76.000 judeus partiram da Alemanha entre 1933 e 1935. Com as novas leis antijudaicas de 1935, outros mais quiseram partir, mas os nazistas criaram cada vez mais dificuldades. Mesmo quando conseguiam vistos de saída, os judeus tinham de partir do país sem tostão, pois os nazistas confiscavam o seu dinheiro e as suas propriedades. Ainda assim, cerca de 350.000 judeus conseguiram ir embora da Alemanha e da Áustria antes que o extermínio em massa começasse. É claro que alguns foram para países depois ocupados pelos nazistas.

Dos milhões de judeus da Europa, o número geral que emigrou a tempo ficou abaixo de um milhão. Um dos maiores problemas era que não havia aonde ir. A Grã-Bretanha (fora o Kindertransport), os EUA, o Canadá, os países latino-americanos e outros fecharam as portas. Os EUA, por exemplo, impuseram condições tão estritas que nem as pequenas cotas para países específicos foram cumpridas. Apesar dos apelos de entidades judaicas e humanitárias, na Conferência de Évian sobre refugiados, em 1938, só a República Dominicana se ofereceu para aceitar grande número de refugiados judeus. Em 1944, muito depois de divulgada a notícia dos campos de extermínio, o novo Conselho de Refugiados de Guerra dos Estados Unidos ajudou a resgatar cerca de duzentos mil judeus europeus, na maioria húngaros. Mas era "pouco demais, tarde demais".

Um sobrevivente de Buchenwald, de 6 anos, espera para ser levado do campo depois de sua liberação pelos Aliados em 1945.

1903 (abril) O *pogrom* de Kishinev, na Rússia, provoca protestos internacionais. Os grupos de autodefesa aumentam depois que os judeus europeus são criticados pelo poeta ucraniano Chaim Bialik (1873-1934) pela covardia e pela aceitação.

1903 (26 de agosto) "Controvérsia de Uganda" no 6º Congresso Sionista em Basileia, na Suíça. Quando Theodor Herzl concorda em examinar a oferta britânica de parte da África oriental (na verdade, o Quênia, não Uganda) como pátria judaica, o sionismo se divide. Alguns veem a proposta como traição do verdadeiro sionismo, e os planos acabam rejeitados.

1905 Instigados pela polícia secreta da Rússia tsarista, surgem os antissemitas Protocolos dos Sábios de Sião, que alegam denunciar uma conspiração judia global.

Cartaz de uma Exposição Palestina em Viena, organizada por um Congresso Sionista.

1905-07 Na Rússia, onda de *pogroms* oficiais do grupo antirrevolucionário e antissemita "Centúrias Negras".

1906 O pintor e escultor Amedeo Modigliani (1884-1920) chega a Paris, vindo da Itália.

1906 Finalmente, Alfred Dreyfus é absolvido de todas as acusações e promovido a major. Com a Igreja Católica incentivando o antissemitismo durante o caso, uma das repercussões é que o novo governo francês separa oficialmente Igreja e Estado.

1906-1907 Pico da imigração judaica nos Estados Unidos.

Autorretrato de Amedeo Modigliani.

A SEGUNDA GUERRA MUNDIAL E A SHOÁ

GUETOS

De 1939 a 1945, os nazistas criaram 356 guetos na Polônia, na União Soviética, nos Estados bálticos, na Tchecoslováquia, na Romênia e na Hungria. Até os menores eram horrivelmente superpovoados. O maior era o de Varsóvia, que continha quase 450.000 pessoas. Lódz, o segundo maior, tinha cerca de 160.000. Os outros grandes guetos da Polônia eram os de Cracóvia, Lublin e Lvov. Nas cidades pequenas, em geral os guetos não eram fechados, pois a intenção era mandar todos os moradores para guetos maiores. Nas cidades grandes, os guetos eram fechados com muros, cercas e arame farpado. Os portões eram guardados, e os judeus, proibidos de sair. Sem recursos adequados, sem alimentos nem calefação suficientes, nos guetos as doenças se espalhavam rapidamente. A educação e os serviços religiosos eram proibidos, mas ainda amplamente praticados.

A princípio, só os judeus locais foram empurrados para os guetos. Então, em outubro de 1941, começou a deportação de judeus da Alemanha e da Áustria.

O gueto de Theresienstadt (Terezin), no noroeste da Tchecoslováquia, foi construído com jardins paisagísticos, escola e cafés para convencer o mundo, com filmes e visitas de inspetores da Cruz Vermelha Internacional, de que o centro judaico separado era humano e civilizado. Theresienstadt também foi usado como campo de triagem para muitos que iam para Auschwitz e outros campos de extermínio. Com o passar do tempo, os guetos também foram usados como campos de prisão temporária.

Um Judenrat, ou conselho de judeus, foi nomeado pelos nazistas em cada comunidade ou gueto judeu. Os seus integrantes eram responsáveis por impor as diretivas nazistas. Como intermediários, alguns tomaram decisões controvertidas para proteger a maioria do povo sacrificando alguns aos nazistas.

Hannah Szenes (1921-1944)
Poeta e Combatente da Haganá

Nascida em Budapeste, ela começou a escrever poesia quando jovem, entrou num grupo sionista e migrou para a Palestina em 1939. Em 1943, alistou-se no exército britânico e foi voluntária numa missão em duas etapas na Europa. Ela e 32 outros imigrantes europeus recentes pularam de paraquedas atrás das linhas inimigas para fazer contato com guerrilheiros e combatentes da resistência nos seus países de origem e transmitir informações à Grã-Bretanha. Também deveriam incentivar os grupos de resistência das comunidades judaicas. Em março de 1944, ela saltou de paraquedas na Iugoslávia e passou três meses com os guerrilheiros de Tito antes de ir para a sua Hungria natal em 7 de junho de 1944, no ápice da deportação de judeus húngaros.

Szenes foi presa quase imediatamente pela polícia húngara. Foi torturada, a sua mãe foi ameaçada, mas ela se recusou a dar qualquer informação. Foi executada por um pelotão de fuzilamento em 7 de novembro. Na prisão, aguardando a morte, escreveu o seu último poema:

Eu faria
Vinte e três anos em julho;
Apostei no que mais importava,
Os dados foram lançados. Perdi

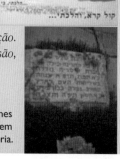

Lápide de Hannah Szenes (1921-1944) e cartaz em sua memória.

1908–1912 EC

RESGATE DE JUDEUS POLONESES

Na Polônia, o antissemitismo fez os judeus receberem pouca ajuda dos poloneses. A própria fundadora da Zegota, organização secreta polonesa que resgatou dos nazistas cerca de 2.500 crianças judias, escrevera ideias antissemitas. Zofia Kossack também escreveu que os poloneses não podiam ficar parados assistindo ao homicídio, e o seu grupo contrabandeou crianças para fora dos guetos e levou comida secretamente ao campo de trabalho de Plaszow e à fábrica de Oskar Schindler em Brunnlitz, na Tchecoslováquia.

Houve vários outros grupos de pessoas auxiliadas e escondidas. Grupos especialmente grandes receberam ajuda do industrial alemão Oskar Schindler, que, segundo se estima, salvou cerca de mil judeus que seriam deportados do gueto de Cracóvia para os campos de extermínio dizendo que precisava deles como operários; pelo diplomata temporário sueco Raoul Wallenberg, que salvou estimados cem mil judeus húngaros emitindo vistos protetores suecos; e pelo rei Maomé V do Marrocos, que se recusou terminantemente a deportar judeus marroquinos para os campos.

Jerusalém em 1907, vista voltada para o leste.

Early 20th century Waves of eastern European Jews migrate West, sticking to traditional Ashkenazi customs and presenting a marked contrast to the acculturated Jews in France and Britain, for example.

1908 Some Jews are active in the Young Turks revolution in Turkey. The social chaos inspires others to emigrate, often to Latin America.

1909–10 Degania, the first kibbutz, is set up south of Lake Galilee.

1909 City of Tel Aviv founded.

1910 Luigi Luzzati becomes Italy's first Jewish prime minister.

1911–13 Beilis blood libel case in Kiev is followed by the whole world. Despite anti-Semitic police, church, and witnesses, it is evident that there is no case and Beilis is acquitted. The trial has the effect of uniting several opposition groups against the government.

1912 The Orthodox, anti-Zionist movement Agudat Israel is founded in Kattowitz. Over time, the organization moves towards "ultra-Orthodoxy" and Hasidism, and in 1948 becomes a political party in the state of Israel.

GUETOS

O "transporte de crianças" foi o resgate organizado de crianças judias da Alemanha para a Grã-Bretanha. Convencido pelo Comitê de Refugiados Judeus, o Parlamento britânico permitiu que as crianças fossem para lá. A princípio, cada criança precisava ter um bônus de 50 libras para garantir que pudesse ser reinstalada. Na primavera de 1939, a Grã-Bretanha anunciou que aceitaria crianças que não tivessem garantia financeira. As crianças tinham de viajar em trens vedados pela Europa até embarcar para a Inglaterra. Cerca de dez mil crianças, quase todas judias, se salvaram do Holocausto. O primeiro Kindertransport partiu da Alemanha seis semanas depois da Kristallnacht, que foi uma forte influência para o governo britânico aceitar as crianças. O transporte continuou até setembro de 1939. Muitas crianças do Kindertransport se alistaram nas forças aliadas assim que fizeram 18 anos. Poucas voltaram a ver os pais.

A SEGUNDA GUERRA MUNDIAL E A SHOÁ

RESISTÊNCIA E REVOLTA

O maior caso de resistência judaica armada aos nazistas foi o Levante do Gueto de Varsóvia. No entanto, houve outras revoltas em guetos e campos de extermínio. Além disso, em toda a Europa ocupada os judeus participaram dos movimentos guerrilheiros e de resistência ou formaram os seus. Embora houvesse alguns grupos de resistência judaicos separados, em países como França, Bélgica e Itália em geral os judeus participaram dos grupos nacionais. Na Europa oriental, o quadro em geral era mais complicado, com grupos de resistência que se identificavam com movimentos políticos e religiosos diferentes. Lá, os judeus capazes de lutar se uniam com mais frequência aos grupos comunistas ou guerrilheiros, mas, com a mesma probabilidade, formavam grupos próprios. Também havia os "grupos familiares" especificamente judeus: refugiados com crianças e idosos, incapazes de lutar, que simplesmente tentavam evitar a captura pelos nazistas. Em toda a Europa oriental, as densas florestas ofereciam abrigo a grupos preparados para se espalhar a qualquer momento. Embora os aliados tentassem ajudar os grupos de resistência, em geral estes agiam por conta própria, tentando sobreviver e retaliar com pouca ajuda da população civil.

LEVANTE DO GUETO DE VARSÓVIA
19 de abril a 16 de maio de 1943

No verão de 1942, os nazistas começaram as deportações em massa do Gueto de Varsóvia. A Organização Judaica de Combate (YKA – Yidishe-Kamf-Organizatsie ou ZOB – Zydowska Organizacja Bojowa) se formou no gueto. Uma das suas primeiras ações foi entrar em contato com a resistência polonesa fora do gueto para obter as armas tão necessárias. No entanto, o movimento só recebeu apoio de toda a população do gueto quando ficou óbvio que os nazistas pretendiam liquidar o gueto inteiro.

1913–1916 CE

Em novembro, quando só restavam no gueto 60.000 dos 450.000 moradores judeus originais, o ativista Mordechai Anielewicz foi nomeado comandante da organização. Teve mais apoio do que nunca, mas as armas ainda não eram suficientes.

Em 18 de janeiro de 1943, os alemães começaram a segunda deportação em massa, e os integrantes da resistência revidaram. Os nazistas foram forçados a interromper as deportações. Tentaram de novo em 19 de abril de 1943, fase final do Levante do Gueto de Varsóvia. No começo, os alemães foram gravemente atingidos. As batalhas nas ruas duravam dias, com Anielewicz comandando a luta quando podia. No entanto, desde o começo os judeus estavam em inferioridade numérica, e, quando trouxeram uma força militar maior, os alemães começaram a limpar as ruas prédio a prédio. Em 8 de maio de 1943, Anielewicz e a maioria dos líderes do ZOB foram mortos no seu *bunker*. Em 16 de maio, o Levante terminou.

Página ao lado e acima: Contra um cenário escuro de fumaça e destruição, civis judeus são forçados a marchar depois da eliminação do Gueto de Varsóvia, na Polônia, em 1943.

General John Monash, da Austrália, primeiro general judeu da Commonwealth britânica.

1914-1918 Primeira Guerra Mundial. Pela primeira vez, os judeus se voluntariam em grande número no exército dos países onde moram. O tratamento pavoroso dos judeus pela Rússia leva algumas organizações internacionais a incentivar os judeus a apoiar a Alemanha e a Áustria-Hungria. Unidades judaicas britânicas, assim como o Zion Mule Corps de judeus palestinos, combatem a Turquia com a Grã-Bretanha na Palestina. O general de brigada John Monash (1865-1931), engenheiro australiano, é sagrado cavaleiro em campanha pelo rei Jorge V da Grã-Bretanha e, em 1931, se torna o primeiro judeu a ser general pleno na Commonwealth britânica.

- **1913** Fundada nos Estados Unidos a Liga Antidifamação.
- **1914** Criado o Comitê Conjunto Judeu Americano de Distribuição (o Joint) para auxiliar os judeus europeus.
- **1914** Henrietta Szold (1860-1943) cria a Hadassah, Organização Sionista Feminina dos Estados Unidos, maior grupo sionista do mundo. Educadora, escritora e assistente social, ela se torna um dos três líderes do órgão judeu de autogestão durante o Mandato Britânico na Palestina e, em 1933, cria a Aliá da Juventude para levar crianças alemãs para a Palestina.
- **c. 1915** Hollywood, na Califórnia, EUA, se torna o maior centro cinematográfico do mundo, alimentado, em grande medida, pela energia criativa e financeira de imigrantes judeus como Sam Goldwyn, Jack e Harry Warner e Louis B. Mayer.
- **1916** A Grã-Bretanha e a França assinam secretamente o Acordo Sykes-Picot, com participação russa, que dividia o Império Otomano em esferas de influência dos dois países.

A SEGUNDA GUERRA MUNDIAL E A SHOÁ

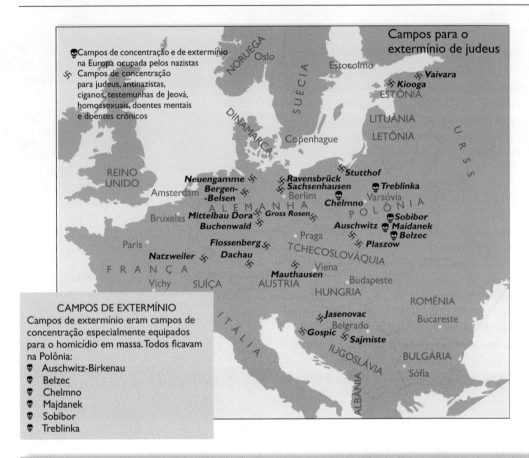

CAMPOS DE EXTERMÍNIO
Campos de extermínio eram campos de concentração especialmente equipados para o homicídio em massa. Todos ficavam na Polônia:
- Auschwitz-Birkenau
- Belzec
- Chelmno
- Majdanek
- Sobibor
- Treblinka

CAMPOS DE CONCENTRAÇÃO

Os nazistas criaram cerca de quinze mil campos na Alemanha e nos países ocupados. Alguns eram pequenos e temporários. Outros eram tão grandes que tinham subcampos e ferrovias próprias. Diante da derrota, os nazistas destruíram muitos campos enquanto recuavam. Dachau, o primeiro campo de concentração, foi aberto em março de 1933. Os seus primeiros ocupantes eram prisioneiros políticos, como comunistas e social-democratas, e pessoas que os nazistas consideravam indesejáveis: intelectuais judeus, testemunhas de Jeová, homossexuais, criminosos. Acima dos portões principais havia o lema: "Tolerância é sinal de fraqueza". O lema acima dos portões de Auschwitz era *"Arbeit macht frei"* ou "O trabalho liberta".

Sobreviventes do campo de concentração de Ebensee, na Áustria, posam para serem fotografados pelos libertadores, soldados da 80ª Divisão americana, em 7 de maio de 1945.

1917–1918 EC

ANNE FRANK
Nascida em 1929 em Frankfurt-am-Main, na Alemanha, quando Anne tinha 4 anos os pais levaram os dois filhos para os Países Baixos, na esperança de um futuro mais seguro. Em 1940, os nazistas ocuparam os Países Baixos. Para começar, impuseram-se restrições aos judeus. Em 1942, começou a deportação, supostamente para campos de trabalho. Anne e a família se esconderam num anexo secreto do prédio comercial do pai. A eles se uniram mais quatro pessoas. Durante dois anos, viveram escondidos, e nesse período Anne escreveu o seu famoso diário. Foram descobertos em agosto de 1944 e deportados. Anne morreu em Bergen-Belsen em março de 1945, com 15 anos. O seu diário foi salvo por um dos que ajudavam a família e publicado em 1947. Hoje, é um dos livros mais lidos do mundo.

Fornos do crematório de Weimar, descobertos por soldados do Terceiro Exército americano em 14 de abril de 1945.

O general britânico Allenby entra em Jerusalém.

1917 Com o general Allenby, a Grã-Bretanha conquista a Palestina e dá fim a quatrocentos anos de domínio otomano.

1917 Declaração de Balfour. Balfour, ministro do Exterior britânico, declara apoio à criação de um "lar nacional judeu na Palestina". Em parte, ele foi convencido por líderes do movimento sionista na Grã-Bretanha, como Chaim Weizmann. Embora alguns judeus ingleses vissem isso como ameaça à sua nacionalidade britânica, a maioria dos judeus do mundo apoia a declaração. A imigração de judeus na Palestina aumenta.

1917 Revolução Russa e criação da União Soviética. Muitos judeus foram ativos nos partidos revolucionários antes da Revolução e se tornam autoridades no novo governo comunista. Pela primeira vez, os judeus são oficialmente iguais ao resto da população russa em liberdade e condições. No entanto, logo surgem novas restrições, pois todas as formas de cultura não consideradas revolucionárias se tornam ilegais e a expressão religiosa é desdenhada.

1917 Sarah Schenirer (1883-1935), pioneira da educação de meninas ortodoxas, funda a primeira escola feminina de estudo da Torá em Cracóvia, na Polônia. Ela quer enriquecer a vida intelectual e religiosa das mulheres num contexto moderno.

1918 Depois da Primeira Guerra Mundial, milhares de judeus que mantiveram o estilo de vida tradicional na Rússia rural se tornam parte dos países renascidos da Polônia e da Lituânia e se separam dos muitos judeus que se tornaram mais assimilados à Rússia. Agora a Polônia tem três milhões de judeus, a segunda maior população do mundo depois dos EUA. Os judeus poloneses raramente se assimilam

A SEGUNDA GUERRA MUNDIAL E A SHOÁ

O CUSTO HUMANO

Em geral, aceita-se que o número de judeus assassinados no Holocausto seja de uns seis milhões. Os nazistas também mataram cerca de cinco milhões de civis não judeus, como ciganos, adversários alemães do nazismo, sérvios, intelectuais poloneses, homossexuais, testemunhas de Jeová, pessoas com problemas mentais e combatentes da Resistência.

País	Número de judeus mortos	Percentual da população judaica
Áustria	50.000	27,0
Itália	7.680	17,3
Bélgica	28.900	44,0
Letônia	71.500	78,1
Boêmia/Morávia	78.150	66,1
Lituânia	143.000	85,1
Bulgária	0	0,0
Luxemburgo	1.950	55,7
Dinamarca	60	0,7
Países Baixos	100.000	71,4
Estônia	2.000	44,4
Noruega	762	44,8
Finlândia	7	0,3
Polônia	3.000.000	90,9
França	77.320	22,1
Romênia	287.000	47,1
Alemanha	141.500	25,0
Eslováquia	71.000	79,8
Grécia	67.000	86,6
União Soviética	1.100.000	36,4
Hungria	569.000	69,0
Iugoslávia	63.300	81,2

Fonte: Enciclopédia do Holocausto. Números arredondados.

O Resgate dos Judeus Dinamarqueses

O povo dinamarquês realizou uma operação extraordinária quando trabalharam, numa iniciativa que envolveu o país inteiro, para salvar dos nazistas os judeus dinamarqueses. Alertados secretamente em 28 de setembro de 1943 por um diplomata alemão de que os nazistas se preparavam para deportar os judeus da Dinamarca, políticos dinamarqueses passaram a notícia ao movimento de Resistência. Este avisou todas as famílias judaicas para que fugissem. No litoral leste, conseguiram-se pescadores para transportar as pessoas por mar para a neutra Suécia. A maioria dos oito mil judeus da Dinamarca morava em Copenhague. Eles atravessaram o país, auxiliados e escondidos pelos dinamarqueses, até o litoral, onde, em pequenos grupos, foram levados para lugar seguro em pequenos barcos. Numa quinzena, 7.220 judeus e 680 não judeus foram levados para a Suécia.

Erling Kiaer, um dos organizadores do resgate, foi traído aos nazistas e preso em maio de 1944. No entanto, o esforço nacional conseguiu salvar todos os judeus dinamarqueses com exceção de 475, na maioria pessoas doentes ou fracas demais para a jornada até a costa. Mesmo assim, as autoridades dinamarquesas importunaram a Alemanha com preocupações sobre o seu povo e garantiram que quase todos os presos de campos de concentração sobrevivessem à guerra.

Três jovens judias, uma polonesa, uma letã e uma húngara, aguardam uma nova vida na Palestina depois de sobreviver aos horrores do campo de concentração de Buchenwald. 5 de junho de 1945.

Como esforço nacional que envolveu a família real, os políticos, a Resistência e pessoas comuns, a iniciativa dinamarquesa não teve igual. Na Noruega, a igreja e o povo comum conseguiram contrabandear para a Suécia neutra cerca de mil judeus, mais ou menos a metade da população judaica do país. A Bulgária se recusou a entregar aos nazistas qualquer um dos seus judeus, mas não protegeu os judeus de territórios que anexara recentemente. E foi a Itália, aliada original da Alemanha, que, para começar, também deu proteção oficial aos judeus no seu território.

CHIUNE E YUKIKO SUGIHARA

Em 1940, poucos judeus do leste europeu imaginariam que conseguiriam proteção do Holocausto em Kobe, no Japão, ou em Xangai, na China. Mas foi o que aconteceu com mais de seis mil judeus, refugiados dos nazistas em Kaunas, na Lituânia, onde Chiune Sugihara, cônsul geral japonês, desobedeceu às ordens e lhes concedeu vistos de trânsito pelo Japão, permitindo-lhes escapar do avanço nazista no oriente. A URSS dissera que os refugiados poderiam passar pelo território soviético se tivessem um visto para o Japão. Durante um mês, antes que tivesse de sair da Lituânia para ocupar um cargo em Berlim, Sugihara redigiu vistos, até trezentos por dia, com a ajuda da esposa Yukiko. Enquanto o seu trem se preparava para partir em setembro de 1940, ele ficou no compartimento ainda escrevendo e depois, quando o trem começou a se mover, passou o carimbo do visto consular para um refugiado polonês. Criado na tradição samurai de ajudar os que precisassem, Sugihara ignorou as instruções do governo para não dar vistos de trânsito em aberto. No entanto, o Japão permitiu que os judeus que ele ajudou ficassem em Kobe ou se mudassem para Xangai, onde não havia restrições à entrada. A carreira de Sugihara terminou em 1945, quando ele foi demitido pelo governo japonês.

completamente. Além disso, muitos judeus se descobrem nacionais de novos países, como a Iugoslávia, nos Bálcãs, formados em parte com pedaços do Império Otomano.

Após a Primeira Guerra Mundial O moderado movimento sionista americano é liderado pelo advogado Louis Brandeis, pelo rabino Stephen Wise, por Henrietta Szold e outros. Os seus membros apoiam o sionismo em teoria, mas querem permanecer americanos.

1918-1921 Na Guerra Civil russa há *pogroms* generalizados. O Exército Vermelho é a única facção que os desaprova oficialmente.

1918-1945 Durante a "época áurea" dos cantores de sinagoga (chazanut), há grandes artistas como Sawel Kwartin (1874-1953), Jan Peerce (1904-1984), Joseph Yossele Rosenblatt (1880-1933), Mordecai Hershman (1888-1940) e Gershon Sirota (1874-1943). Muitos são gravados nos Estados Unidos.

Um cantor de sinagoga. Sua época áurea foi entre as Guerras Mundiais. Entre os grandes estavam Abraham Davis, Moshe Koussevitzky e Laibale Waldman..

1919-1923 Terceira Aliá ou imigração em massa na Palestina. Cerca de 35.000 pessoas, a maioria da Rússia e da Hungria, inclusive muitos agricultores jovens e experientes, chegam à Palestina e criam assentamentos agrícolas coletivos ou começam a expandir os centros urbanos.

Leon Trotski (1879-1940), nascido Lev Davidovitch Bronstein, é o organizador do Exército Vermelho.

A SEGUNDA GUERRA MUNDIAL E A SHOÁ

CRONOLOGIA JANEIRO DE 1933 A OUTUBRO DE 1938

30 de janeiro de 1933 Adolf Hitler se torna chanceler da Alemanha.

27 de fevereiro Incêndio do Reichstag em Berlim.

1º de março Boicote de lojas judaicas na Alemanha.

22 de março Dachau, primeiro campo de concentração.

23 de março O parlamento alemão aprova a Lei Habilitante, que concede a Hitler poderes que lhe permitem governar por decreto. Agora a Alemanha se torna um estado nazista e monopartidário.

1º de abril Boicote de lojas e empresas pelos nazistas na Alemanha.

7 de abril A Lei do Restabelecimento do Serviço Civil expulsa todos não arianos do serviço público alemão.

7 de abril A lei de acesso à profissão de advogado proíbe não arianos de praticar o Direito.

11 de abril Os não arianos são definidos como qualquer pessoa com pai, mãe ou avós judeus.

22 de abril O decreto relativo aos serviços do plano nacional de saúde nega reembolso da despesa a pacientes que consultem médicos não arianos.

25 de abril A lei contra o excesso de alunos nas escolas restringe a matrícula de judeus em escolas alemãs de ensino médio a 1,5% do corpo discente. Nas comunidades onde constituam mais de 5% da população, os judeus podem chegar a 5% do corpo discente.

26 de abril A Gestapo é criada por Göring, ministro prussiano do Interior.

10 de maio Queimados em praça pública livros de judeus ou de adversários dos nazistas.

2 de agosto de 1934 O presidente Von Hindenburg morre. Hitler une os cargos de presidente e chanceler e se intitula "Führer".

31 de maio de 1935 Os judeus são proibidos de entrar nas forças armadas alemãs.

Setembro de 1935 As Leis de Nuremberg: A lei de Cidadania do Reich remove a cidadania de judeus ao decretar que só pessoas "de sangue alemão" (arianas) podem ser cidadãs do Reich. As pessoas de "sangue impuro" (não arianas) têm condição inferior e só podem ser "súditas", não cidadãs. A Lei de Proteção do Sangue e da Honra Alemães proíbe o casamento e as relações sexuais entre judeus e "portadores de sangue alemão".

14 de novembro Define-se judeu como qualquer um com três avós judeus; com dois avós judeus e que pertencesse à comunidade judaica em

Estima-se que, em 10 de maio de 1933, quarenta mil pessoas participaram de uma manifestação estudantil na Opernplatz, em Berlim, na qual vinte mil livros foram queimados, inclusive obras de Marx, Brecht, Freud e Bloch, consideradas "degeneradas" por Joseph Goebbels, ministro nazista da Propaganda.

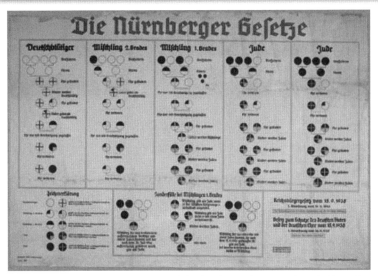

Gráfico que ilustra como os judeus eram definidos de acordo com as Leis de Nuremberg.

15 de setembro de 1935 ou nela ingressasse a partir dessa data; que fosse casado com judeu ou judia em 15 de setembro de 1935 ou a partir dessa data; fosse fruto de um casamento ou ligação extraconjugal com um judeu em 15 de setembro ou depois.

14 de novembro Os judeus não podem ocupar cargos públicos, votar nem se casar com não judeus. As crianças judias são excluídas do pátio de escolas não judaicas.

7 de março de 1936 Soldados alemães ocupam a Renânia.

1º de novembro O Eixo Roma-Berlim é assinado por Hitler e Mussolini numa aliança entre os dois ditadores nacionalistas.

1936-1939 Guerra Civil Espanhola. Hitler, Mussolini e Stalin interferem, apesar das tentativas internacionais de impedir.

1937 Início do confisco ou da venda forçada de empresas e propriedades de judeus na Alemanha.

16 de julho Campo de concentração de Buchenwald.

1938 Os judeus de origem polonesa que vivem na Alemanha são expulsos em massa. A Polônia se recusa a aceitá-los, e eles se amontoam numa região de fronteira.

12/13 de março "Anschluss". A Alemanha se une à Áustria.

9 de junho Destruída a sinagoga de Munique.

15 de julho Conferência de Evian, na França, na qual representantes de 32 países deixam de concordar com prestar auxílio efetivo aos refugiados judeus.

10 de agosto Destruída a sinagoga de Nuremberg.

29 de setembro Acordo de Munique. A Grã-Bretanha e a França concordam com a exigência de Hitler de incorporar à Alemanha a região de idioma alemão da Tchecoslováquia.

5 de outubro Os passaportes de judeus são invalidados. Emigrar da Alemanha se torna quase impossível.

15 de outubro Soldados alemães ocupam os Sudetos da Tchecoslováquia.

A SEGUNDA GUERRA MUNDIAL E A SHOÁ

CRONOLOGIA NOVEMBRO DE 1938 A DEZEMBRO DE 1941

9-10 de novembro Kristallnacht ("Noite dos cristais" ou dos vidros quebrados). As SA (tropas de assalto) atacam os judeus e as suas propriedades. 91 pessoas são mortas, 7.000 lojas e empresas saqueadas, muitas sinagogas incendiadas e pelo menos 26.000 homens judeus são presos e mandados para campos de concentração. O governo alega que os ataques não foram organizados com antecedência, que foram uma reação espontânea ao assassinato de um oficial nazista por um jovem judeu e cobra uma multa de um bilhão de marcos da comunidade judaica alemã.

10 de novembro *Pogrom* em Viena: 42 sinagogas incendiadas; 4.600 homens mandados para o campo de concentração de Dachau; fechamento e confisco de empresas judaicas.

12-15 de novembro Judeus são excluídos de cinemas e concertos, as crianças de escolas alemãs. Em geral, os judeus são removidos da economia.

30 de janeiro de 1913 No Reichstag, Hitler diz que, se a guerra começar, ele prevê o extermínio da raça judaica na Europa.

15-16 de março Os nazistas assumem o controle de toda a Tchecoslováquia.

7 de abril A Itália invade a Albânia.

15 de maio Campo de concentração de Ravensbrück (feminino).

15 de maio Toque de recolher para os judeus alemães.

Verão (junho-agosto) Hitler faz reivindicações à Polônia, que se recusa a negociar. A Grã-Bretanha e a França afirmam publicamente o seu apoio à Polônia.

1º de setembro Os nazistas invadem a Polônia.

3 de setembro Grã-Bretanha, França, Austrália e Nova Zelândia declaram guerra à Alemanha.

17 de setembro Os soviéticos invadem a Polônia. Ela se rende em 27 de setembro.

21 de setembro Heydrich instruído a criar os Einsatzgruppen na Polônia.

18 de outubro Impostas as insígnias da estrela de Davi na Polônia sob controle alemão.

30 de novembro Os soviéticos atacam a Finlândia.

9 de abril de 1940 Os nazistas invadem a Dinamarca e a Noruega.

10 de maio Os nazistas invadem França, Bélgica, Luxemburgo e Países Baixos. Winston Churchill se torna primeiro-ministro britânico.

26 de maio-3 de junho Soldados aliados evacuados de Dunquerque, na França, para a Grã-Bretanha.

Soldados dos Einsatzgruppen executam os judeus de Kiev perto de Ivongorod, na Ucrânia.

10 de junho A Noruega se rende aos nazistas. A Itália declara guerra à Grã-Bretanha e à França

18 de junho Os soviéticos começam a ocupar os Estados bálticos.

Julho-setembro Batalha da Grã-Bretanha: o massacre aéreo alemão é rechaçado.

7 de setembro Os alemães começam a Blitz – ataques maciços de bombardeio – contra a Inglaterra.

13 de setembro Os italianos invadem o Egito.

27 de setembro Pacto Tripartite (Eixo) entre Alemanha, Itália e Japão.

3 de outubro A França de Vichy baixa leis antijudaicas (Statut des Juifs).

28 de outubro A Itália invade a Grécia.

15 de novembro Fechado o Gueto de Varsóvia.

9-10 de dezembro Os britânicos começam a ofensiva contra os italianos no deserto ocidental do norte da África.

Fev-abril de 1941 72.000 judeus deportados para o Gueto de Varsóvia.

7 de março Trabalhos forçados para os judeus alemães.

6 de abril Os nazistas invadem a Grécia e a Iugoslávia.

17 de abril A Iugoslávia se rende aos nazistas.

27 de abril A Grécia se rende aos nazistas.

22 de junho A Alemanha invade a URSS.

Junho-Julho Começam as execuções em massa de judeus perto de Vilna. Em 1944, 70.000 a 100.000 foram mortos.

8 de julho Os países bálticos obrigam os judeus a usar a estrela de Davi.

31 de julho Heydrich é encarregado de implementar a Solução Final.

3 de setembro O campo de Auschwitz começa a usar as câmaras de gás.

19 de setembro Judeus alemães com 6 anos ou mais têm de usar a insígnia da estrela de Davi.

28-29 de setembro 34.000 judeus mortos no massacre de Babi Yar (perto de Kiev).

16 de outubro Os judeus alemães começam a ser deportados para a Polônia.

23 de outubro 34.000 judeus morrem no massacre de Odessa.

23 de outubro Os judeus alemães são proibidos de emigrar.

Out-nov Os Einsatzgruppen executam judeus nas áreas conquistadas do sul da Rússia.

7 de dezembro Os japoneses bombardeiam a base americana de Pearl Harbor, no Havaí.

Exposição intitulada "Os judeus da França", realizada na França de Vichy.

A ravina de Babi Yar.

A SEGUNDA GUERRA MUNDIAL E A SHOÁ

CRONOLOGIA DEZEMBRO DE 1941 A OUTUBRO DE 1946

8 de dezembro Campo de extermínio de Chelmno, perto de Lodz. 360.000 judeus executados até abril de 1943.

8 de dezembro Os Estados Unidos e a Grã-Bretanha declaram guerra ao Japão. O Japão invade a Malásia.

11 de dezembro A Alemanha declara guerra aos Estados Unidos.

20 de janeiro de 1942 A Conferência de Wannsee planeja os detalhes administrativos da Solução Final.

15 de Fevereiro Tropas britânicas na Malásia e em Cingapura se rendem aos japoneses.

Março Começa a "Aktion Reinhard", extermínio de judeus na Polônia ocupada,.

1º de março O campo de Sobibor inicia o extermínio de judeus; 250.000 executados até outubro de 1943.

6 de março Primeira conferência sobre esterilização.

16-17 de março Criado o campo de extermínio de Belzec (perto de Lublin); 600.000 morrerão ali.

Abril Os judeus da Alemanha são proibidos de usar transporte público, a não ser em determinadas condições de trabalho. Os telefones públicos e bilheterias automáticas não podem ser usadas. Restaurantes, praças, gramados, florestas, todos estão proibidos. Os judeus não podem ter animais de estimação. Muitos itens domésticos lhes são tirados. Além do confisco de rádios, os judeus são proibidos de comprar jornais e revistas. As restrições às rações são tamanhas que tornam a vida praticamente impossível.

Hoje, o local da Conferência de Wannsee é um museu.

10 de maio O Japão toma as Filipinas dos EUA.

Junho Os judeus dos Países Baixos e da França têm de usar a insígnia da estrela de Davi.

4-5 de junho A batalha de Midway, no Pacífico, é um ponto de virada. Os EUA derrotam a frota japonesa.

21 de junho Rommel captura Tobruk, no norte da África.

23 de junho O campo de extermínio de Treblinka é inaugurado e começa a execução com gás. Até agosto de 1943, morrem 700.000.

30 de junho Fechadas as escolas judaicas da Alemanha.

4 de julho O campo de Auschwitz começa as execuções com gás.

22 de julho Os judeus do Gueto de Varsóvia começam a ser levados para os campos de concentração de Belzec e Treblinka. Trezentos mil são transportados até setembro de 1942.

13 de setembro Começa a batalha de Stalingrado.

4 de outubro Todos os judeus de campos de concentração alemães têm de ser transferidos para Auschwitz.

23 out-4 nov Os britânicos derrotam Rommel em El Alamein.

8 de novembro Os aliados invadem o norte da África francês.

17 de dezembro Os aliados condenam o extermínio de judeus e afirmam que julgarão e punirão os culpados.

2 de fevereiro de 1943 Os alemães se rendem em Stalingrado. Primeira grande derrota de Hitler.

9 de fevereiro O avanço japonês no Pacífico é finalmente detido em Guadalcanal, nas ilhas Salomão. Começa o contra-ataque aliado.

16-20 de março A batalha do Atlântico chega ao clímax com 27 navios mercantes afundados por submarinos alemães.

19 de abril Na Conferência das Bermudas, americanos e britânicos discutem o sofrimento dos judeus europeus e chegam a conclusões úteis.

19 de abril-16 de maio Revolta do Gueto de Varsóvia.

13 de maio Soldados alemães e italianos se rendem no norte da África.
11-21 de junho Himmler ordena que todos os guetos da Polônia e da Rússia conquistada sejam liquidados.
2 de agosto Revolta nos campos de extermínio de Treblinka e Krikov (perto de Lublin).
9-10 de julho Os aliados desembarcam na Sicília
8 de setembro A Itália se rende.
9 de setembro Desembarques aliados em Salerno e Taranto, na Itália.
1º de novembro EUA, Grã-Bretanha e URSS declaram que, depois das hostilidades, levarão à justiça os criminosos de guerra alemães.
6 de janeiro de 1944 Soldados soviéticos avançam na Polônia.
Abril Rudolf Vrba e Alfred Wetzler, que fugiram de Auschwitz, revelam ao mundo os detalhes do campo de extermínio.
Maio-julho 438.000 judeus deportados da Hungria para Auschwitz.
5 de junho Os aliados entram em Roma.
6 de junho Desembarques do Dia D na Normandia, na França, para libertar a Europa dos nazistas.
13 de junho Primeiro ataque à Grã-Bretanha com um foguete V-1 alemão.
Julho Soldados soviéticos libertam o primeiro campo de concentração, Majdanek.
Agosto 27.000 judeus de campos a leste do Vístula são removidos para a Alemanha.
25 de agosto Libertação de Paris.
17-26 de setembro Batalha aerotransportada de Arnhem: os alemães rechaçam a ofensiva aliada.
2 de outubro O Levante de Varsóvia termina quando o Exército da Pátria polonês se rende aos alemães.
24-25 de outubro O último esforço da frota japonesa é derrotado no golfo de Leyte, nas Filipinas.
2 de novembro Auschwitz interrompe as execuções com gás.
26 de novembro Himmler ordena a destruição dos fornos crematórios de Auschwitz.
16 de dezembro-28 de janeiro Segunda batalha das Ardenas (ofensiva alemã).

17 de janeiro de 1945 Libertados 80.000 judeus em Budapeste.
17 de janeiro Começa a "Marcha da Morte" de Auschwitz em que os presos são removidos para oeste.
27 de janeiro Campo de Auschwitz libertado pelos russos.
13-14 de fevereiro Dresden destruída por incêndios depois de bombardeios aliados.
11 de abril Os americanos libertam Buchenwald.
15 de abril Campo de concentração de Bergen-Belsen libertado por soldados britânicos.
21 de abril Os soviéticos chegam a Berlim.
28 de abril Dachau é libertado pelos americanos.
30 de abril Hitler se suicida.
5 de maio Mauthausen é libertado.
7 de maio Rendição incondicional de todas as forças alemãs aos aliados.
6 de agosto Lançamento da primeira bomba atômica em Hiroxima, no Japão.
2 de setembro Os japoneses assinam a rendição. Dia da Vitória sobre o Japão.
20 de novembro de 1945-1º de outubro de 1946 Os julgamentos de crimes de guerra em Nuremberg resultam em onze penas de morte e sete de prisão perpétua. Mas muitos arquicriminosos escapam da justiça pelo suicídio.

Mulheres e crianças libertadas do campo de concentração de Lambach, na Áustria, em 7 de maio de 1945. Quando a 71ª Divisão de Infantaria americana chegou a Lambach, as mortes de presos (em geral, de fome e doenças) eram estimadas em 200 a 300 pessoas por dia. Na próxima página: presos do campo de concentração de Buchenwald fotografados alguns dias depois de serem resgatados por tropas americanas.

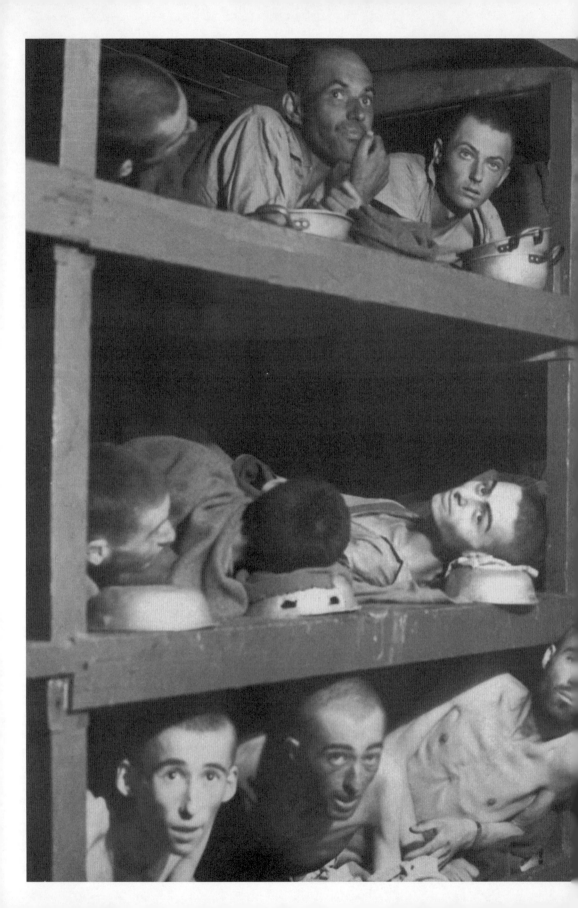

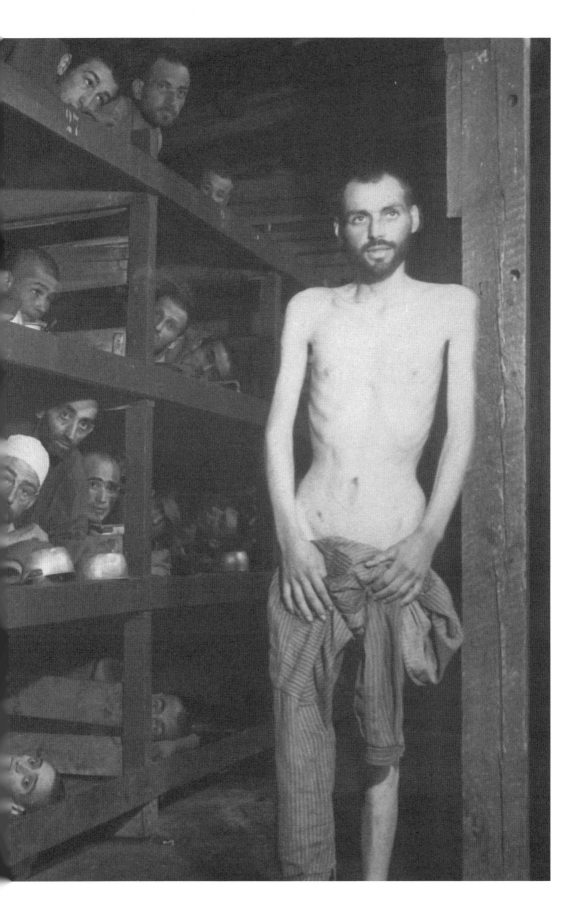

AS GUERRAS DE SOBREVIVÊNCIA DE ISRAEL

GUERRA DE INDEPENDÊNCIA
também chamada de Guerra Árabe-Israelense de 1948-1949

Antecedentes: Em 29 de novembro de 1947, a Assembleia Geral das Nações Unidas, atendendo ao pedido da Grã-Bretanha para avaliar o problema da Palestina, aprovou a remoção do Mandato Britânico e a partilha da região em Estados árabe e judeu separados. Os judeus aceitaram a decisão; os árabes a rejeitaram.

1948 Os palestinos começam a fugir das áreas designadas aos judeus. Surtos de violência são instigados por ambos os lados.

14 de maio de 1948 Declarado o Estado de Israel.

15 de maio Um total de cinco exércitos do Egito, Irã, Jordânia, Líbano, Arábia Saudita e Síria invade Israel com a intenção de destruir a nova nação.

Até 20 de maio Os exércitos árabes fazem os israelenses recuar. A velha Jerusalém cai em mãos árabes. Israel contra-ataca e deixa os cinco exércitos num impasse, a não ser no deserto do Neguev.

11 de junho Trégua negociada pela ONU. Israel usa o período para trazer secretamente tanques, artilharia e armas comprados da Tchecoslováquia e aviões do mundo inteiro.

Julho A trégua de um mês termina. Os árabes atacam diretamente o novo equipamento israelense. Israel contra-ataca e entra em território inimigo.

Outubro Outra trégua, rompida por ambos os lados. Israel faz o Egito recuar do Neguev e avança até perto de El-Arish, no Mediterrâneo, e recua em seguida. Israel tem outros ganhos em outros pontos.

Fevereiro-maio de 1949 Acordos de paz. A Jordânia fica com a Cisjordânia. Há acordo sobre a "Linha Verde" da fronteira entre Israel e a Cisjordânia.

Efetivo total israelense: 20.000.
Efetivo total árabe: 60.000.
Baixas de Israel: 4.000 soldados, 2.000 civis.
Durante a guerra, cerca de 350.000 fugiram dos seus lares.

Soldadas se alistam para a Guerra de Independência de 1948.

1920–1933 EC

1920 Os britânicos dão às comunidades judia e árabe da Palestina o direito de administrar questões internas. A comunidade judaica ou *yishuv* organiza eleições democráticas para um Conselho Nacional. Também são fundadas a Histadrut (Federação Geral de Trabalhadores Judeus) e a Haganá (organização de defesa judaica). Com o dinheiro que agora chega do mundo inteiro, desenvolve-se uma rede de escolas, sinagogas, assistência médica e serviços sociais. Grupos árabes e britânicos veem com cautela a força crescente dos judeus como um Estado dentro do Estado.

1920 A população judaica dos Estados Unidos cresce para quatro milhões de pessoas, com maioria da Europa oriental.

1920-1921 Tumultos árabes na Palestina.

1920-1924 Os Estados Unidos reduzem drasticamente a imigração, em parte por razões racistas.

1922 Criada a Agência Judaica para representar a comunidade dos judeus junto às autoridades do Mandato Britânico da Palestina.

1922 A Liga das Nações confirma formalmente o Mandato Britânico na Palestina. A Transjordânia (mais tarde, reino da Jordânia) é criada em três quartos da área, deixando um quarto para a pátria nacional judaica. Há três idiomas oficiais: árabe, inglês e hebraico.

1922 Mordecai Kaplan funda em Nova York a Sociedade pelo Avanço do Judaísmo, base para o judaísmo reconstrucionista.

1922 Criada para Judith Kaplan a cerimônia do Bat Mitzvah ("maioridade") para meninas.

1924 Aberto em Haifa o Technion, primeiro instituto de tecnologia da Palestina. Na década de 1920, a indústria e a tecnologia se desenvolvem rapidamente.

1924 Chaim Bialik, principal poeta do nacionalismo judeu, se instala na Palestina e se torna um personagem nacional.

1924-1932 Quarta Aliá. Cerca de 60.00 pessoas chegam, na maioria judeus urbanos e poloneses.

1925 Aberta a Universidade Hebraica de Jerusalém.

1925 Em resposta à crescente oposição árabe, a Grã-Bretanha impõe cotas de imigração na Palestina.

1928 Cria-se uma área judaica autônoma em Birobidjan, na Sibéria oriental. O iídiche será considerado o idioma oficial. Cerca de vinte mil judeus russos se mudam para lá, embora mais tarde a maior parte vá embora.

1929 Tumultos árabes na Palestina, inclusive o massacre de judeus em Hebron.

Integrantes da Haganá, organização de autodefesa na Palestina. Palestine.

1929 Começa o trabalho no porto de Haifa, na Palestina.

Década de 1930 Os musicais e espetáculos americanos, como *Porgy e Bess*, se tornam um fenômeno cultural alimentado por grandes compositores judeus, como George Gershwin, Irving Berlin e Richard Rodgers.

Década de 1930 Stalin finalmente destrói a maior parte dos institutos de cultura judaica soviética. As escolas de iídiche desaparecem.

1931 Desiludidos com a postura passiva da Haganá e influenciados por Vladimir Jabotinsky (1880-1940), alguns comandantes da Haganá fundam a organização ativista secreta Irgun Zvi Leumi (Organização Militar Nacional ou Etzel), que ataca tanto os britânicos quanto os árabes na Palestina.

1933 O antissemita Partido Nazista assume o poder na Alemanha e culpa os judeus pelos problemas econômicos do país.

O prédio histórico projetado por Alexander Baerwald em Haifa, onde foi criado o instituto Technion, abriga hoje o Museu Nacional de Ciência, Tecnologia e Espaço.

175

AS GUERRAS DE SOBREVIVÊNCIA DE ISRAEL

CAMPANHA DO SINAI, 1956

Antecedentes: Em 1956, os fedaim (comandos) realizaram ataques com mortes a assentamentos israelenses na fronteira. Egito, Jordânia e Síria formaram uma aliança militar. O Egito bloqueou o estreito de Tiran a navios israelenses. Em julho de 1956, o Egito nacionalizou o Canal de Suez. No início de outubro de 1956, Israel fez um acordo secreto com a Grã-Bretanha e a França, proprietários anteriores do canal, sobre uma operação militar.

29 de outubro de 1956 Israel ataca o Egito pela fronteira do Sinai, lançando soldados de paraquedas perto do canal de Suez, seguidos pelo avanço do corpo blindado.

30 de outubro Agora, Grã-Bretanha e França têm um pretexto para lançar um ultimato a Egito e Israel para que se retirem da área. Eles invadem o Egito para proteger o canal. Mas Egito e Israel estão engajados em intenso combate.

Até 5 de novembro Israel avançou na direção do canal e capturou bases em Gaza e no Sinai. A crise aumentou até uma possível guerra mundial. Os EUA e a URSS exigiram a retirada da Grã-Bretanha e da França. Elas se retiraram e exigiram que Israel também recuasse. Gaza, Sinai e Suez foram devolvidos ao Egito, e a ONU deixou uma Força de Emergência na fronteira como barreira entre o Egito e Israel.

Tanque israelense na Campanha do Sinai em 1956.

1933–1940 EC

- **1933-1939** Quinta Aliá. 165.000 pessoas, na maioria refugiados alemães, em geral profissionais liberais instruídos. Pela primeira vez, chegam crianças sem família na Aliá da Juventude de Henrietta Szold.
- **27 de dezembro de 1935** Regina Jonas (1902-1944) é ordenada por um rabino liberal em Offenbach, na Alemanha, como a primeira rabina do mundo.
- **1936-1939** Cerca de 7.000 judeus do mundo inteiro entram nas brigadas internacionais para combater o nacionalista general Franco ao lado dos republicanos espanhóis.
- **1936-1938** Tumultos árabes na Palestina.
- **1936** Léon Blum é o primeiro judeu a ser eleito primeiro-ministro da França.
- **De 1936 em diante** Muitos intelectuais judeus que contribuíram com a Revolução Russa são julgados e executados por Stalin.
- **1937** Pela primeira vez, a Grã-Bretanha recomenda dividir a Palestina em Estados judeu e árabe separados, mantendo o controle de uma terça parte. Com relutância, os sionistas aceitam a proposta, rejeitada pelos árabes.

Quando os nazistas na Alemanha e os seus aliados na Europa central começam a perseguir judeus, muitos se tornam refugiados na Europa ocidental, na Grã-Bretanha e nos Estados Unidos. Entre eles, há cientistas notáveis, como Einstein, que parte de Berlim em 1933; Fermi, que deixa a Itália em 1938; e Freud, que vai embora da Áustria em 1938.

O assédio e a perseguição aos judeus da Alemanha começam no momento em que os nazistas assumem o poder.

- **1937** O movimento americano da Reforma publica uma nova declaração de crenças, a Plataforma de Columbus, que, mais do que antes, enfatiza a tradição judaica e a noção de povo.
- **Maio de 1939** *White Paper* de MacDonald. Preocupada com a tensão constante entre árabes e judeus e às vésperas da guerra, a Grã-Bretanha limita estritamente a entrada de judeus na Palestina a um total futuro de 75.000 pessoas – dez mil por ano durante cinco anos mais 25.000 refugiados.
- **1940** Criado o Palmach, força de ataque da Haganá. Durante a guerra, ele suspende as operações contra a Grã-Bretanha, como faz o Etzel até 1944.
- **1940** O grupo Stern de Avraham Stern (mais tarde Lehi ou Combatentes pela Liberdade de Israel) se separa do Etzel para continuar as ações terroristas contra os britânicos na Palestina. É a mais ativa das organizações clandestinas; realiza vários assassinatos de pessoas importantes e visa à criação do Grande Israel com base em todo o território judeu da época bíblica.

Avraham Stern (1907-1942).

O rosto humano do Holocausto: Anne Frank (1929-1945), cujo diário dos dois anos que passou escondida num sótão de Amsterdam comoveu gerações do mundo inteiro, morreu em Bergen-Belsen.

O HOLOCAUSTO (SHOÁ)

- **1933-1945** Cerca de seis milhões de judeus – uns três quartos dos judeus da Europa –, inclusive 1,5 milhão de crianças, são assassinados pelos nazistas alemães e seus aliados. Só sobrevive cerca de um terço dos judeus dos Bálcãs e da Europa central e oriental, inclusive os que partiram da Europa antes da Segunda Guerra Mundial. Antes a maior comunidade judaica do mundo, os nove milhões de judeus do leste europeu são destruídos.

177

AS GUERRAS DE SOBREVIVÊNCIA DE ISRAEL

GUERRA DOS SEIS DIAS
5 a 10 de junho de 1967

Histórico: Em 1967, a Síria disparou granadas sobre Israel a partir das colinas de Golan. Quando Israel retaliou em 7 de abril de 1967, a Síria pediu ajuda ao Egito. Em 16 de maio, o Egito ordenou que as Forças de Emergência da ONU se retirassem e começou a acumular tropas na península do Sinai. Em 22 de maio, o Egito fechou o estreito de Tiran a Israel. Em 30 de maio, Egito e Jordânia assinaram um pacto de defesa mútua. O Egito queria a destruição completa de Israel. Mas este sabia que a guerra viria e decidiu dar um golpe preventivo.

5 de junho Israel bombardeia a força aérea egípcia em terra e destrói 309 dos 340 aviões. Outros 20 são derrubados. Israel perde 19 aviões. Israel também ataca campos de pouso na Síria, na Jordânia e no Iraque (que também tem um pacto com o Egito). As forças terrestres de Israel avançam contra as forças egípcias. Enquanto isso, Jordânia, Iraque e Síria bombardeiam Israel.

7 de junho Israel ocupa a cidade abandonada de Sharm el Sheik, no Sinai.

7 de junho Israel conquista a Cidade Velha de Jerusalém.

8 de junho Israel assume o controle do Sinai e da Faixa de Gaza e volta a sua atenção para as colinas de Golan.

8 de junho Ignorado o cessar-fogo da ONU.

10 de junho Israel captura as Colinas de Golan.

Efetivo total israelense: 275.000
Efetivo total árabe: 440.000
Baixas de Israel: 759
Baixas egípcias: 11.000 homens. Quase toda a força aérea e boa parte do equipamento militar. Sinai e Faixa de Gaza.
Baixas jordanianas: 6.000 homens. Jerusalém e a Cisjordânia.
Baixas sírias: 1.000 homens. As colinas de Golan.
Resultado: Israel administrou os "Territórios Ocupados" e fez de Jerusalém a sua capital; os países árabes anunciaram os três "Nãos": Não ao reconhecimento, não às negociações, não à paz com Israel.

Tanque israelense na Guerra dos Seis Dias de 1967.

1944–1947 EC

> ## Segunda Guerra Mundial 1939-1945
>
> Os voluntários judeus dos países aliados têm participação plena no exército, na força aérea e na marinha. Mais de 26.000 judeus palestinos, homens e mulheres, são voluntários nas forças britânicas.
>
> **Setembro de 1944** Depois de pressão da Agência Judaica e do movimento sionista mundial, forma-se a Brigada Judaica como unidade independente do exército britânico, com emblema e bandeira próprios. O efetivo de 5.000 soldados da brigada luta no Egito, no norte da Itália e no noroeste da Europa.

Depois da libertação da Europa, um capelão do exército americano examina textos sagrados judaicos furtados pelos nazistas em toda a Europa e escondidos em Frankfurt.

1944-1948 O Etzel e o Lehi realizam operações, como atentados a bomba, homicídios e assassinatos.

1944-1948 85.000 imigrantes ilegais chegam à Palestina.

1945 Só restam cerca de 1.200.000 judeus na Europa continental. Agora, muitos começam um movimento em massa pelo continente e, finalmente, para fora da Europa.

Nov. 1945 – out. 1946 Julgamento dos criminosos de guerra nazistas em Nuremberg.

Pós-Segunda Guerra Mundial Os novos regimes comunistas da Europa oriental reprimem a cultura judaica.

1946-1943 Sobreviventes do Holocausto são mortos num *pogrom* em Kielce, na Polônia. Cerca de metade dos judeus sobreviventes ou retornados da Polônia – uns cem mil – deixa o país imediatamente. Muitos acabam nos campos de refugiados da Europa. Ao mesmo tempo, cerca de 154.000 judeus voltam à Polônia vindos de regiões ocupadas pelo Exército Vermelho ou pelos soviéticos.

1946 Abraham Joshua Heschel (1907-1972) se torna professor do Seminário Teológico Judaico, principal centro do judaísmo conservador nos EUA. Um dos teólogos filosóficos mais importantes do século XX, os seus atos e textos têm influência profunda sobre os judeus americanos de todas as denominações.

No alto: Um dos pergaminhos do Mar Morto. Acima: O Santuário do Livro, construído em Jerusalém para guardar os pergaminhos.

1947 Encontrados em Qumran os primeiros pergaminhos do Mar Morto, datados de c. 200 AEC.

Abril de 1947 A Grã-Bretanha leva a "Questão da Palestina" à Assembleia Geral das Nações Unidas.

Julho de 1947 4.515 refugiados chegam à Palestina a bordo do navio *Exodus*, mas são deportados pelas autoridades britânicas. A indignação mundial é uma das razões para a Grã-Bretanha repensar a manutenção da Palestina.

Candidatos a imigrantes na Palestina

AS GUERRAS DE SOBREVIVÊNCIA DE ISRAEL

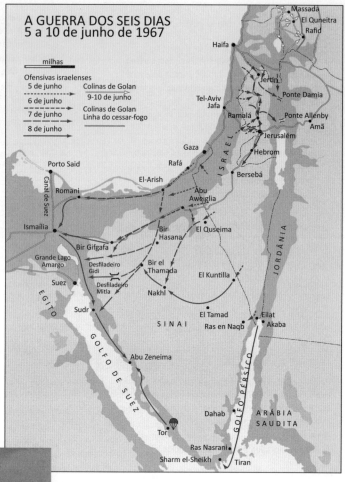

Cartaz alerta para minas nas colinas de Golan.

1947–1956 CE

29 de novembro de 1947 A ONU aprova a partilha da Palestina em dois estados, um judeu, o outro, árabe. A comunidade judaica aceita o plano; os árabes o rejeitam. A luta começa imediatamente entre árabes e judeus.

1947 Simon Wiesenthal (1908-2005), sobrevivente de campo de concentração, começa a coletar informações sobre nazistas.

9 de abril de 1948 Massacre de cerca de 120 árabes na aldeia de Deir Yassin pelo Lehi e pelo Etzel. Quatro dias depois, os árabes respondem massacrando 77 judeus num comboio médico.

14 de maio de 1948 Proclamado o Estado de Israel e o fim do Mandato Britânico. O país é organizado como democracia parlamentar e secular com sufrágio universal. A população judaica de Israel é de cerca de 650.000 habitantes..

15 de maio de 1948 a julho de 1949 Guerra de Independência ou Guerra Árabe-Israelense. Israel é invadido por Egito, Síria, Líbano, Iraque e Transjordânia. As Forças de Defesa de Israel (FDI) são formadas a partir da Haganá. Os movimentos clandestinos são desmobilizados. Seis mil israelenses morrem (quase 1% da população), mas Israel captura bastante território, inclusive o Neguev, Jerusalém ocidental e a Galileia. No fim da guerra, Israel fica com a Galileia, o Neguev e a planície litorânea. A Faixa de Gaza fica sob administração egípcia. Cerca de 750.000 árabes palestinos fugiram das suas casa e são refugiados. Começam a escaramuças de fronteira com os vizinhos de Israel e os ataques terroristas.

1948-1952 A imigração em massa vinda da Europa e de países árabes dobra a população judaica de Israel para cerca de 1,3 milhão de pessoas nos quatro primeiros anos do país (1948-1952). Centenas de milhares de sobreviventes do Holocausto vêm da Europa.

1948-1953 "Anos Negros" na Rússia, quando Stalin elimina o que resta da cultura judaica e mata numerosos intelectuais e líderes culturais.

Junho de 1949-agosto de 1950 A Operação Tapete Mágico (ou Nas Asas das Águias) leva quase 50.000 judeus iemenitas para Israel. Também há imigração em massa de outros países árabes, principalmente do Iraque.

Judia iemenita em trajes típicos.

Pós-guerra Convencidos pelo Holocausto, os judeus americanos, antes relativamente desinteressados, agora apoiam o sionismo, embora de um modo ideológico e financeiro e não com grandes movimentos populacionais.

1949 Israel entra nas Nações Unidas como o 59° membro.

1950 Israel aprova a Lei do Retorno, que permite a qualquer judeu se instalar no país.

1950-1951 A Operação Esdras e Neemias leva quase todos os judeus iraquianos, cerca de 120.000, para Israel.

1953 Criado o Yad Vashem, instituto para a recordação dos mártires e heróis do Holocausto.

1953 O reinado do terror de Stalin na URSS termina com a sua morte. Khruschov se torna o líder da URSS.

Um dos muitos monumentos extraordinários em Yad Vashem.

1956 Crise de Suez. O Egito nacionaliza o Canal de Suez e o fecha aos navios israelenses. Depois de acordos secretos com a Grã-Bretanha e a França, que tinham investido no canal, em outubro Israel ataca as forças egípcias na península do Sinai e ao longo do canal e ocupa o Sinai, enquanto Grã-Bretanha e França assumem o controle militar da Zona do Canal. Sob pressão dos EUA e da URSS, na primavera de 1957 Israel se retira do Sinai e da Faixa de Gaza e a ONU ocupa o Sinai. O canal é reaberto.

AS GUERRAS DE SOBREVIVÊNCIA DE ISRAEL

GUERRA DO YOM KIPUR
6 a 25 de outubro de 1973

Forças egípcias deram sinais de aumento da atividade no Sinai. Ao meio-dia de Yom Kipur, sábado, 6 de outubro de 1973 – o dia mais sagrado do ano para os judeus –, Egito e Síria lançaram um ataque de surpresa no Sinai e nas colinas de Golan. Outros Estados árabes os apoiaram com soldados e dinheiro. Israel não estava plenamente mobilizado.

Frente egípcia

6 de outubro, 12h 70.000 egípcios fazem recuar os 500 israelenses estacionados na margem leste do canal de Suez. Reservas são levadas à frente em carros, ônibus e caminhões. **16h** As reservas israelenses chegam e Israel estabelece uma linha defensiva dez quilômetros a leste do canal de Suez.

14 de outubro Os EUA começam a suprir Israel, cujo equipamento militar está a ponto de acabar. Entre os novos suprimentos, há 56 aviões de combate, 27.900 toneladas de munição e mais material bélico. Enquanto isso, a URSS supre os países árabes.

15 de outubro Israel toma a ofensiva e avança de volta rumo ao canal.

16 de outubro Os árabes anunciam o embargo do petróleo às nações ocidentais.

19 de outubro As FDI criam uma cabeça de ponte no outro lado do canal de Suez e começam a atacar locais mais ao sul.

23 de outubro Agora Israel ocupou a principal estrada de Suez, cercou o Terceiro Exército egípcio e está perto do Cairo.

Frente síria

6 de outubro A Síria avança e faz as forças israelenses recuarem.

8 de outubro Israel contra-ataca. A Força Aérea israelense atinge postos de comando em Damasco, capital síria, além de forças sírias no campo de batalha.

9 de outubro Israel faz as tropas sírias recuarem.

14 de outubro Agora Israel já empurrou as tropas sírias de volta ao seu território e impediu que uma força expedicionária iraquiana interviesse. Perderam-se seis aviões israelenses na tentativa de destruir instalações de mísseis terra-ar sírios nas colinas de Golan.

22 de outubro A ONU negocia o cessar-fogo, mas as escaramuças continuam.

25 de outubro Fim das hostilidades.

1974 Os tratados de desengajamento intermediados pela ONU permitem a troca de prisioneiros de guerra.

Baixas israelenses: 2.688 homens.

Baixas egípcias: 15.000 homens.

Baixas sírias: 3.500 homens, 1.100 tanques..

Forças israelenses chegam ao canal de Suez na Guerra do Yom Kipur.

Guerra de Atrito, 1968-1970

Logo depois da Guerra dos Seis Dias, o Egito começou a bombardear e atirar na frente de Suez. Israel adotou a política de retaliar cada ataque em escala muito maior.

21 de outubro de 1967 O Egito afunda o contratorpedeiro israelense *Eilat* e mata 47 tripulantes, com o primeiro uso bem-sucedido de mísseis antinavio.

Fim de 1968-agosto de 1970 Ponto máximo dos tiros e bombardeios.

3 de março de 1969 O Egito cancela o acordo de cessar-fogo com Israel.

8 de março de 1969 O Egito começa uma pesada barragem de artilharia.

Abril Os egípcios levam para o canal duas baterias de mísseis SA-2, impedindo os movimentos da Força Aérea israelense.

Julho A Força Aérea israelense inicia batalhas aéreas perto de Suez e derruba cerca de vinte MiG egípcios.

20 de julho-fim de novembro A Força Aérea israelense faz quinhentas sortidas contra os mísseis terra-ar do Egito e acaba por destruí-los.

Janeiro-abril de 1970 Em 118 sortidas, a Força Aérea Israelense ataca alvos militares no interior do Egito – bases de mísseis, quartéis, estações de radar.

Março de 1970 A URSS instala baterias de mísseis SA-3 no Egito.

Abril O mundo descobre que pilotos soviéticos estão realizando missões para o Egito; no meio da Guerra Fria, há a possibilidade de um confronto de superpotências no Oriente Médio. Os EUA tentam obter um acordo de cessar-fogo.

7 de agosto de 1970 Israel e Egito aceitam o cessar-fogo americano de noventa dias, mas outras iniciativas americanas para dar fim ao conflito fracassam.

7 de agosto de 1970 O cessar-fogo é violado quando o Egito, com ajuda soviética, instala mísseis na zona restrita de 51 km ao longo da margem oeste do canal de Suez.

Baixas israelenses entre 15 de junho de 1967 e 8 de agosto de 1970:
1.424 soldados mortos
10 aeronautas mortos
mais de 100 civis mortos
2.000 soldados e 700 civis feridos
15 aviões de combate perdidos

Primeira fila, da esquerda para a direita: Göring, Hess, von Ribbentrop e Keitel no Julgamento de Crimes de Guerra de Nuremberg.

1957 Pela primeira vez desde a revolução russa, abre-se uma academia talmúdica (yeshivá) em Moscou.

Fim da década de 1960-década de 1960 "Década judaica" da literatura americana, com escritores como Norman Mailer, Saul Bellow, Bernard Malamud e J. D. Salinger.

AS GUERRAS DE SOBREVIVÊNCIA DE ISRAEL

GUERRA DO LÍBANO
(Operação "Paz na Galileia")

Histórico: Em 1970, a Organização pela Libertação da Palestina levou a sua base para o Líbano, que estava fraco e dividido demais para controlá-la. De lá, a OLP bombardeou e atacou Israel. Na Operação Litani, em 1978, as FDI entraram no Líbano e passaram dois meses destruindo bases terroristas. A Síria tentou controlar os guerrilheiros radicais no país e mandou tropas para o Líbano, mas os ataques da OLP e as represálias israelenses continuaram, apesar do cessar-fogo negociado pela ONU.

4-5 de junho de 1982 As FDI bombardeiam a OLP no Líbano. A OLP reage com ataques de artilharia a assentamentos israelenses na Galileia.

6 de junho de 1982 As FDI invadem o Líbano para expulsar os terroristas.

Meados de junho Depois de vitórias israelenses sobre a Síria, os dois países evitam novos confrontos.

Final de julho As FDI chegam a Beirute, capital libanesa, e cercam Yasser Arafat e cerca de nove mil integrantes da OLP entrincheirados junto à população civil.

Agosto Os EUA negociam a retirada da OLP. Cerca de 14.000 combatentes vão para a Tunísia.

14 de setembro Amin Gemayel, presidente do Líbano, é assassinado pela Síria.

15 de setembro Israel avança até Beirute e ocupa a parte oeste da cidade.

15-18 de setembro Refugiados palestinos nos campos de Sabra e Shatila no sul do Líbano, supostamente guardados por Israel, são massacrados por forças cristãs libanesas (falangistas). Devastado pela guerra, o Líbano é tomado pelo caos.

20 de setembro Anunciada uma força multinacional de manutenção da paz organizada pelos EUA para o Líbano.

20 de setembro Fuzileiros navais americanos chegam a Beirute. Começam as negociações para a retirada de todos os combatentes estrangeiros.

1982 Forma-se no Líbano, com apoio da Síria, o grupo terrorista Hezbollah.

Abril de 1983 O Hezbollah mata 17 americanos e mais de 40 libaneses com um carro-bomba na embaixada dos EUA em Beirute.

17 de maio de 1983 Israel e Líbano concordam em encerrar a guerra entre os dois países, com a retirada de tropas de Israel, Síria e Palestina. Mas o acordo nunca entra em vigor.

As FDI no Líbano

23 de outubro Caminhões-bomba matam 241 fuzileiros navais americanos e 56 soldados franceses no seu quartel em Beirute.

Fevereiro de 1984 Apesar de ataques aéreos americanos e franceses, a guerra civil entre facções diferentes explode no Líbano.

26 de fevereiro de 1984 Os fuzileiros navais americanos se retiram. A força multinacional fracassou.

5 de março Pressionado pela Síria, o Líbano cancela o acordo de paz de 1983 com Israel.

Junho de 1985 As FDI se retiram do Líbano e deixam uma tropa simbólica em apoio ao exército sul-libanês para patrulhar uma zona de segurança na fronteira com Israel.

Baixas israelenses: 1.216 soldados

184

Eichmann numa caixa à prova de balas durante o seu julgamento.

1960 O Mossad rastreia Adolf Eichmann, chefe do Departamento de Assuntos Judeus da Gestapo, burocrata responsável por criar o sistema que implementaria a "Solução Final". Ele é sequestrado na Argentina, julgado em Israel em 1961-1962 e condenado à morte em 1962,

Operação "Vinhas da Ira", abril de 1998

Depois que os guerrilheiros do Hezbollah baseados no Líbano bombardearam Israel, o governo israelense aprovou um imenso bombardeio retaliatório do sul do Líbano.

A artilharia israelense começou a barragem em 12 de abril de 1996, e a força aérea fez a primeira de 1.600 sortidas. A maioria das mortes resultantes foi de civis, inclusive cerca de cem mortos quando Israel atingiu uma base da ONU em Kafr Kina. Em 26 de abril, Israel, Líbano, Síria e o Hezbollah concordaram com um "entendimento" mediado pelos EUA para interromper os ataques na fronteira, mas o entendimento foi ignorado.

Finalmente, depois de 22 anos de envolvimento militar no sul do Líbano, Israel retirou-se completamente em 24 de maio de 2000, num acordo com a ONU.

Condições duras para os pioneiros dos kibutz nos primeiros dias.

única ocasião em que uma pena de morte foi cumprida em Israel.

1961 Israel faz o primeiro grande negócio de compra e venda de armas com os Estados Unidos.

1963 Criado nos EUA o movimento do Judaísmo Secular Humanista.

1964 Completado o grande projeto da Adutora Nacional que leva água do Mar da Galileia, ao norte, até o sul semiárido.

1964 Criada a Organização para a Libertação da Palestina (OLP).

1964 Estreia o musical *Um violinista no telhado*, baseado nos textos de Sholom Aleichem (1859-1916), o escritor mais amado da literatura iídiche.

1964 Israel reconhece como plenamente judeus os Bene Israel da Índia.

1966 A poeta alemã Nelly Leonie Sachs (1891-1970) e Samuel Joseph Agnon, pseudônimo de Samuel Joseph Czaczkos (1888-1970), dividem o Prêmio Nobel de Literatura. Sachs escapou do Holocausto com a intervenção da família real sueca. Agnon é o primeiro escritor em hebraico a ganhar o prêmio.

1973: batalha pelas colinas de Golan.

5-10 de junho de 1967 Guerra dos Seis Dias. A ONU se retira do Sinai e de Gaza. O Egito forma uma aliança com a Síria, a Jordânia e o Iraque. Depois que o Egito acumula tropas ao longo das

ISRAEL EM COMBATE: TERRORISMO ÁRABE, INTIFADA E CONTROVÉRSIA

O CICLO DE VIOLÊNCIA

A solução do conflito do Oriente Médio é uma das mais difíceis do mundo, pois ambos os lados acreditam com firmeza que têm direito à terra. Isso causou um ciclo de ataques retaliatórios entre os árabes palestinos e os judeus israelenses.

As duas principais questões históricas que afetam os problemas de hoje são a condição dos refugiados palestinos que fugiram ou foram expulsos na Guerra de Independência de Israel em 1948 e a ocupação por Israel da Cisjordânia (Judeia e Samaria) e da Faixa de Gaza desde a Guerra dos Seis Dias de 1967.

Houve várias resoluções e conferências das Nações Unidas para obter uma paz duradoura e numerosos acordos e propostas entre Israel e os palestinos. Ofereceram-se ajustes e concessões, insatisfatórios para muita gente de ambos os lados; após cada período temporário de paz, o ciclo de ataques de vingança e represália recomeça.
Israel enfrenta os horrores dos atentados suicidas que atingem o seu povo em qualquer lugar e a qualquer hora e os mísseis lançados de Gaza e do Líbano sobre o país. As cidades palestinas e os campos de refugiados estão submetidos a ataques militares em que Israel tenta capturar ou matar terroristas. Com cada incidente, o ciclo de violência se fortalece.

Cena típica de um kibutz em 1936: os judeus israelenses sempre estiveram preparados para a autodefesa.

1968–1973 EC

PRIMEIRA INTIFADA
DEZEMBRO DE 1987 A 1993

Significado	"Livrar-se" (levante palestino)
Objetivo	Protestar contra as condições de vida discriminatórias.
Foco	Restrito aos territórios ocupados: Cisjordânia, Gaza e Jerusalém.
Atividades	Jogar pedras, bloquear estradas, queimar pneus, greves, boicotes.
Baixas	3.600 ataques com coquetéis Molotov, 100 ataques com granadas de mão e 600 investidas com armas de fogo ou explosivos foram relatados pelas FDI. A violência era dirigida tanto a soldados quanto a civis. O número de baixas chegou a mais de mil palestinos mortos, mais de cem israelenses mortos e muitos milhares de feridos de ambos os lados.
Resultado	Reduziu-se com a Guerra do Golfo de 1991; terminou com o processo de paz de 1993. Mudou a situação ao tornar os habitantes dos territórios ocupados o foco das atividades palestinas, em vez dos grupos palestinos no exílio.

fronteiras e fecha o estreito de Tiran e o Mar Vermelho, Israel ataca e captura a Cisjordânia, inclusive o leste de Jerusalém, a Faixa de Gaza, a península do Sinai e as colinas de Golan.

1968-1970 Guerra de atrito do Egito contra Israel.

1968 A Espanha finalmente revoga o Édito de Expulsão dos judeus que estava na legislação desde 1492.

Fim da década de 1960 A Rússia impede que os judeus saiam do país. Os *refuseniks* – aqueles cuja permissão de partir foi recusada – são presos e perseguidos.

1970 A OLP é expulsa da Jordânia e vai para o sul do Líbano.

1970 Anwar Sadat se torna presidente do Egito.

5 de setembro de 1972 Terroristas do grupo Setembro Negro matam dois atletas israelenses na Vila Olímpica das Olimpíadas de Munique e fazem onze reféns. Todos os reféns morrem numa tentativa frustrada de resgate.

1972 Rabinas ordenadas pelo movimento da Reforma nos Estados Unidos.

6-26 de outubro de 1973 Guerra do Yom Kipur. A Síria e o Egito lançam um ataque de surpresa na véspera de Yom Kipur e invadem o Sinai e as colinas de Golan. Israel rechaça ambos os invasores.

De meados da década de 1970 em diante Interesse renovado na música *klezmer*, música popular dos judeus europeus.

1973 Israel reconhece os falachas etíopes ou Beta Israel como judeus plenos.

Kirk Douglas, astro judeu de Hollywood, visita Israel e se encontra com a primeira-ministra Golda Meir.

3 de junho de 1974 Golda Meir renuncia quando o governo israelense é acusado pelo povo de não estar preparado para a Guerra do Yom Kipur. Yitzhak Rabin é eleito primeiro-ministro do 17º governo de Israel..

A Cisjordânia foi um dos teatros da Primeira Intifada.

187

ISRAEL EM COMBATE: TERRORISMO ÁRABE, INTIFADA E CONTROVÉRSIA

SEGUNDA INTIFADA "AL-AQSA", SETEMBRO DE 2000 A 2005

Objetivo	Nenhuma meta clara: considerada uma reação às provocações judaicas.
Foco	Envolveu árabes em Israel e outros países, assim como os palestinos dos territórios ocupados.
Causada por	Visita de Ariel Sharon em 28 de setembro, com mil policiais de choque, à Cúpula da Rocha e à mesquita de Al-Aqsa. Isso provocou tumultos e vários palestinos foram mortos a tiros, inclusive um menino de 12 anos. As imagens nos noticiários de TV da criança protegida do fogo cruzado pelo pai foram vistas no mundo inteiro.
Atividades	Tumultos armados e atentados suicidas. As FDI reagiram com tanques, metralhadoras, helicópteros armados, mísseis.
Baixas	Mais de 1.000 israelenses, na maioria civis, e mais de 100 com menos de 18 anos. Cerca de 5.500 palestinos, mais de 400 deles com menos de 18 anos e mais de 100 desses com menos de 12.

O triste resultado de um atentado suicida.

1975–1977 CE

A Cerca De Segurança

- comprimento total de uns 600 km, de Beit She'an, no norte de Israel, a Arad, no sul
- cerca de 50 metros de largura
- parte da cerca fica ao longo da fronteira de 1967 (Linha Verde); partes ficam em Israel e partes nas áreas da Autoridade Palestina.
- em 95% da extensão, é uma cerca de correntes com um sistema tecnológico avançado de descoberta de intrusos
- incorporadas outras ferramentas de observação
- em cerca de 5% da extensão, é um muro alto de concreto
- soldados e guardas de fronteira patrulham a cerca

A Comissão de Direitos Humanos das Nações Unidas, que se reuniu na sua 57ª sessão em abril de 2001, exprimiu grave preocupação com "a deterioração dos direitos humanos e da situação humanitária nos territórios palestinos ocupados".

1975 Israel se torna membro associado do Mercado Comum Europeu.
1975 Uma resolução da Assembleia Geral da ONU define o sionismo como uma forma de racismo.
1976 Terroristas sequestram um avião da Air France rumo a Israel e o forçam a pousar em Entebe, em Uganda. Uma equipe de militares israelenses ataca o avião e mata os sequestradores. Dois reféns e Yonatan Netanyahu, líder dos militares e irmão do futuro primeiro-ministro Benjamin Netanyahu, são mortos.
1977 O presidente egípcio Anwar Sadat é o primeiro líder árabe a visitar Israel.

Golda Meir com o presidente egípcio Sadat e Shimon Peres no Knesset.

A nova cerca de segurança.

ISRAEL EM COMBATE: TERRORISMO ÁRABE, INTIFADA E CONTROVÉRSIA

CRONOLOGIA 1964-1996

1964 Fundada a Organização pela Libertação da Palestina, que abrange os muitos grupos palestinos contra Israel. A meta é destruir o Estado de Israel.

1974 O mundo árabe aceita a OLP como governo palestino no exílio.

1987-1993 Primeira Intifada.

Dezembro de 1988 A organização política Conselho Nacional Palestino renuncia ao terrorismo, reconhece o direito de Israel existir e visa a um acordo com base nas fronteiras de 1967. A OLP também reconhece Israel.

30 de outubro de 1991 A Conferência de Paz no Oriente Médio organizada em Madri pelos EUA e pela URSS leva Israel a conversações com Jordânia, Síria, Líbano e os palestinos. Israel se recusa a falar diretamente com a OLP, e os representantes palestinos não pertencem à entidade. Lançam-se as sementes de futuras conversas e tratados de paz, e os EUA, não a ONU, começam a controlar as negociações.

16 de dezembro de 1991 A Assembleia Geral da ONU revoga a declaração de 1975 de que sionismo é racismo. Essa revogação é condição para Israel comparecer à Conferência de Paz de Madri.

Guerra do Golfo de 1991 A ONU ataca o Iraque depois que o Iraque ataca o Kuwait. A OLP apoia o Iraque, embora muitos estados árabes não o apoiem, e acaba no lado perdedor. Então, se dispõe a negociar com Israel para recuperar o *status* e a autoridade perdidos.

1992 Israel e a OLP começam negociações secretas na Noruega.

1992 Como gesto de paz, Israel suspende novos assentamentos na Cisjordânia.

13 de setembro de 1993 Os Acordos de Paz de Oslo entre Israel e a OLP são anunciados em Washington, nos EUA. Segundo a Declaração de Princípios sobre o Sistema de Autogoverno Provisório, a OLP renuncia à violência e reconhece o direito de existência de Israel. Em troca, Israel reconhece a OLP como representante oficial do povo palestino e permite o autogoverno palestino em partes da Cisjordânia e da Faixa de Gaza. Muitos palestinos continuam a pressionar pela volta às fronteiras de 1967, 1948 ou até anteriores.

1994 Yitzhak Rabin, Shimon Peres e Yasser Arafat recebem o Prêmio Nobel da Paz.

1994 Criada a Autoridade Palestina. Yasser Arafat, presidente da OLP, a encabeça e é eleito presidente em 1994. Israel retira exércitos das regiões da Faixa de Gaza e de Jericó. As áreas autônomas palestinas constituem 42% da Cisjordânia e 60% de Gaza e são cercadas por território israelense. Israel controla o movimento para dentro e para fora das terras da Autoridade Palestina. Os israelenses continuam a construir assentamentos, principalmente na Cisjordânia. O padrão de vida palestino continua a cair, e os palestinos comuns começam a recorrer cada vez mais a grupos extremistas violentos.

28 de setembro de 1995 Assinado o Acordo Provisório Israelo-Palestino sobre a Cisjordânia e a Faixa de Gaza (Oslo II), que divide a Cisjordânia em três áreas, com autoridade israelense e palestina, separada ou conjunta.

1995-1999 Os novos acordos e propostas entre Israel e os palestinos – Protocolo de Hebron, 1997; Memorando de Wye River, 1998; Memorando de Sharm el-Sheikh, 1999 – não obtêm paz duradoura nem resolvem todas as questões.

1977–1987 EC

1977 A eleição de Begin é um ponto de virada na política israelense, pois ele pertence ao Partido Likud, de direita.

1977 Muitos judeus etíopes fogem à perseguição e acabam em campos de refugiados no Sudão.

Judeus etíopes escapam do desastre e voam para Israel.

1978 O escritor iídiche Isaac Bashevis Singer (1935-1991) ganha o Prêmio Nobel de Literatura. O primeiro-ministro israelense Menachem Begin e o presidente egípcio Anwar Sadat receberam o Prêmio Nobel da Paz.

1978 Incentivados pelo presidente americano Jimmy Carter, Israel e Egito aceitam os Acordos de Camp David como base para a paz. São incluídas propostas de autogoverno palestino em parte da Cisjordânia.

1979 A revolução iraniana põe no poder um governo islâmico fundamentalista. Partida em massa de judeus.

26 de março de 1979 Israel e Egito fazem a paz oficialmente.

1980-1982 2.500 judeus etíopes se mudam para Israel.

Início da década de 1980 A fome na África força muito mais judeus etíopes a ficar sem casa ou ir para campos de refugiados no Sudão.

1981 A Força Aérea Israelense destrói um reator nuclear iraquiano pouco antes do início da sua operação.

6 de junho de 1982 Começa a guerra no Líbano contra a OLP e a Síria (Operação Paz na Galileia) quando Israel tenta limpar o sul do Líbano de grupos terroristas. Quando Israel bombardeia Beirute em 4 de agosto, o presidente americano Ronald Reagan telefona preocupado para Menachem Begin. Começa o cessar-fogo. As forças sírias e da OLP são evacuadas do Líbano. Israel volta a entrar em Beirute em setembro depois do assassinato do presidente libanês eleito. Israel é acusada de permitir o massacre de centenas de palestinos por milicianos libaneses em campos de refugiados no Líbano. Ao contrário das guerras anteriores pela sobrevivência de Israel, a invasão do Líbano inspira enormes protestos públicos e um grande movimento pela paz. Israel recua e ocupa uma zona de segurança no sul do Líbano.

Soldados israelenses em exercício no deserto na década de 1980.

1982 Termina a retirada de Israel do Sinai e a área é devolvida ao Egito.

21 de novembro de 1984-5 de janeiro de 1985 "Operação Moisés". Numa operação secreta, oito mil judeus etíopes em campos de refugiados no Sudão são levados de avião para Israel.

1985 Israel assina um Acordo de Livre Comércio com os Estados Unidos.

1985 A "Operação Josué" leva para Israel mais oitocentos judeus etíopes em campos de refugiados no Sudão.

1985 Rabinas são ordenadas pelo movimento conservador dos Estados Unidos.

1985 Mikhail Gorbatchov se torna presidente soviético, inicia reformas e permite que a religião e a cultura judaicas revivam.

Meados da década de 1980 A tribo lemba de judeus negros do sul da África revela pela primeira vez ao mundo exterior a sua crença tradicional de que descendem de antigos judeus.

1987-1993 Primeira Intifada ("livrar-se", em árabe) ou levante palestino em Israel, caracterizada por imagens de meninos jogando pedras em tanques. Termina com o reconhecimento da OLP por Israel.

1987 Caso Pollard. Jonathan Pollard é condenado nos EUA por espionar para Israel.

ISRAEL EM COMBATE: TERRORISMO ÁRABE, INTIFADA E CONTROVÉRSIA

CRONOLOGIA 1964-1996

1996 Em resposta aos ataques de foguetes de guerrilheiros árabes do Hezbollah no Líbano, Israel inicia a Operação Vinhas da Ira, uma campanha de bombardeio do Líbano.

2 de agosto de 1996 Israel retoma os assentamentos na Cisjordânia.

1996 O Hamas realiza uma série de atentados suicidas devastadores em Israel.

18 de junho de 1996 Benjamin Netanyahu, do Partido Likud, é eleito primeiro-ministro de Israel. Seu lema é "paz com segurança".

1997 Israel devolve 80% de Hebron aos palestinos.

Setembro de 2000 Segundo levante palestino (Intifada de Al-Aqsa).

Julho de 2000 As negociações finais de Camp David, sob os auspícios do presidente americano Bill Clinton, não chegam a um acordo. Israel se oferece para devolver grandes áreas da Cisjordânia e de Gaza aos palestinos, mantendo o controle de corredores de terra. Os palestinos querem um estado autônomo contíguo. A situação de Jerusalém e o direito de retorno dos refugiados também são questões sobre as quais os dois lados não concordam. O processo de paz esbarra num impasse.

2000 Israel se retira da zona de segurança no sul do Líbano.

Esperança na segunda reunião de Camp David. Da esquerda para a direita: Ex-presidente americano Bill Clinton, Yasser Arafat e Ehud Barak.

1989–1996 EC

1989 Grupos judaicos na Rússia realizam a sua primeira reunião nacional desde a revolução de 1917.

1989 Começa a Aliá russa. A União Soviética permite que os judeus saiam do país se quiserem. Em poucos anos, 700.000 judeus

Judeus russos chegam finalmente a Israel.

soviéticos migram para Israel. Outros vão para os Estados Unidos ou para a Europa ocidental.

Início da década de 1990 Quase metade dos judeus americanos – 40% – se casa com não judeus.

24 de maio de 1991 Aliá etíope, Operação Salomão. Com a guerra civil na Etiópia, 14.325 judeus etíopes são levados de avião para Israel. No decorrer de 36 horas, 34 aviões da El Al, com as poltronas removidas para transportar mais passageiros, fazem viagens contínuas de ida e volta.

1991 O conflito latente nos Estados Unidos entre judeus e nacionalistas afro-americanos explode em violência em Nova York.

30 de outubro de 1991 A Conferência de Madri pela Paz no Oriente Médio, organizada pelos EUA e pela URSS, leva Israel a conversações com Jordânia, Síria, Líbano e os palestinos. Ela semeia futuras conversações e tratados de paz.

Guerra do Golfo de 1991 A ONU ataca o Iraque depois que o Iraque ataca o Kuwait. Forças de coalizão da ONU atacam a ocupação do Kuwait pelo Iraque de Saddam Hussein. Israel é atacado por mísseis Scud iraquianos.

1991 Continuam as mudanças políticas na Europa oriental. A Albânia relaxa os seus controles e praticamente toda a população judaica – cerca de quinhentas pessoas – emigra para Israel.

16 de dezembro de 1991 A Assembleia Geral da ONU revoga a declaração de 1975 de que sionismo é racismo. Essa revogação é condição para Israel comparecer à Conferência de Paz de Madri.

1993 Acordos de Paz de Oslo negociados em segredo entre Israel e a OLP. Sob a Declaração de Princípios de um acordo provisório, a OLP aceita o autogoverno sob uma Autoridade Palestina em partes da Faixa de Gaza e da Cisjordânia a partir de 1994. Em cinco anos, Israel retirará tropas de outras áreas. Muitos palestinos continuam a pressionar pela volta às fronteiras de 1967, 1948 ou até anteriores. Yasser Arafat, presidente da OLP, é eleito líder da Autoridade Palestina.

1994 Tratado de paz entre Israel e Jordânia depois dos Acordos de Paz de Oslo. Além disso, formam-se vínculos diplomáticos e econômicos com outros países árabes.

Ganhadores do Prêmio Nobel da Paz de 1994.

1994 Israel retira os seus exércitos das regiões da Faixa de Gaza e de Jericó. As áreas autônomas da Autoridade Palestina são cercadas por território israelense, e Israel controla os movimentos de entrada e saída dessas áreas.

1994 Yitzhak Rabin, Shimon Peres e Yasser Arafat recebem o Prêmio Nobel da Paz.

9 de novembro de 1994 O presidente austríaco Thomas Klestil visita Israel e admite o papel anterior da Áustria no Holocausto.

1995 Num comício pela paz, o primeiro-ministro Yitzhak Rabin é assassinado por Yigal Amir, fanático de direita.

De 1995 em diante As reuniões e propostas de cessar-fogo (Protocolo de Hebron, Memorando de Wye River, Memorando de Sharm el-Sheik, Proposta de Tenet, Roteiro para a Paz) continuam entre Israel e os palestinos, mas não se chega a acordos firmes nem paz duradoura.

1995 O Conselho Palestino é eleito nas áreas autônomas. Fica claro que o acordo provisório não satisfaz muita gente nos dois lados.

1996 Em resposta aos ataques de foguetes de guerrilheiros Hezbollah no Líbano, Israel inicia a Operação Vinhas da Ira, campanha de bombardeio do Líbano.

ISRAEL EM COMBATE: TERRORISMO ÁRABE, INTIFADA E CONTROVÉRSIA

CRONOLOGIA 1964-1996

Outubro de 2000 Para controlar o movimento de terroristas, Israel começa a fechar regularmente as suas fronteiras a palestinos de áreas da Autoridade Palestina.

7 de março de 2001 Ariel Sharon, do Partido Likud, é eleito primeiro-ministro de Israel. Sharon tem uma abordagem muito mais dura do terrorismo.

Dezembro de 2001 As FDI deslocam soldados e tanques mais para dentro das áreas controladas pela Autoridade Palestina.

Dezembro de 2001 Arafat pede o fim dos ataques armados a civis israelenses e condena os atentados suicidas.

2001 Rechavam Ze'evy, ministro do Turismo, é assassinado por terroristas palestinos.

Janeiro de 2001 As novas negociações em Taba também fracassam.

Dezembro de 2001 Israel isola Arafat no seu quartel-general de Ramalá. Os palestinos comuns ainda o consideram o seu líder eleito e, na ausência de outros líderes, lhe dão apoio.

21 de maio de 2001 O senador americano George Mitchell encabeça um inquérito sobre o levante e pede o cessar-fogo e a retomada das conversações de paz. Mais tarde, George Tenet, diretor americano da CIA, negocia um cessar-fogo de vida curta.

2002 "Roteiro da Paz" redigido pelos EUA, pela ONU, pela União Europeia e pela Rússia. Estabelece alvos claros com a meta de resolver o conflito até 2005.

Março de 2002 Os atentados suicidas ocorrem quase diariamente.

Março de 2002 Israel inicia a Operação Escudo Defensivo, a maior ofensiva militar na Cisjordânia desde que o país assumiu o controle da região em 1967. Divisões blindadas invadem e ocupam cidades e campos de refugiados palestinos, encontrando resistência armada principalmente em Nablus e Jenin. As FDI assumem o controle total. A Autoridade Palestina se esfarela. Para evitar atividade terrorista, a água e a luz são cortadas, os prédios e a infraestrutura de cidades e campos de refugiados palestinos são destruídos, impõem-se o toque de recolher e restrições a viagens.

Um soldado das FDI ajuda um suspeito palestino a tomar água durante a Operação Escudo Defensivo em abril de 2002, lançada por Ariel Sharon em resposta aos tumultos e atentados suicidas da Segunda Intifada "Al-Aqsa".

1999–2007 EC

1999 Indícios do DNA mostram o vínculo genético entre os lembas do sul da África e os judeus do resto do mundo.

Fevereiro de 2004 Simon Wiesenthal recebe o título honorário de cavaleiro da Grã-Bretanha.

Abril de 2004 Sharon planeja a retirada unilateral de assentamentos judeus na Faixa de Gaza, mas mantém o controle de grande parte da Cisjordânia. O presidente americano George W. Bush aceita isso como o fim do "Roteiro para a Paz".

O assentamento de Gilo, na Cisjordânia.

2004 Morte do líder palestino Yasser Arafat.

2004-2008 Israel concorda em aceitar parentes etíopes de judeus.

Janeiro de 2005 O príncipe britânico Harry comparece a uma festa fantasiado de oficial nazista e é acusado de insensibilidade tola. Mais tarde, ele pede desculpas.

Janeiro de 2005 Pesquisadores americanos e israelenses anunciam que um programa de exames de sangue durante trinta anos quase erradicou a doença de Tay Sachs, transtorno neurodegenerativo hereditário que afeta principalmente os asquenazes.

2005 Jonathan Sacks, grão-rabino da Congregação Hebraica Unida da Commonwealth, é sagrado cavaleiro por "serviços à comunidade". Em 2009, recebe um título nobiliárquico.

2006 Começa a reforma do Museu de Israel em Jerusalém, estimada em 80 milhões de dólares.

2006 No 250º aniversário do retorno dos judeus à Grã-Bretanha, a rainha Elizabeth II dá uma festa comemorativa no Palácio de St. James, em Londres.

Julho de 2006 Constata-se que uma placa com inscrições no Museu Britânico, em Londres, no Reino Unido, confirma o registro talmúdico de uma autoridade do reinado de Nabucodonosor na Babilônia. Nele há o nome de Saarsekim, 595 AEC.

Julho de 2006 Lançado na internet o site de compartilhamento de vídeos JewTube. Um ano depois, algumas organizações ortodoxas do mundo proíbem a internet.

8 de dezembro de 2006 A empresa aérea El Al sofre acusações de servir comida não casher no Shabat.

Maio de 2007 O casal Etgar Keret e Shira Geffen, romancistas israelenses populares, ganha o prêmio Câmera de Ouro do Festival Internacional de Cinema de Cannes pela estreia do filme *Meduzot* (águas-vivas).

Maio de 2007 Arqueólogos encontram no Heródium, perto de Hebron, um sarcófago magnífico de dois metros de comprimento que pode ter pertencido ao rei Herodes.

Junho de 2007 Os palestinos de Jerusalém apresentam às Nações Unidas uma petição para se tornarem um município separado.

Junho de 2007 Depois de luta armada entre grupos palestinos, o Hamas assume o controle de Gaza e Fatah fica sob o controle da Cisjordânia palestina. Agora os territórios palestinos estão efetivamente divididos.

Junho de 2007 Empossada a primeira rabina de Berlim, na Alemanha.

2007 A Universidade de Tel Aviv desenvolve um chip de memória orgânico usando neurônios do cérebro de ratos. A revista *Scientific American* descreve a descoberta como uma das mais importantes do ano para a criação de computadores criativos.

Pôr do sol em Tel Aviv. Fundada em 1909, essa é a segunda maior cidade de Israel e o seu centro financeiro e cultural.

ISRAEL EM COMBATE: TERRORISMO ÁRABE, INTIFADA E CONTROVÉRSIA

CRONOLOGIA 1964-1996

Abril de 2002 A Cruz Vermelha Internacional alerta para uma crise humanitária nas cidades e nos campos de refugiados da Cisjordânia.

Maio de 2002 Israel começa a construir uma cerca para separar assentamentos judeus e palestinos nos territórios ocupados.

29 de abril de 2003 Abu Mazen (Mahmoud Abbas) é eleito primeiro-ministro palestino.

30 de abril de 2003 O "Roteiro para a Paz" é entregue a autoridades israelenses e palestinas.

29 de junho de 2003 O cessar-fogo é anunciado pelo Hamas e outras organizações. Israel retira alguns soldados dos territórios, de acordo com o "Roteiro". O cessar-fogo não dura muito.

Setembro de 2003 Abu Mazen renuncia do cargo de primeiro-ministro palestino depois de uma luta de poder com Arafat. É substituído por Ahmed Qureia.

24 de setembro de 2003 Um grupo de pilotos da força aérea israelense se recusa a participar de missões que poriam civis em risco na Cisjordânia e na Faixa de Gaza.

Outubro de 2003 O Acordo de Genebra, proposto por um grupo de israelenses e palestinos com base nos planos do ex-presidente americano Bill Clinton, exige concessões e compromissos de ambos os lados.

5 de outubro de 2003 Israel bombardeia um campo de treinamento de terroristas na Síria.

Abril de 2004 Sharon planeja a retirada unilateral de assentamentos judeus na Faixa de Gaza, mas mantém o controle de grande parte da Cisjordânia. O presidente George W. Bush, dos EUA, o apoia e aceita o fim do "Roteiro".

Janeiro de 2004 Cinco recrutas adolescentes são presos por um ano por se recusarem a servir nos territórios ocupados.

22 de março e 18 de abril de 2004 Israel assassina dois líderes do Hamas.

2006 O Hamas é oficialmente declarado organização terrorista pelos Estados Unidos e pela União Europeia.

12 de julho de 2006 Depois que dois soldados das FDI são capturados por atacantes do Hezbollah vindos do Líbano, Israel inicia ataques de bombardeio no interior do Líbano e declara que o conflito continuará até o Hezbollah "perder os dentes". A organização terrorista reage com ataques de foguete a Israel, mas em 14 de agosto a ONU consegue um acordo de paz.

2007 A cidade de Sderot, no Neguev, se torna o alvo específico dos foguetes lançados de Gaza sobre Israel.

2007 Israel atinge uma suposta instalação nuclear da Síria, administrada em conjunto com a Coreia do Norte.

27 de dezembro de 2008-18 de janeiro de 2009 A Operação Chumbo Fundido, conflito entre Israel e Gaza, começa com as forças israelenses entrando em Gaza para atacar soldados e centros do Hamas. Termina com a destruição quase total da infraestrutura de Gaza. Mais tarde, Israel é acusado de crimes de guerra.

2007–2014 EC

2007 A organização pela paz Independent Jewish Voices (Vozes Judaicas Independentes) se forma na Grã-Bretanha.

2007 Publicado o diário de guerra de Helene Berr, de Paris, na França, que morreu em 1944 em Bergen-Belsen, provocando comparações com o de Anne Frank. Em 2010, morre Miep Gies, que

Entrada do campo de concentração de Bergen-Belsen.

ajudou a esconder a família Frank e guardou em segurança o diário de Anne.

2007 Com 90 anos, Leonid Hurwicz, dos Estados Unidos, é um dos ganhadores do Nobel de Economia e a pessoa mais velha a receber o prêmio.

2007 A segunda edição da Encyclopedia Judaica é publicada em 22 volumes (preço de mil dólares) ou em e-book.

2008 Começa em Israel um programa de liderança mundial em energia solar.

2008 Forma-se a Aliança Judaica Pan-africana para integrar os judeus africanos e afro-americanos à comunidade mundial.

Fevereiro de 2008 Andy Ram e Yoni Erlich são a primeira dupla israelense a vencer um torneio de tênis do Grand Slam no Aberto da Austrália.

Março de 2008 Aberto o primeiro restaurante casher no Cazaquistão.

26 de novembro de 2008 Terroristas muçulmanos atacam vários alvos em Mumbai, na Índia, inclusive um centro judaico.

2009 Lançado um serviço de TV em iídiche via satélite para atender a todo o Oriente Médio.

2009 O site de buscas Google lança na internet um serviço de tradução em iídiche.

2010 A Conferência sobre Reivindicações Materiais Judaicas Contra a Alemanha, que apoia sobreviventes do Holocausto no mundo inteiro, revela fraude de 42,5 milhões de dólares.

2010 A Arábia Saudita se recusa a emitir vistos para jogadores de xadrez israelenses que querem participar de um torneio.

2010 Liberados endereços na internet em hebraico.

Maio de 2011 Depois da extradição dos EUA, John Demjanjuk, nascido na Ucrânia, é condenado na Alemanha por ajudar a matar judeus no campo de extermínio de Sobibor durante a Segunda Guerra Mundial.

2012 O prefeito de Malmö, na Suécia, culpa os judeus pelos atentados e ataques a sinagogas e diz que é porque deixaram de condenar Israel.

2013 O aiatolá Ali Khamenei, líder supremo do Irã, diz que a realidade do Holocausto é incerta.

2013 Há cerca de nove milhões de falantes de hebraico no mundo.

2014 A chanceler alemã Merkel lidera uma manifestação contra o antissemitismo crescente.

2014 A Agência Judaica divulga um aumento de 20% dos emigrantes britânicos para Israel. Cerca de 54% dos judeus britânicos acham que não têm futuro no Reino Unido.

Leonid Hurwicz (1917-2008).

ISRAEL EM COMBATE: Terrorismo árabe, intifada e controvérsia

CRONOLOGIA 1964-1996

Foguete disparado de Gaza rumo a um alvo no sul de Israel.

2009 A ex-ministra do Exterior Tzipi Livni cancela os planos de visitar o Reino Unido devido a possíveis acusações de crime de guerra durante a Operação Chumbo Fundido.

2011 O Hamas e o Fatah se reconciliam temporariamente, e o primeiro-ministro Benjamin Netanyahu diz que será um brado pela destruição de Israel.

2011 Há 680 ataques de foguetes a Israel.

14-21 de novembro de 2012 A Operação Pilar de Defesa de Israel visa a refrear as atividades militares do Hamas em Gaza. O cessar-fogo é intermediado pelo Egito.

2014 Na Operação Margem de Proteção, Israel impede mais fogo de foguetes de Gaza sobre Israel. Mais de trinta túneis usados por militantes do Hamas são esvaziados. Durante a operação, o Hamas e outros grupos ativistas em Gaza disparam mais de quatro mil foguetes e morteiros sobre Israel, e os ataques aéreos ou em terra das FDI atingem mais de cinco mil alvos em Gaza. Mais de duas mil pessoas, na maioria habitantes de Gaza, morrem, e cerca de sete mil lares são destruídos.

Outubro de 2015 Começa uma nova intifada e uma onda de terrorismo.

2016 Nas colinas de Golan, os jihadis do Daesh disparam foguetes sobre uma unidade das FDI.

2017 Israel admite que realizou ataques aéreos a comboios do Hezbollah durante a guerra civil síria.

2018 A Funda de David, sistema para interceptar mísseis de médio alcance, entra em operação e se liga aos sistemas de proteção contra mísseis de curto e longo alcance.

2018 Um drone iraniano é lançado de Palmira, na Síria, até Israel e é destruído. Os ataques de retaliação de Israel destroem a base, mas um caça israelense é derrubado.

2018 Começam os protestos na fronteira de Gaza: os palestinos fazem objeção ao reconhecimento americano de Jerusalém como capital de Israel.

2018 Novamente, o Egito intermedeia um acordo de paz.

A Casa Nariman, em Mumbai, abrigava um centro Chabad-Lubavitch judeu, no qual terroristas mataram um rabino e a sua esposa.

Outubro de 2014 Uma análise da revista americana *Jewish Journal* constata que 150 milhões de europeus têm opiniões antissemitas arraigadas.

2015 Os últimos judeus de Alepo fogem da luta na Síria.

2015 Surgem questões sobre o uso do Skype para participar virtualmente de orações.

2015 A seita ortodoxa hassídica Satmar, de Nova York, proíbe Facebook, Whatsapp e outras mídias sociais.

2015 Lançada no Irã a Competição Internacional de Cartuns do Holocausto sobre o tema da negação do Holocausto.

2015 Neurocientistas do hospital Mount Sinai de Nova York descobrem que traumas como o Holocausto podem ser transmitidos aos filhos pelos genes.

2015 A CAA (campanha contra o antissemitismo) constata que quase metade da população britânica tem opinião antissemita e que 25% concordam que os judeus buscam mais o dinheiro do que os outros britânicos.

2015 Desenvolvidos aplicativos de comida casher.

2015 Um relatório do Departamento de Estado dos EUA afirma que o sentimento europeu anti-Israel cruza a fronteira do antissemitismo.

2016 Mais de 382.000 postagens antissemitas são enviadas às mídias sociais.

Maio de 2016 A IHRA (International Holocaust Remembrance Alliance ou Aliança Internacional de Recordação do Holocausto) concorda com uma nova definição do antissemitismo. Ela afirma que "considerar os judeus coletivamente responsáveis por ações do Estado de Israel" é antissemita.

Outubro de 2016 Uma resolução da Unesco ignora o legado judeu ao descrever o Muro das Lamentações como parte da Mesquita Al-Aqsa.

Dezembro de 2016 O Conselho de Segurança da ONU condena os assentamentos na Cisjordânia.

2016 As mulheres são autorizadas a cantar em eventos judaicos seculares na África do Sul depois de uma negociação com grupos ortodoxos que antes as proibiam.

2016 O jogo Pokémon Go é criticado por incluir locais do Holocausto.

2016 Pedro Pablo Kuczynski se torna o primeiro judeu presidente do Peru.

2016 A ONU realiza a primeira conferência sobre antissemitismo.

2016 O rabino Gershom Sizomu é eleito o primeiro parlamentar judeu de Uganda.

2017 A proibição pelo presidente americano Donald Trump de entrada nos EUA de pessoas nascidas em alguns países afeta judeus, que agora vivem no mundo inteiro.

Abril de 2017 António Guterres, secretário geral das Nações Unidas, é o primeiro chefe da ONU a falar num Congresso Mundial Judaico.

2017 Uma delegação de rabinos se reúne com o Papa Francisco e dá a primeira resposta oficial à declaração da Igreja Católica de 1965 sobre a sua grande mudança de atitude com os judeus.

Maio de 2018 Mahmoud Abbas, presidente da Autoridade Palestina, diz que os sionistas eram colaboradores do nazismo e agora são os seus sucessores.

2018 A Alemanha finalmente ressarce 25.000 judeus argelinos pela perseguição pela França de Vichy, aliada dos nazistas.

2018 O governo americano debate um Ato Antiboicote a Israel para proibir que empresas americanas auxiliem organizações governamentais internacionais com boicotes a Israel.

2018 Estima-se que a população judaica central do mundo seja de mais de 14,5 milhões de pessoas, com 83% em Israel e nos EUA..

AS ARTES: A CONTRIBUIÇÃO JUDAICA

Os nomes nestas páginas oferecem um testemunho impressionante da vasta contribuição dada pelo povo judeu à cultura ocidental e mundial. As listas dos grandes escritores, músicos e compositores do mundo ficariam bem incompletas sem o elemento judeu. Na verdade, a contribuição judaica à música ocidental, tanto clássica quanto popular, tem sido fenomenal, como demonstram os muitos nomes conhecidos citados nas próximas páginas (e são apenas os de maior destaque; há muitos, muitos mais). Dos principais virtuosos, maestros, compositores de teatro e cinema do século XX, há um número extraordinário de judeus, totalmente desproporcional em relação ao seu número na população como um todo. E cerca de metade dos integrantes do panteão da fama de compositores populares americanos é judia.

> Durante o período nazista na Alemanha, cerca de trezentos mil refugiados judeus saíram do país e da Europa central e foram para os Estados Unidos; entre eles, muitos escritores, diretores e atores, além de cientistas e acadêmicos.

ALGUNS ESCRITORES JUDEUS

Theodor W Adorno
Naomi Alderman
Kimvan Alkemade
Mary Antin
Hannah Arendt
Sholem Asch
Isaac Asimov
Shalom Auslander
Paul Auster
Bethany Ball
Emily Barton
Vicki Baum
Walter Benjamin
Irving Berlin
Maurice Blanchot
Allan Bloom
Louis D Brandeis
Hermann Broch
Anita Brookner
Geraldine Brooks
Lenny Bruce
Talia Carner
Noam Chomsky
Joshua Cohen
Alan Coren
Edward Dahlberg
Alain deBotton
Michel de Montaigne
Jacques Derrida
Anita Diamant
Benjamin Disraeli
Albert Einstein
Nathan Englander

Edna Ferber
Boris Fishman
Jonathon Safron Foer
Lauren Fox
Anne Frank
Sigmund Freud
Betty Friedan
Neil Gaiman
Rivka Galchen
Allen Ginsberg
Emma Goldman
William Goldman
Allegra Goodman
Ronald Harwood
Ben Hecht
Heinrich Heine
Joseph Heller
Lillian Hellman
Joshua Henkin
Dara Horn
Anthony Horowitz
Eugene Ionesco

Howard Jacobson
Franz Kafka
Arthur Koestler
Janusz Korczak
Jerzy Kosinski
Karl Kraus
Nicole Krauss
Stephen Laughton
Oscar Levant
Primo Levi
Walter Lippmann
Norman Mailer
Bernard Malamud
Herbert Marcuse
Groucho Marx
Karl Marx
André Maurois
Moses Mendelssohn
Arthur Miller
Amos Oz
Dorothy Parker
SJ Perelman

Harold Pinter
Elizabeth Poliner
Marcel Proust
Ayn Rand
Mordechai Richler
Laura Riding
Jack Rosenthal
Elizabeth Rosner
Philip Roth
Rebecca Schiff
Bruno Schulz
Delmore Schwartz
Maurice Sendak
Neil Simon
Peter Singer
Susan Sontag
Muriel Spark
Art Spiegelman
Benedict Spinoza
Gertrude Stein
Tom Stoppard
Mitchell Symons
Adam Thirwell
Lionel Trilling
Leon Trotsky
Barbara Tuchman
Julian Tuwim
Leon Uris
Simone Weil
Elie Wiesel
Naomi Wolf
Anzia Yezierska
Israel Zangwill

Isaac Asimov.

Emma Goldman.

ALGUNS ARTISTAS PLÁSTICOS JUDEUS

Marc Chagall
Judy Chicago
Jacob Epstein
Frank Gehry
Annie Leibovitz

Roy Lichtenstein
Amadeo Modigliano
Camille Pissarro
Mark Rothko

Paul Van Heyse (1830–1914).

Henri Bergson (1859–1941).

Boris Pasternak (1890–1960).

Nadine Gordimer (1923–2014).

JUDEUS GANHADORES DO PRÊMIO NOBEL DE LITERATURA

1910 Paul von Heyse
1927 Henri Bergson
1958 Boris Pasternak
1966 Shmuel Agnon
1966 Nelly Sachs
1976 Saul Bellow
1978 Isaac Bashevis Singer
1981 Elias Canetti
1987 Joseph Brodsky
1991 Nadine Gordimer
2002 Imre Kertész
2005 Harold Pinter
2016 Bob Dylan

FDC (*first-day cover*, ou envelope do dia do lançamento do selo) ucraniano que homenageia Shmuel Agnon (1888-1970).

AS ARTES: A CONTRIBUIÇÃO JUDAICA

COMPOSITORES JUDEUS DE MÚSICA ERUDITA

Charles Alkan
Matthew Aucoin
Milton Babbitt
Leonard Bernstein
Marc Blitzstein
Ernest Bloch
Jose Antonio Bowen
Aaron Copland
Richard Danielpour
David Diamond
Paul Dukas
Hanns Eisler
Lukas Foss
George Gershwin
Philip Glass
Reinhold Glière
Osvaldo Golijov
Michael Gorden
Louis Moreau Gottschalk
Morton Gould
Yossi Green
Jacques Halévy
Mauricio Kagel
Emmerich Kalman
AaronJay Kernis
Leon Kirchner
Erich Korngold
Leo Kraft
Fritz Kreisler
György Ligeti
Gustav Mahler
Joel Mandelbaum
Felix Mendelssohn
Giacomo Meyerbeer
Darius Milhaud
Lior Navok
Sarah Nemtsov
Jacques Offenbach
Steve Reich
George Rochberg
Alfred Schnittke
Arnold Schoenberg
William Schuman
Johann Strauss, Sr
Robert Starer
Oscar Straus
Ernest Toch
Emil Waldteufel
Kurt Weill
Julia Wolfe
Yehudi Wyner
Toby Young

Gustav Mahler, (1860–1911).

Giacomo Meyerbeer (1791–1864).

OUTROS COMPOSITORES JUDEUS

Drake
Pink
David Burger
Leonard Cohen
Neil Diamond
Bob Dylan
Art Garfunkel
Philip Glass
Shefa Gold
Debbie Harry
Billy Joel
Carole King
Mark Knopfler
Lenny Kravitz
Barry Manilow
Alan Menken
Bette Midler
Neil Sedaka
Julie Silver
Gene Simmons
Carly Simon
Paul Simon
Haim sisters
Patti Smith
Paul Stanley
Amy Winehouse
John Zorn

COMPOSITORES JUDEUS DE MÚSICA PARA O CINEMA

Elmer Bernstein
Saul Chaplin
Adolph Deutsch
Randy Edelman
Daniel Robert Elfman
Ernest Gold
Elliot Goldenthal
Jerry Goldsmith
Johnny Green
Marvin Hamlisch
Bernard Herrmann
James Horner
James Newton Howard
Michael Kamen
ErichWolfgang Korngold
Johnny Mandel
Alan Menken
Stanley Myers

Ira Newborn
Alfred Newman
David Newman
Thomas Newman
Alex North
Michael Nyman
André Previn
David Raksin
Leonard Rosenman
Miklós Rózsa
Lalo Schifrin
Howard Shore
Max Steiner
Morris Stoloff
Dimitri Tiomkin
Franz Waxman
Victor Young
Hans Zimmer

GRANDES PRODUTORAS JUDAICAS DE HOLLYWOOD

20th Century Pictures, fundada por Joseph Schenck
Columbia Pictures, fundada por Harry Cohn
Fox Film Corporation, fundada por William Fox (William Fried)
Goldwyn Pictures, fundada por Samuel Goldwyn (Samuel Gelbfisz)

Metro-Goldwyn-Mayer (MGM), formada por Louis B. Mayer com a fusão com a Goldwyn
Paramount Pictures, fundada por Adolph Zukor e Jesse I Lasky
Universal Pictures, fundada por Carl Laemmle
Warner Brothers, fundada pelos irmãos Harry e Jack Warner

PRODUTORES DE CINEMA MODERNOS

Jeffrey Katzenberg
Ryan Kavanaugh
Arnon Milchan
Steve Tisch

AS ARTES: A CONTRIBUIÇÃO JUDAICA

VIOLINISTAS JUDEUS

Leopold Auer
Miri Ben-Ari
Joshua Bell
Mischa Elman
Hilary Hahn
Jascha Heifetz
Joseph Joachim
Leila Josefowicz
Fritz Kreisler
Lord Yehudi Menuhin
Nathan Milstein
David Oistrakh
Itzhak Perlman
Gil Shaham
Hagai Shaham
Isaac Stern
Henryk Szeryng
Joseph Szigeti
Maxim Vengerov
Joshua Weilerstein
Henri Wieniawski
Pinchas Zukerman

Itzhak Perlman (n. 1945).

VIOLONCELISTAS JUDEUS

Natalie Clein
Karl Davydov
Emanuel Feuermann
Bernard Greenhouse
Natalia Gutman
Matt Haimovitz
Ofra Harnoy
Noah Hoffeld
Steven Isserlis
Mischa Maisky
Gregor Piatigorsky
David Popper
Jacqueline du Pré
Leonard Rose
Nathaniel Rosen
Daniil Shafran
János Starker
Alisa Weilerstein

David Popper
(1843–1913).

Mischa Maisky
(n. 1948).

PRODUTORES DE HOLLYWOOD

Judd Apatow
David Benioff
Jerry Bruckheimer
Bruce Cohen
Akiva Goldsman
Seth Green
Alan Heinberg
Max Mutchnick
Sam Nazarian
Nikki Reed
Josh Schwartz
Amy Sherman-Palladino
Bryan Singer
Darren Star
Matt Stone

Louis B. Mayer (sentado no centro da primeira fila) com atores do estúdio Metro-Goldwyn-Mayer em 1943.

Entrada dos Universal Studios, Hollywood, Califórnia

AS ARTES: A CONTRIBUIÇÃO JUDAICA

O mais antigo compositor judeu identificado de música secular foi Salamone Rossi, que, de 1587 a 1628, compôs madrigais e cançonetas e desenvolveu música instrumental na corte de Mântua. No entanto, a contribuição judaica à música erudita ocidental só começou realmente depois da emancipação dos judeus após a Revolução Francesa.

HUMOR JUDAICO O senso de humor judaico foi afiado por séculos de perseguição, com uma profunda noção de ironia e absurdo, geralmente exprimindo um fatalismo cansado do mundo que provoca risos nas piores situações. Os comediantes e humoristas judeus são numerosos demais para citar aqui, mas a sua influência tem sido imensa, principalmente no mundo da televisão, do rádio e do cinema.

"O homem consiste de duas partes, a mente e o corpo, só que o corpo se diverte mais."
– Woody Allen

"O comediante de hoje tem de carregar uma cruz que ele mesmo construiu. O comediante da geração anterior fazia um 'ato' e dizia ao público: 'Este é o meu ato'. O cômico de hoje não faz um ato. O público supõe que ele está dizendo a verdade. O que é verdade hoje pode ser uma baita mentira na semana que vem."
– Lenny Bruce

"Paz na Terra seria o fim da civilização que conhecemos."
– Joseph Heller

"Acho a televisão muito educativa. Toda vez que alguém liga o aparelho, vou para outro cômodo e leio um bom livro."
– Groucho Marx

"Se quiser saber o que Deus pensa do dinheiro, é só olhar as pessoas a quem ele o deu."
– *Dorothy Parker*

MUSICAIS COMPOSTOS POR JUDEUS

Bart **Oliver!**
Berlin **Bonita e valente**
Boublil e Schönberg **Miss Saigon**
Brooks **Primavera para Hitler**
Ebb e Kander **Chicago**
Gershwin e Gershwin **Porgy e Bess**
Harburg e Arlen **O mágico de Oz**
Harnick e Bock **O violinista no telhado**
Herman **Alô, Dolly**
Kern e Hammerstein **Show Boat**
Kleban e Hamlisch **A Chorus Line**
Lerner e Loewe **A lenda dos beijos perdidos, Camelot, Gigi, My Fair Lady, Os aventureiros do ouro**
Levy e Margoshes **Fame**
Loesser **Garotos e garotas**
Merrill e Styne **Funny Girl**
Rogers e Hammerstein **Carrossel, Oklahoma!, O rei e eu, A noviça rebelde, South Pacific**
Rogers e Hart **Meus dois carinhos**
Schwartz **Godspell, Wicked**
Sherman e Sherman **Mary Poppins**
Sondheim **Música numa noite de verão, Sweeney Todd**
Sondheim e Bernstein **Candide, West Side Story**
Sondheim, Lerner e Loewe **Um escravo das Arábias em Roma**

COMPOSITORES DE MUSICAIS

Adam Guettel
Alan Menken
Idina Menzel
Sarah Nemtsov
Claude Michel Schonberg

Dos muitos compositores e artistas judeus recentes na música popular, **Bob Dylan**, que nasceu Robert Zimmerman em 1941, é um dos mais importantes. Na década de 1960, as suas canções de protesto vocalizaram as emoções e o cinismo crescente da geração pós-Segunda Guerra Mundial.

O multitalentoso artista judeu negro Sammy Davis Jr. visita soldados feridos durante a Guerra dos Seis Dias no hospital Tel Hashomer, em Israel.

Natalie Portman (n. 1981).

AS ARTES: A CONTRIBUIÇÃO JUDAICA

DIRETORES DE CINEMA JUDEUS

JJ Abrams
Woody Allen
Darren Aronofsky
Yvan Attal
Peter Bogdanovich
Zach Braff
Mel Brookes
Lisa Cholodenko
George Cukor
Joel and Ethan Coen
Jon Favreau
William Friedkin
Larry Gelbart
Philip Haas
Charlie Kaufman
Stanley Kramer
Stanley Kubrick
John Landis
Fritz Lang
Mike Leigh

Ernst Lubitsch
Sidney Lumet
David Mamet
Joseph Mankiewicz
Sam Mendes
Nancy Meyers
Elijah Moshinsky
Sean Penn
Sidney Pollack
Roman Polanski
Otto Preminger
Sam Raimi
Max Reinhardt
Eli Roth
John Schlesinger
David Schwimmer
Amy Sherman-Palladino
Don Siegel
Bryan Singer
Barry Sonnenfeld

Steven Spielberg
Ben Stiller
Oliver Stone
Barbra Streisand
Genndy Tartakovsky
Billy Wilder
William Wyler
Fred Zinneman

... dos quais dois fizeram filmes recentes sobre o Holocausto que ganharam o Oscar: Spielberg (*A lista de Schindler*) e Polanski (*O pianista*), este último baseado em grande medida em experiências do próprio diretor

Mel Brookes (b. 1926).

Ernst Lubitsch (1892–1947).

George Cukor (1899–1983).

Sidney Lumet (1924–2011).

Stanley Kubrick (1928–99).

Ben Stiller (n. 1965).

ATORES E ATRIZES JUDEUS (UMA PEQUENA SELEÇÃO)

Nome do ator/atriz	Nome original
Jack Benny	Benjamin Kubelsky
Fanny Brice	Fanny Borach
George Burns	Nathan Birnbaum
Groucho Marx	Julius
Harpo Marx	Adolf
Chico Marx	Leonard
Sophie Tucker	Sophie Abuza
Edward G Robinson	Emmanuel Goldenberg
Melvin Douglas	Melvyn Hesselberg
Paulette Goddard	Paulette Levy

John Garfield	Julius Garfinkle
Lauren Bacall	Betty Perske
Danny Kaye	David Kaminsky
Kirk Douglas	Danielovitch Demsky
Jeff Chandler	Ira Grossel
Lee J Cobb	Leo Jacobi
Shelley Winters	Shirley Schrift
Tony Curtis	Bernard Schwartz
Natalie Portman	Natalie Hershlag

OUTROS ATORES E ATRIZES JUDEUS

Dianna Agron
Ben Barnes
Rachel Bloom
Zach Braff
Alison Brie
Adam Brody
Adrien Brody
Emory Cohen
Sacha Baron Cohen
Jennifer Connelly
Alden Ehrenreich
Jesse Eisenberg
Ben Feldman
Ben Foster
Dave Franco
James Franco
Sarah Michelle Geller
Gal Godet
Joseph Gordon-Levitt

Seth Green
Tyler Hoechlin
Dustin Hoffman
Jake Gyllenhaal
Jonah Hill
Kate Hudson
Helen Hunt
Jason Isaacs
Scarlett Johansson
Rashida Jones
Lisa Kudrow
Shia LaBeouf
Logan Lerman
Matt Lucas
Marlee Matlin
Debra Messing
Ezra Miller
Sam Nazarian
Gwyneth Paltrow

Amanda Peet
Joaquin Phoenix
Natalie Portman
Daniel Radcliffe
Nikki Reed
Seth Rogan
Michael Rosenbaum
Ben Rosenfield
Emmy Rossum
Eli Roth
Paul Rudd
Adam Sandler
Ben Schnetzer
Liev Schreiber
Daniel Sharman
Sarah Silverman
Howard Stern
Rachel Weisz

CIÊNCIA E FILOSOFIA: A CONTRIBUIÇÃO JUDAICA

Uma pequena escola judaica típica representada por Moritz Oppenheim.

O judaísmo valoriza o aprendizado, a sabedoria e a erudição. As famílias e comunidades judaicas sempre fizeram o máximo esforço para equipar os meninos (e frequentemente também as meninas) pelo menos com a leitura básica, para que pudessem entender os textos sagrados. Os estudos talmúdicos mais profundos estimularam a capacidade de indagação filosófica. Portanto, para os alunos judeus é um pequeno passo se destacarem em muitas ciências. Com o passar dos anos, eles deixaram a sua marca em muitas áreas: filosofia, matemática, medicina e direito, além de disciplinas mais novas, como psicologia, física, bioquímica.

**ALGUNS CIENTISTAS JUDEUS IMPORTANTES
IDADE MÉDIA E RENASCIMENTO**

Abraão bar Hia Hanaci ou Savasorda (1070-1136)
Nascido na Espanha, escreveu o primeiro livro de álgebra em árabe da Europa e a primeira enciclopédia em hebraico.

Abraão ben Meir ibn Ezra (1092-1167)
Poeta, cientista e matemático, ibn Ezra foi forçado a partir da Espanha muçulmana em 1140. Instalou-se na Itália e escreveu as suas obras mais famosas, disseminando o conhecimento de estudiosos judeus e árabes em toda a Europa.

Jacob ben Machir ibn Tibbon (1236-1312)
Também chamado de Profátius, os seus livros de tabelas astronômicas foram usados por Copérnico e mencionados por Dante na *Divina comédia*.

Levi ben Gershon (1288-1344)
Também conhecido como Gersônides ou Ralbag. Nascido na França, em 1321 escreveu o seu primeiro livro de matemática, seguido por vário outros, um deles, pelo menos, a pedido do bispo de Meaux. Ele também inventou o cajado de Jacó, instrumento para medir a distância entre objetos celestes.

Abraão Zacuto (1452-c. 1515)
Com o patrocínio do bispo de Salamanca, em 1473-1478 ele escreveu a importante obra astronômica *Ha-jibbur Ha-gadol*. As suas tabelas e gráficos foram usados por Cristóvão Colombo na viagem pelo Atlântico. Forçado a partir da Espanha, Zacuto se tornou astrônomo do rei João II de Portugal. Forneceu um astrolábio aprimorado, além de cartas e tabelas marítimas, a Vasco da Gama para a viagem de 1496 à Índia.

A HISTÓRIA JUDAICA DA MEDICINA

O ORIENTE MÉDIO

A medicina se tornou um objeto de estudo tradicional dos sábios judeus, e as escolas médicas prosperaram no Império Persa. Os médicos judeus ficaram famosos em todo o império e, mais tarde, em todos os países árabes. Também havia uma razão extremamente prática para esse tema acadêmico: caso fossem forçados a abandonar um país e ir para outro lugar, a medicina era um ofício portátil e bem recebido em qualquer lugar do mundo.

Mar Samuel (180-254 EC), nascido em Neardeia, na Babilônia, foi o médico mais famoso da época, conhecido principalmente pela invenção de uma pomada para os olhos. Responsável por algumas normas dietéticas e de higiene do Talmude, ele ilustrou o modo como algumas leis judaicas estão ligadas a benefícios médicos e higiênicos.

Asaph Harofe, no século VI, desenvolveu na Palestina e na Síria o "Juramento de Mil Palavras", semelhante ao Juramento de Hipócrates, para os estudantes de medicina. Os seus alunos compilaram o mais antigo manuscrito médico em hebraico, o *Livro de Assaf, o médico*.

IDADE MÉDIA

A partir de Espanha e Portugal, prósperos sob o domínio muçulmano, os médicos judeus levaram lentamente o seu conhecimento para a Europa cristã.

Isaac Israeli (Isaac Judaeus ou Isaque, o Judeu), de Cairuão (855-955 EC), se tornou médico de Abdalá Almadi Bilá, fundador da dinastia fatímida, no Magreb. Escreveu sobre lógica e física e também sobre farmacologia, febres, medicamentos e ética e influenciou grandes médicos árabes como Avicena e Avenzoar, além de estudiosos europeus.

Na época áurea da Espanha, os estudiosos judeus, além de continuar desenvolvendo a ciência da medicina, também trabalharam como tradutores e disponibilizaram o conhecimento clássico e as novas descobertas ao mundo cristão e muçulmano. Em muitíssimos casos, o médico da corte, na Europa e no Oriente Médio, era judeu.

Um deles foi **Moisés Maimônides** (1135-1204). Entre os seus muitos textos, havia dez obras médicas científicas, inclusive o extremamente influente *Tratado sobre venenos, antídotos e aforismos*. Em 1185, expulso da Espanha natal, passou a fazer parte da corte do sultão Saladino, no Egito, onde escreveu sobre o seu extenuante cronograma diário, ministrando remédios e aprimorando a sua filosofia.

Outros grandes médicos da época foram **Ibn Zuhr** (Avenzoar, c. 1070-1161) e **Abraão ben Meir ibn Ezra** (Abenezra, c. 1092-1167).

RENASCIMENTO E PÓS-RENASCIMENTO

Em 1500, talvez metade dos médicos da Europa fossem judeus, embora a população judaica da Europa fosse de apenas 1%, mais ou menos. Com as grandes escolas da Espanha fechadas pela conquista cristã, muitos estudiosos judeus se refugiaram nos colégios rabínicos da Europa. Outros consentiram com a conversão forçada, embora o corpo de Garcia da Orta (1501-1568), que criou uma famosa horta medicinal em Goa, na Índia, e escreveu uma Farmacopeia muito usada, fosse exumado pela Inquisição quando souberam que era judeu.

Outros médicos judeus famosos, conversos ou não, foram Amatus Lusitanus (João Rodrigues Castelo Branco, 1511-1568) e Zacutus Lusitanus (Abraão Zacuto, 1575-1642).

Os gigantes intelectuais Sigmund Freud (à esquerda) e Albert Einstein (à direita), dois dos muitos refugiados eminentes dos nazistas na década de 1930. Einstein (right), two of many eminent refugees from the Nazis during the 1930s.

CIÊNCIA E FILOSOFIA: A CONTRIBUIÇÃO JUDAICA

Com o Iluminismo e a emancipação, a contribuição dos cientistas médicos judeus começou a receber pleno reconhecimento. Os vencedores posteriores do Prêmio Nobel foram precedidos por gigantes como Isaac Hays (1796-1879), Jacques Loeb (1859-1924), Waldemar Haffkine (1860-1930), Joseph Goldberger (1874-1929), Florence Rena Sabin (1871-1953) e Janusz Korczak (1878-1942). Os nazistas ofereceram a Korczak, pediatra e educador mundialmente famoso, a oportunidade de escapar da deportação do Gueto de Varsóvia. Ele se recusou a abandonar os órfãos de que cuidava e morreu com eles em Treblinka.

PRÊMIO NOBEL DE CIÊNCIAS BIOMÉDICAS
Número Total De Ganhadores Judeus: 53

Robert Barany
(1876–1936).

Karl Landsteiner
(1868–1943).

Gerty Theresa Radnitz
Cori (1896-1957) e o
marido Carl Ferdinand
Cori (1896-1984).

Konrad Bloch
(1912–2000).

Ano	Ganhador do Nobel	Nascido em
1908	Paul Ehrlich	Alemanha
1908	Elie Metchnikoff	Rússia
1914	Robert Barany	Áustria
1922	Otto Fritz Meyerhof	Alemanha
1930	Karl Landsteiner	Áustria
1936	Otto Loewi	Áustria
1944	Joseph Erlanger	EUA
1945	Ernst Boris Chain	Alemanha
1946	Hermann J Muller	EUA
1947	Gerty Theresa Radnitz Cori	República Tcheca
1950	Tadeus Reichstein	Polônia
1952	Selman A Waksman	Rússia
1953	Hans Adolf Krebs	Alemanha
1953	Fritz Albert Lipmann	Alemanha
1958	Joshua Lederberg	EUA
1959	Arthur Kornberg	EUA
1964	Konrad Bloch	Alemanha
1965	François Jacob	França
1965	Andre Lwoff	França
1967	George Wald	EUA
1968	Marshall W Nirenberg	EUA
1969	Salvador E Luria	Itália

Andrew V Schally (n. 1926).   Rita Levi Montalcini (1909–2012).   Martin Rodbell (1925–98).   Eric Richard Kandel. (n. 1929)

Ano	Ganhador do Nobel	Nascido em
1970	Julius Axelrod	EUA
1970	Bernard Katz	Alemanha
1972	Gerald M Edelman	EUA
1975	David Baltimore	EUA
1976	Baruch S Blumberg	EUA
1977	Andrew V Schally	Polônia
1977	Rosalyn Yalow	EUA
1978	Daniel Nathans	EUA
1980	Baruj Benacerraf	Venezuela
1984	Cesar Milstein	Argentina
1985	Michael S Brown	EUA
1985	Joseph L Goldstein	EUA
1986	Stanley Cohen	EUA
1986	Rita Levi-Montalcini	Itália
1988	Gertrude B Elion	EUA
1989	Harold E Varmus	EUA
1994	Alfred G Gilman	EUA
1994	Martin Rodbell	EUA
1997	Stanley B Prusiner	EUA
1998	Robert F Furchgott	EUA
2000	Eric R Kandel	Áustria
2000	Paul Greengard	EUA
2002	Sydney Brenner	África do Sul
2002	H Robert Horvitz	EUA
2004	Richard Axel	EUA
2006	Andrew Z Fire	EUA
2011	Ralph M Steinman	Canadá
2011	Bruce A Beutler	EUA
2013	Randy W Schekman	EUA
2013	James E Rothman	EUA
2017	Michael Rosbash	EUA

Na próxima página: O Dr. Julius Axelrod (1912-2004) recebeu o Prêmio Nobel (com mais dois cientistas) pelo trabalho sobre "transmissores humorais nos terminais nervosos e o mecanismo do seu armazenamento, liberação e desativação".

CIÊNCIA E FILOSOFIA: A CONTRIBUIÇÃO JUDAICA

PRÊMIO NOBEL DE FÍSICA
Número total de ganhadores judeus: 53

Ano	Ganhador do Nobel	Nascido em
1907	Albert A Michelson	Polônia
1908	Gabriel Lippmann	Luxemburgo
1921	Albert Einstein	Alemanha
1922	Niels Bohr	Dinamarca
1925	James Franck	Alemanha
1943	Otto Stern	Alemanha
1944	Isidor Isaac Rabi	Áustria
1945	Wolfgang Pauli	Áustria
1952	Felix Bloch	Suíça
1954	Max Born	Polônia
1958	Il'ja M Frank	Rússia
1958	Igor Y Tamm	Rússia
1959	Emilio Gino Segre	Itália
1960	Donald A Glaser	EUA
1961	Robert Hofstadter	EUA
1962	Lev D Landau	Uzbequistão
1963	Eugene P Wigner	Hungria
1965	Richard P Feynman	EUA
1965	Julian Schwinger	EUA
1967	Hans A Bethe	EUA
1969	Murray Gell-Mann	EUA
1971	Dennis Gabor	Hungria
1972	Leon N Cooper	EUA
1973	Brian D Josephson	Reino Unido
1975	Ben Roy Mottelson	EUA

Acima: Albert Abraham Michelson (1852-1931). À esquerda: Livros de e sobre Richard Feynman (1918-1988), arrumados na estante de uma livraria no California Institute of Technology.

Ano	Ganhador do Nobel	Nascido em
1976	Burton Richter	EUA
1978	Pyotr L Kapitsa	Rússia
1978	Arno A Penzias	Alemanha
1979	Sheldon L Glashow	EUA
1979	Steven Weinberg	EUA
1988	Leon M Lederman	EUA
1988	Melvin Schwartz	EUA
1988	Jack Steinberger	Alemanha
1990	Jerome I Friedman	EUA
1992	Georges Charpak	Polônia
1995	Martin L Perl	Rússia
1995	Frederick Reines	EUA
1996	David M Lee	EUA
1997	Claude Cohen-Tannoudji	Argélia
2000	Zhores I Alferov	Rússia
2003	Vitaly L Ginzburg	Rússia
2003	Alexei A Abrikosov	Rússia
2004	H David Politzer	EUA
2004	David Gross	EUA
2005	Roy Glauber	EUA
2011	Saul Perlmutter	EUA
2011	Adam G Riess	EUA
2012	Serge Haroche	Marrocos
2013	Francois Englert	Bélgica
2016	J Michael Kosterlitz	Reino Unido
2017	Barry C Barish	EUA
2017	Rainer Weiss	Alemanha
2018	Arthur Ashkin	EUA

Acima: Claude Cohen-Tannoudji (n. 1933). À direita: Placa de homenagem a Lev D. Landau (1908-1968) em Baku, sua cidade natal no Uzbequistão.

CIÊNCIA E FILOSOFIA: A CONTRIBUIÇÃO JUDAICA

PRÊMIO NOBEM DE QUÍMICA
Número Total de Ganhadores Judeus: 54

George de Hevesy (1885–1966).

George A Olah (1927–2017).

Year	Ganhador do Nobel	Nascido em
1905	JFW Adolf von Baeyer	Alemanha
1906	Henri Moissan	França
1910	Otto Wallach	Alemanha
1915	Richard M Willstatter	Alemanha
1918	Fritz Haber	Alemanha
1943	George de Hevesy	Hungria
1961	Melvin Calvin	EUA
1962	Max F Perutz	Áustria
1972	Christian B Anfinsen	EUA
1972	William H Stein	EUA
1977	Ilya Prigogine	Rússia
1979	Herbert C Brown	Ucrânia
1980	Paul Berg	EUA
1980	Walter Gilbert	EUA
1981	Roald Hoffmann	Polônia
1982	Aaron Klug	Lituânia
1985	Herbert A Hauptman	EUA
1985	Jerome Karle	EUA
1989	Sidney Altman	Canadá
1992	Rudolph A Marcus	Canadá
1994	George A Olah	Hungria
1998	Walter Kohn	Áustria
2000	Alan J Heeger	EUA
2004	Avram Hershko	Hungria
2004	Aaron Ciechanover	Israel
2004	Irwin Rose	EUA
2006	Roger D Kornberg	EUA
2008	Martin Chalfie	EUA
2009	Ada E Yonath	Israel
2011	Dan Shechtman	Israel
2012	Robert Lefkowitz	EUA
2013	Arieh Warshel	Israel
2013	Michael Levitt	EUA/Reino Unido/Israel
2013	Martin Karplus	EUA/Áustria

Emile Berliner com o seu gramofone.

Lisa Meitner (1878-1968).

PRINCIPAIS CIENTISTAS DA ERA MODERNA

David Ricardo	1772–1823	fundou a escola clássica de Economia
Ferdinand Cohn	1828–98	bacteriologista
Emile Berliner	1851–1929	inventor
Albert Michelson	1852–1931	físico
Sigmund Freud	1856–1939	"pai da psiquiatria moderna", desenvolveu a psicanálise
Emile Durkheim	1858–1917	sociólogo
Lise Meitner	1878–1968	física
Albert Einstein	1879–1955	físico, o cientista mais famoso do mundo
Niels Bohr	1885–1962	físico
Leo Szilard	1898–1964	físico; ciberneticista
Enrico Fermi	1901–54	físico, produziu a primeira reação nuclear em cadeia em 1942
John Von Neumann	1903–57	matemático
Gregory Pincus	1903–67	desenvolveu a pílula anticoncepcional
Jonas Salk	1914–95	médico que descobriu a vacina da poliomielite e se recusou a patenteá-la
Rosalind Franklin	1920–58	desenvolveu fotografias do DNA por difração de raios X
Giuliana Tesoro	1921–2002	química
Mendel Sachs	1927–2012	físico
Daniel Kahneman	1934–	psicólogo
Carl Sagan	1934–96	astrônomo e divulgador da ciência
Lynn Margulis	1938–2011	bióloga evolucionária

Jonas Salk (1914-1995).

CIÊNCIA E FILOSOFIA: A CONTRIBUIÇÃO JUDAICA

Disco de gramofone com o cantor de ópera Enrico Caruso, produzido pela Gramophone de Emile Berliner por volta de 1907-1909.

CALENDÁRIO, FESTAS, DIAS SANTOS

No calendário hebreu, o ano 0 não é a criação do universo, mas a criação de Adão e Eva.
O calendário judaico é uma negociação entre a contagem solar e a lunar. Há doze meses de 29,5 dias cada, baseados na Lua. Assim se forma um ano de 354 dias, onze a menos do que o ano solar de 365 dias. Para sincronizá-lo com o calendário totalmente solar, um mês extra, outro adar (e adar então se torna adar II), é acrescentado a cada dois ou três anos, em "anos bissextos". O ano começa na primavera, no mês de nisan, quando ocorre o Pessach. No entanto, o Ano Novo, quando muda a data, é em tisri, o sétimo mês.

Os cálculos matemáticos que embasaram o calendário foram determinados por volta de 359 EC por Hilel II, líder do Sinédrio. Antes dos seus cálculos, os integrantes do Sinédrio anunciavam as datas e festas do calendário com observações confirmadas da lua nova. Mensageiros ou sinais informavam os anúncios às comunidades da Diáspora. É óbvio que haveria demora até os grupos mais distantes receberem a notícia, e por essa razão as festas mais importantes recebiam um dia a mais para a comemoração.

Como as datas hebraicas começam ao pôr do sol, todas as festas, com exceção de alguns jejuns, se iniciam na noite anterior ao dia festivo. Isso acontece porque, quando Deus criou o mundo, os Seus dias começavam à noite. Todas as festas e comemorações incluem orações especiais e cultos na sinagoga.

Pintura europeia medieval do Pessach, comemoração que permaneceu a mesma durante séculos.

TIPOS DE FESTA
OS PRINCIPAIS DIAS SANTOS
• Rosh Hashaná (Ano Novo) • Dias do Arrependimento • Yom Kipur
AS FESTAS DE PEREGRINAÇÃO
Comemoram a jornada dos israelitas do cativeiro no Egito à Terra Prometida. Nessas ocasiões, os judeus são ordenados pela Torá a ir ao Templo de Jerusalém. • Pessach (Páscoa) • Shavuot (Pentecostes) • Sucot (Tabernáculos)
COMEMORAÇÕES
• Simchat Torá • Hanucá (Festa das Luzes) • Tu Bishvat • Purim (Sorteio) • Lag BaÔmer
RECORDAÇÃO
• Tishá BeAv • Yom HaShoá (Dia da Lembrança do Holocausto)

MESES
Nisan
Iyar
Sivan
Tamuz
Av
Elul
Tisri
Marchesvan
Casleu
Tebeth
Shebat
Adar
(Adar II)

As fogueiras comemoram Lag BaÔmer, festa ligada a vários eventos, entre eles o falecimento do rabino Shimon bar Yochai no século I.

CALENDÁRIO, FESTAS, DIAS SANTOS

CERIMÔNIAS FAMILIARES

CIRCUNCISÃO (BRIT MILÁ)

Fé familiar, as cerimônias judaicas do ciclo da vida começam com o nascimento dos filhos.

No oitavo dia após o parto de um menino, a circuncisão marca a entrada do bebê na aliança com Deus. Além da cirurgia de circuncisão, a cerimônia formalmente dá nome ao menino.

O costume se baseia em Gênesis 17:10-11, quando Deus disse a Abraão: "Esta é Minha aliança, que guardareis entre Mim e vós e a tua descendência depois de ti: todo homem será circuncidado. E circuncidareis a carne de vosso prepúcio, e isto será o sinal da aliança entre Mim e vós."

Embora não haja rituais para o nascimento de uma menina, há muitos costumes para comemorar o evento.

Meninas judias egípcias fazem fila em Alexandria durante o Bat Mitzvá.

BAR MITZVÁ E BAT MITZVÁ

Bar e Bat Mitzvá significam simplesmente filho e filha dos mandamentos. Na idade de 13 anos para os meninos e 12 para as meninas, as crianças se tornam responsáveis o suficiente

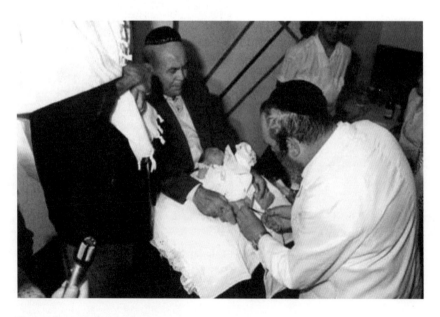

Circuncisão ritual, sinal da Aliança.

para observar todos os mandamentos. Também obtêm maioridade para gozar de certos direitos: assinar contratos, depor em tribunais religiosos, participar plenamente de cultos religiosos e ser contados no número mínimo de pessoas necessário para alguns cultos.

Esses direitos e obrigações acontecem automaticamente; nenhuma cerimônia é exigida. Mas, com o tempo, desenvolveram-se comemorações elaboradas para marcar formalmente a maioridade do jovem. Além da festa, o jovem será chamado à Torá para fazer a leitura adequada e recitar uma bênção sobre a leitura semanal.

As velas de Yahrtzeit são acesas em memória dos entes queridos no aniversário da morte.

CASAMENTOS

O ketubá ou contrato de casamento tem de ser assinado antes que o matrimônio comece. O costume é:
- jejuar antes
- o noivo encobre a noiva
- a noiva anda em torno do noivo
- o casal fica sob a chupá (toldo matrimonial)
- aliança de casados
- leitura da ketubá
- taças de vinho simbólicas
- o noivo pisa numa taça e a quebra
- dança
- chalá especial (pão doce)

MORTES E FUNERAIS

Na lei judaica, os mortos têm de ser sepultados na terra. O embalsamamento e a cremação não são aceitos, a não ser pelos judeus liberais e da Reforma.

Enquanto o túmulo é enchido, recita-se o kadish, oração especial para os mortos. A lembrança do morto é recordada pela oração do yizkor, recitada em várias ocasiões do ano.

Há estágios diferentes do luto. O primeiro é observado por uma semana. O segundo, por um mês. O terceiro, para quem perdeu um pai ou mãe, é observado durante um ano.

O noivo quebra uma taça na cerimônia de casamento..

Nos movimentos judaicos progressistas, meninos e meninas são tratados exatamente da mesma maneira. Entretanto, entre os haredim as mulheres não participam de cultos religiosos da mesma maneira que os homens.

CALENDÁRIO, FESTAS, DIAS SANTOS

ALGUMAS FESTAS PRINCIPAIS

ROSH HASHANÁ
Significado Ano Novo (cabeça ou primeiro dia do ano).
Data e duração 1 de tisri, dois dias (geralmente, em setembro).
Comemora a Criação. Início do Ano Novo (embora não o início do calendário civil).
Cerimônias e símbolos O xofar ou shofar (berrante de chifre de carneiro) é tocado. Os cultos enfatizam o reino de Deus. Marca o início dos Dias Terríveis ou Dias de Arrependimento, quando Deus sopesa o bem e o mal que o indivíduo fez durante o ano anterior e decide o que o ano seguinte trará.

YOM KIPUR
Significado O Dia do Perdão.
Data e duração 10 de tisri, por 25 horas.
Comemora O dia mais solene e sagrado em que Deus fecha o Livro da Vida e julga como será o próximo ano para cada indivíduo. Recorda o perdão de Deus ao povo por adorar o Bezerro de Ouro.
Cerimônias e símbolos Historicamente, ocasião do bode expiatório, sacrifício que expia os pecados de todo o povo. Cinco cultos especiais na sinagoga começam com a oração noturna Kol Nidre, entoada pelo cantor, que pede perdão a Deus pelos juramentos inadequados que não puderam ser cumpridos. Essa data remonta à época em que os judeus foram convertidos à força ao cristianismo ou ao islamismo. Época de abstinência e espiritualidade.

Página ao lado: os itens tradicionais associados a Rosh Hashaná são vinho, a taça de prata do kidush, o shofar, um prato com mel, maçãs e romãs.

O toque do shofar num dos lugares mais sagrados do judaísmo, o Muro das Lamentações do Templo de Jerusalém.

CALENDÁRIO, FESTAS, DIAS SANTOS

ALGUMAS FESTAS PRINCIPAIS

SUCOT

Significado Festa das Cabanas (*sucot* significa cabanas ou barracas) ou Festa dos Tabernáculos (a palavra latina).

Data e duração 15 de tisri, no outono do hemisfério norte, durante sete dias

Comemora A perambulação no deserto entre o Êxodo e a chegada à Terra Prometida e a proteção de Deus no deserto. Tradicionalmente, uma festa da colheita para agradecer a Deus pelos bons frutos.

Cerimônias e símbolos Constrói-se uma cabana ou sucá a céu aberto para dormir ou, pelo menos, comer. Muitas congregações constroem uma sucá comunitária. As quatro "espécies" são erguidas em celebração: uma *etrog* (cidra amarela, fruta cítrica doce) e ramos de murta, palmeira e salgueiro. Uma época de alegria.

Sucás no Brooklyn, em Nova York.

HANUCÁ

Significado Inauguração. Festa das Luzes.

Data e duração 25 de casleu, durante oito dias (em geral, dezembro).

Comemora O milagre que permitiu a reconsagração do Templo pelos macabeus em 164 AEC, depois de terem recuperado Israel dos selêucidas. As chamas da menorá do Tempo deveriam arder o tempo todo, mas só havia óleo impoluto para uma noite. Milagrosamente, elas continuaram ardendo pelas oito noites necessárias para preparar mais óleo.

Cerimônias e símbolos As velas especiais da menorá são acesas de forma simbólica, uma a mais a cada noite. Comem-se pratos especiais da festa, que contêm óleo, e se praticam jogos, principalmente o *dreidel* ou pião.

Crianças fantasiadas para o Purim.

Acendendo as velas de Hanucá.

PURIM

Significado Sorteio (Hamã lançou os dados para decidir o dia em que destruiria os judeus).

Data e duração 14 ou 15 de adar, o décimo segundo mês (em geral, coincide com março).

Comemora Ester salva os judeus na Pérsia da destruição nas mãos de Hamã, cerca de dois mil anos atrás.

Cerimônias e símbolos Leitura do livro de Ester. Banquete e festa. Há doações de caridade, principalmente comida e bebida, e o consumo de álcool é incentivado.

PESSACH
Significado Passagem.

Data e duração 15 de nisan, o primeiro mês do ano, portanto o primeiro festival da Peregrinação. Em Israel, dura nove dias, como especificado na Torá. Na Diáspora, os judeus viviam tão longe uns dos outros que não ouviam a tempo quando começar a observância, e um dia a mais é acrescentado fora de Israel.

Comemora A liberdade da escravidão no Egito, por volta de 1300 AEC.

Cerimônias e símbolos Leituras especiais na sinagoga, mas é principalmente uma cerimônia familiar, comemorada em casa. Também chamada de Festa da Primavera, já foi um festival campestre que comemorava o início do ano agrícola, uma época de esperança e vida nova.

Hagadá, a história de Pessach Deus promete aos israelitas que os libertará da escravidão e os levará para a Terra Prometida de Canaã. Deus manda dez pragas sobre o Egito para forçar o faraó a deixar o povo partir sob o comando de Moisés.

Pessach: Para escapar da última praga, os israelitas receberam ordens específicas:
• sacrificar um cordeiro
• pincelar o sangue do cordeiro na moldura da porta, para que o anjo da morte passasse sobre o lar israelita
• comer o cordeiro com pão ázimo e ervas amargas.

Êxodo: A 10ª praga, o anjo da morte, finalmente convenceu o faraó, que ordenou a Moisés que levasse os israelitas do Egito imediatamente. O povo não teve tempo de acrescentar fermento ao pão e levou consigo a massa não fermentada.

Preparativos para a festa: Limpar da casa todos os vestígios de fermento (chametz); busca ritual de chametz na casa; os primogênitos jejuam no dia anterior ao Pessach para comemorar que os israelitas escaparam da 10ª praga.

Observância:
• Sêder

Refeições rituais do sêder (que significa "ordem"), com louça e talheres especiais, pratos simbólicos e uma estrutura específica. Entre os alimentos, há pão ázimo e osso de cordeiro.

• **Leitura da Hagadá**

Inclui a pessoa mais jovem, que explica que essa noite é diferente de todas as outras e faz as **Quatro perguntas** sobre a cerimônia.

Mesa de sêder posta para a refeição festiva.

Alimentos no prato do sêder (em sentido horário, a partir de cima): maror (alface romana), zeroa (osso de pernil assado), charosset (doce de frutas secas), chrein (raiz-forte com beterraba), karpás (talos de aipo) e beitzá (ovo assado).

MUSEUS E MEMORIAIS

África do Sul
Museu Judaico, Cidade do Cabo

Alemanha
Departamento Judaico do Museu de Hamburgo
Casa da Conferência de Wannsee, Wannsee
Museu de Cultura Judaica, Augsburgo
Museu Judaico de Berlim
Museu Judaico da Francônia, Furth
Museu Judaico de Frankfurt
Museu Judaico de Munique
Museu Judaico da Vestfália, Dorsten
Memorial do Kindertransport, Berlim
Memorial dos Homossexuais perseguidos pelo nazismo, Berlim
Museus Memoriais das Vítimas do Nacional--Socialismo
Memorial Bergen-Belsen, Lohheide
Memorial Buchenwald, Buchenwald
Memorial do Campo de Concentração de Dachau, Dachau
Centro de Documentação e Informações dos Campos de Emsland, Papenburg
Museu Memorial do Campo de Concentração Feminino de Ravensbrück, Furstenberg
Coleção Judaica da Casa Rashi, Worms

Argentina
Museo del Holocausto, Buenos Aires

Austrália
Museu Judaico do Holocausto, Melbourne
Museu Judaico da Austrália, St. Kilda, Vitória
Museu Judaico de Sydney

Áustria
Museu Judaico Austríaco, Eisenstadt
Museu Judaico, Hohenems
Museu Judaico de Viena
Memorial do Campo de Concentração de Mauthausen, Viena

Bielorrússia
Museu Marc Chagall, Vitebsk

Bélgica
Museu Judaico da Bélgica, Bruxelas
Museu Mechelen de Deportação e Resistência, Malines

Bósnia-Herzegovina
Museu Judaico, Sarajevo

Brasil
Museu Judaico, Rio de Janeiro
Museu Judaico de São Paulo

Bulgária
Museu Judaico, Sófia

Canadá
Museu Beth Tzedec Reuben e Hélène Dennis, Toronto
Centro Família Freeman de Educação sobre o Holocausto, Winnipeg
Coleção Jacob M. Lowy, Biblioteca Nacional do Canadá, Ottawa
Museu Militar Judaico Canadense, Toronto
Museu Judaico e Arquivos da Colúmbia Britânica, Vancouver
Centro Memorial do Holocausto de Montreal
Museu Histórico Judaico de Saint John, New Brunswick
Museu do Patrimônio Silverman, North York
Museu Judaico Marion e Ed Vickar do Oeste do Canadá, Winnipeg

China
Memorial do Refugiado Judeu de Xangai

Croácia
Museu Judaico, Dubrovnik
Centro de Pesquisa e Documentação de Vítimas e Sobreviventes do Holocausto, Zagreb

Dinamarca
Museu Judaico Dinamarquês, Copenhague

Eslováquia
Museu Judaico, Bratislava

Espanha
Museu de História Judaica, Museu Sefardita
Girona, Toledo
Sinagoga de Córdoba

Estônia
Museu Judaico da Estônia, Talin

EUA
Museu Histórico Judaico do Alasca, Anchorage
Centro Anne Frank, Nova York
Museu Nacional Judaico Klutznick B'nai B'rith, Washington
Museu e Centro Educacional do Holocausto DC CANDLES, Terre Haute
Museu Judaico Contemporâneo, São Francisco
Centro Memorial do Holocausto de Dallas
Museu do Holocausto de El Paso
Museu do Holocausto da Flórida, St. Petersburg
Hebrew Union College, Nova York
Museu Herbert e Eileen Bernard, Congregação Emanu-El, Nova York
Museu Centro Memorial do Holocausto, Maitland, Flórida
Centro Memorial do Holocausto, West Bloomfield, Michigan
Monumento ao Holocausto, Los Angeles
Museu e Centro de Aprendizado do Holocausto, St. Louis
Museu e Centro de Estudos do Holocausto, Nova York
Centro de Recursos sobre o Holocausto, Buffalo
Museu e Centro de Recursos sobre o Holocausto, Scranton, Pensilvânia
Museu do Holocausto de Houston
Museu e Centro Educacional do Holocausto do Illinois, Chicago
Museu das Crianças Judias, Nova York
Museu Judaico, Nova York
Museu Judaico da Flórida, Miami Beach
Museu Judaico de Maryland, Baltimore

Um dos monumentos de Yad Vashem, em Israel.

MUSEUS E MEMORIAIS

Biblioteca do Seminário Teológico Judaico, Nova York
Museu Judah L. Magnes, Berkeley
Museu Judaica no Lar Hebraico dos Idosos, Riverdale, Nova York
Museu Judaico de Kansas City, Overland Park
Instituto Leo Baeck, Nova York
Museu do Holocausto de Los Angeles
Museu Judaico Mizel, Denver
Museu Judaico Mollie e Louis Kaplan, Houston
Museu do Patrimônio Judaico, Nova York
Museu da Experiência Judaica no Sul, Jackson
Museu da Tolerância, Los Angeles
Museu das Crianças Meu Lugar de Descoberta Judaica, Los Angeles
Museu Nacional de História Judaica Americana, Filadélfia
Museu Nacional de História Militar Judaica Americana, Washington
Memorial do Holocausto da Nova Inglaterra, Boston
Museu do Holocausto e da Intolerância do Novo México, Albuquerque
Museu Judaico do Oregon, Portland
Museu de Arte Judaica Sherwin Miller, Tulsa
Museu da Tolerância do Centro Simon Wiesenthal, Los Angeles
Centro Cultural Skirball, Los Angeles
Museu Skirball, Cincinnati
Museu Spertus, Chicago
Museu Memorial do Holocausto dos Estados Unidos, Washington
Museu do Holocausto da Virgínia, Richmond
Museu do Patrimônio Judaico William Breman, Atlanta
Museu da Universidade Yeshivá, Nova York

França
Museu Memorial Lar das Crianças Izieu, perto de Lyon
Instituto Mediterrâneo de Memória e Arquivos do Judaísmo, Marselha
Museu de Arte e História Judaicas, Paris
Museu Judaico da Alsácia, Bouxwiller

Geórgia
Museu David Baazov de História dos Judeus da Geórgia

Grécia
Museu Judaico da Grécia, Atenas
Museu Judaico de Tessalônica
Museu Judaico de Rodes

Hungria
Museu do Holocausto de Budapeste
Museu e Arquivos Judaicos da Hungria, Budapeste

Irlanda
Museu Judaico Irlandês, Dublin

Israel
Museu do Monte das Munições, Jerusalém
Parque das Antiguidades, Cesareia
Museu Arqueológico de Hatzor
Museu Arqueológico, kibutz Ein Dor
Ariel – Centro de Jerusalém no Período do Primeiro Templo, Jerusalém
Museu do Centro Patrimonial dos Judeus Babilônios, Tel Aviv
Museu Bar-David de Arte Judaica, Merom Hagalil
Beth Hatefutsoth, Museu Nahum Goldmann da Diáspora Judaica, Tel Aviv
Museu Terras da Bíblia, Jerusalém
Casa Queimada, Jerusalém
Janelas de Chagall, Hospital Hadassah, Jerusalém
Museu Naval e de Imigração Clandestina, Haifa
Centro de Escavações Davidson, Jerusalém
Museu Eretz Israel, Tel Aviv
Centro de Patrimônio Etíope, Merchavia
Museu Casa dos Combatentes do Gueto, Galileia ocidental
Museu Arqueológico de Golan, Katzrin
Túmulo e Museu Herzl, Jerusalém
Panteão da Fama Esportiva Internacional Judaica, Tel-Aviv

Memorial do Holocausto, Varsóvia, na Polônia.

Museu da Bíblia de Israel, Safed
Museu de Israel, Jerusalém
Museu Arqueológico Rockefeller
Santuário do Livro
Casa de Ticho
Museu Jabotinsky, Tel Aviv
Parque Arqueológico de Jerusalém
Instituto Massuah de Estudo do Museu do Holocausto, kibutz Tel-Yitzhak
Museu Memorial dos Judeus Húngaros, Safed
Mishkan LeOmanut, Ein Harod
Museu Montefiore, Jerusalém
Museu de Arte, Ein Harod
Museu do Patrimônio Judaico, Tel Aviv
Museu de Arqueologia Regional e Mediterrânea
Museu da Zona de Proteção, Jerusalém
Museu Nahum Goldmann da Diáspora Judaica, Tel Aviv
Museu do Tribunal da Velha Yeshuv, Jerusalém
Museu Reuben e Edith Hecht, Casa Haifa Siebenberg, Jerusalém
Museu de Arte de Tel Aviv
Instituto do Templo, Jerusalém
Museu Torre de Davi da História de Jerusalém, Jerusalém
Museu U Nahon de Arte Judaica Italiana, Jerusalém
Museu Wolfson em Hiechal Schlomo, Jerusalém
Memorial Yad Vashem em Homenagem aos Mártires e Heróis do Holocausto, Jerusalém

Itália
Museu Judaico de Bolonha
Museu Judaico de Ferrara
Museu Judaico de Livorno
Museu Judaico de Roma
Museu Judaico de Trieste
Museu Judaico de Veneza
Museu Histórico da Libertação de Roma

Japão
Centro Educacional do Holocausto, Fukuyama

Letônia
Museu Judaico de Riga

Lituânia
Museu Estatal Judaico Vilna Gaon, Vilnius

Noruega
Museu Judaico, Trondheim
Museu Judaico de Oslo

Países Baixos
Museu Corrie ten Boom, "O Esconderijo", Haarlem
Museu Histórico Judaico, Amsterdam
Casa de Anne Frank, Amsterdam

Polônia
Museu Estatal de Auschwitz-Birkenau, Oświęcim
Centro Judaico de Auschwitz, Oświęcim

MUSEUS E MEMORIAIS

Instituto Histórico Judaico, Varsóvia
Museu Histórico da Cidade de Cracóvia
Museu da História dos Judeus Poloneses, Varsóvia
Memorial do Holocausto, Varsóvia
POLIN, Museu da História dos Judeus Poloneses, no local do Gueto de Varsóvia
Museu Estatal no Campo de Concentração de Majdanek, Lublin

Portugal
Museu Hebraico Abraão Zacuto, Tomar

Reino Unido
Exposição do Holocausto no Museu Imperial da Guerra, Londres
Museu Judaico, Londres
Memorial do Kindertransport, Liverpool Street Station, Londres
Museu de Arte Judaica de Londres
Museu Judaico de Manchester
Estátua do Kindertransport, Londres
Centro e Museu Nacional do Holocausto, Nottinghamshire
Centro de Arquivos Judeus Escoceses, Glasgow
Biblioteca Wiener para o Estudo do Holocausto e do Genocídio, Londres

República da Macedônia
Centro e Museu Memorial do Holocausto, Skopje

República Tcheca
Museu Dr. Simon Adler, Sušice
Museu Judaico, Praga
Memorial Theresienstadt, Theresienstadt

Romênia
Museu de História Judaica, Bucareste
Museu Memorial do Holocausto do Norte da Transilvânia, Simleu Silvaniei

Rússia
Museu Judaico Yaroslavl, Centro de Tolerância Yaroslavl, Moscou
Fundação Russa do Holocausto, Moscou

Sérvia e Montenegro
Museu Histórico Judaico, Belgrado

Suécia
Museu Judaico, Estocolmo

Suíça
Museu Judaico da Suíça, Basileia

Turquia
Museu dos Judeus Turcos, Istambul

Ucrânia
Memorial Babi Yar, Kiev
Museu Judaico de Odessa

Venezuela
Museu Sefardita Morris E. Curiel de Caracas

Cartaz de rua do Museu Judaico de Nova York, nos EUA

MAIS LEITURAS

Abrams, Judith Z. *The Women of the Talmud*. Northvale, NJ, 1995.

Abramson, Glenda, Dovid Katz and Nicholas de Lange (eds). *The Blackwell Companion to Jewish Culture: From the Eighteenth Century to the Present*. Blackwell, 1990.

Alon, Gedaliah. *The Jews in their Land in the Talmudic Age*. 2 vols, Jerusalem, 1980.

Alpher, Joseph (ed). *Encyclopedia of Jewish History: Events and Eras of the Jewish People*. London, 1986.

Antonelli, Judith S. *In the Image of God: A Feminist Commentary on the Torah*. New York, 1997.

Ariel, David. *What Do Jews Believe? The Spiritual Dimensions of Judaism*. New York, 1995.

Armbruster, Deanna, and Michael Emery. *Tears in the Holy Land: Voices from Israel and Palestine*. Seattle, 1995.

Avi-Yonah, M. *The Jews of Palestine*. New York, 1976.

Barnavi, Eli. *A Historical Atlas of the Jewish People: From the Time of the Patriarchs to the Present*. New York, 1995.

Baron, Salo W. *A Social and Religous History of the Jews*. 19 vols to date, New York, 1952–.

Baskin, Judith R. (ed). *Jewish Women in Historical Perspective*. Detroit, 1999

Ben-Sasson, HH (ed). *A History of the Jewish People*. Boston, 1976.

Bentwich, Norman. *Solomon Schechter*. Philadelphia, 1948.

Biale, David et al. *Hasidism, A New History*. Princeton, 2018.

Biale, Rachel. *Women and Jewish Law: An Exploration of Women's Issues in Halakhic Sources*. New York, 1984.

Billig, Michael. *Rock'n'Roll Jews (Judaic Traditions in Literature, Music, and Art)*. New York, 2000.

Black, Gerry. *Jewish London: An Illustrated History*. Derby, 2008.

Blau, Joseph L. *Modern Varieties of Judaism*. New York, 1966.

– *The Story of Jewish Philosophy*. New York, 1962.

Blech, Rabbi Benjamin. *Complete Idiot's Guide to Jewish History and Culture*. New York, 2004.

– and Richard M Joel. *The Complete Idiot's Guide to Understanding Judaism*. London and New York, 1999.

Boteach, Shmuel. *An Intelligent Person's Guide to Judaism*. London, 2000.

– *Wisdom, Understanding, and Knowledge: Basic Concepts of Hasidic Thought*. New York, 1995.

Brawer, Naftali. *A Brief Guide to Judaism: Theology, History and Practice*. London, 2008.

Brody, Robert. *The Geonim of Babylonia and the Shaping of Medieval Jewish Culture*. New Haven, 1998.

Brook, Kevin Alan. *The Jews of Khazaria*. New York, 1999.

Cardozo, Nathan Lopes. *Judaism on Trial: An Unconventional Discussion about Jews, Judaism*. Jerusalem, 2000.

Cohen, Mark R. *Under Crescent and Cross*. Princeton, 1995.

Cohn-Sherbok, Dan. *Atlas of Jewish History*. London, 1996.

– *Judaism: History, Belief and Practice*. London, 2003.

Davies, WD, Finkelstein, Katz et al. *The Cambridge History of Judaism*. Cambridge, UK, 2006.

Dee, Leo. *Transforming the World: The Jewish Impact on Modernity*. New York, 2016.

Dimont, Max I. *Jews, God, and History*. New York, 1962.

Donin, Hayim. *To Be a Jew: A Guide to Jewish Observance in Contemporary Life*. New York, 1972.

Dorff, Elliot. *Conservative Judaism: Our Ancestors to Our Descendants*. United Synagogue of Conservative Judaism, New York. 1997.

– and Louis E Newman (eds). *Contemporary*

MAIS LEITURAS

Jewish Theology: A Reader. Oxford, 1999.

Dosick, Wayne. *Living Judaism: The Complete Guide to Jewish Belief, Tradition and Practice*. San Francisco, 1998.

Einstein, Stephen J and Lydia Kukoff. *Every Person's Guide to Judaism*. New York, 1991.

Epstein, Benjamin. *Living in the Presence: A Jewish Mindfulness Guide for Everyday Life*. New Jersey, 2018.

Falcon, Ted, and David Blatner. *Judaism For Dummies*. New York, 2001.

Finkelstein, Louis (ed). *The Jews: Their History*. New York, 1971.

– (ed). *The Jews: Their Religion and Culture*. New York, 1971.

– (ed). *The Jews: Their Role in Civilization*. 4th ed, New York, 1971.

Friedman, Thomas L. *From Beirut to Jerusalem*. New York, 1989.

Gaon, Saadia, and Samuel Rosenblatt (trans). *The Book of Beliefs and Opinions*. New Haven, 1948.

Gerber, Jane S (ed), Nicholas De Lange (ed) and NRM De Lange. *The Illustrated History of the Jewish People* New York, 1997.

Gilbert, Martin. *Atlas of Jewish History*. London, 1985.

– *The Holocaust*. New York, 1985.

– *The Routledge Atlas of Jewish History*. London, New York, 2010.

Gillman, Neil. *Sacred Fragments: Recovering Theology for the Modern Jew*. Philadelphia, 1990 .

Glazer, Nathan, and Daniel J Boorstin (eds). *American Judaism*. Chicago, 1982.

Glinert, Lewis. *The Story of Hebrew*. Princeton, 2017.

Greenberg, Blu. *On Women and Judaism: A View From Tradition*. Philadelphia, 1981.

Greenberg, Irving. *The Jewish Way: Living the Holidays*. New York, 1988.

Gribetz, Judah, Edward L Greenstein and Regina Stein. *The Timetables of Jewish History: A Chronology of the Most Impor-* *tant People and Events in Jewish History*. New York, 1994.

Grossman, Grace Cohen. *Jewish Art*. Westport, CT, 1995.

Grunstein, Yehoshua. *Beyond Routine: Turning Ritual into Meaningful Jewish Practice*. New Jersey, 2018.

Gutman, Israel. *Encyclopedia of the Holocaust*. 2 vols, London and New York, 1995.

Hammer, Jill. *The Hebrew Priestess: Ancient and New Visions of Jewish Women's Spiritual Leadership*. New Jersey, 2015.

Hertzberg, Arthur (ed). *The Zionist Idea: A Historical Analysis and Reader*. New York, 1972.

– (ed). *Judaism: The Key Spiritual Writings of the Jewish Tradition*. New York, 1991.

Heschel, Abraham Joshua. *God in Search of Man*. New York, 1976.

– *The Sabbath*. New York, 1951.

Hirsch, Samuel R, and Karin Paritzky (trans). *The Nineteen Letters*. New York, 1996.

Holtz, Barry W. *Back to the Sources: Reading the Classic Jewish Texts*. New York, 1984.

Isaacs, Jacob. *Our People*. 6 vols, New York, 1989.

Isaacs, Ronald. *Jewish Music: Its History, People, and Song*. New York, 1997.

– and Kerry M Olitzky (eds). *Critical Documents of Jewish History: A Sourcebook*. New York, 1995.

Isaiah, A Ben, and B Scharfman. *The Pentateuch and Rashi's Commentary*. New York, 1976.

Jacobs, Louis. *The Jewish Religion: A Companion*. Oxford, 1995.

Johnson, Paul. *A History of the Jews*. London, 1988.

Kadish, Sharman. *Jewish Heritage in England*. London, 2006.

Kaplan, Mordecai M. *Judaism as a Civilization*. New York, 1934.

– Emanuel S Goldsmith and Mel Scult (eds). *Dynamic Judaism: The Essential Writings of Mordecai M Kaplan*. New York, 1991.

Keller, Sharon R (ed). *The Jews: A Treasury of Art and Literature*. Westport, CT, 1992.

Kertzer, Morris N. *What Is a Jew?* New York, 1997.

Klein, Isaac. *A Guide to Jewish Religious Practice*. New York, 1979.

Levin, Leonard, ed. *Studies in Judaism and Pluralism: Honoring the 60th Anniversary of the Academy for Jewish Religion*. New Jersey, 2016.

Levy, Naomi. *Einstein and the Rabbi: Searching for the Soul*. New York, 2017.

Leibowitz, Nehama. *Studies in Genesis. Exodus. Leviticus. Numbers. Deutoronomy*. Jerusalem, 1981.

Levinas, E. *Difficult Freedom: Essays on Judaism*. Baltimore, 2010.

Maimonides, Moses. *The Guide for the Perplexed*. Trans M Friedlander. New York, 1956.

Mendes-Flohr, Paul R, and Jehuda Reinharz, (eds). *The Jew in the Modern World: A Documentary History*. Oxford, 1995.

Meyer, Michael A. *Response to Modernity: A History of the Reform Movement in Judaism*. Oxford and New York, 1988.

Miller, J Maxwell, and John Haralson Hayes. *A History of Ancient Israel and Judah* Louisville and London, 1986.

Nadler, Leonard, and Zeace Nadler. *Living Judaism Around the World: A Brief History of the Peaks and Valleys of Jewish Experience*. New York, 1999.

Neusner, Jacob. *A History of the Jews in Babylonia*. 5 vols, Leiden, 1965–70.

Newman, Y, and G Sivan. *A–Z Illustrated Lexicon of Judaism*. Jerusalem.

Peters, Joan. *From Time Immemorial: The Origins of the Arab–Jewish Conflict over Palestine*. London, 1984.

Philipson, David. *The Reform Movement in Judaism*. New York, 1967.

Plaut, W Gunther. *The Torah: A Modern Commentary*. New York, 1990.

Potok, Chaim. *Wanderings: The Story of The Jewish People*, New York, 1978.

Prager, Dennis, and Joseph Telushkin. *The Nine Questions People Ask About Judaism*. New York, 1981.

Raphael, Marc Lee. *Columbia History of Jews and Judaism in America*. Columbia, 2008.

Rejwan, Nissm. *The Jews of Iraq: 3000 Years of History and Culture*. Cambridge, UK, 2010.

Rosenberg, Roy A. *The Concise Guide to Judaism: History, Practice, Faith*. New York, 1994.

Rosenthal, G. *Many Faces of Judaism: Orthodox, Conservative, Reconstructionist, and Reform*. New York, 1979.

Roth, Cecil. *A History of the Jews*. New York, 1966.

– (ed). *Encyclopedia Judaica*. 18 vols, Jerusalem, 1972.

Sachar, Howard Morley. *The Course of Modern Jewish History*. New York, 1977.

– *A History of Israel: From the Aftermath of the Yom Kippur War*. Oxford, 1987.

Sacks, Jonathan. *One People: Tradition, Modernity, and Jewish Unity*. Littman Library of Jewish Civilization, Oxford, 1993.

Saenz-Badillos, Angel. *A History of the Hebrew Language*. Cambridge, 1993.

Sand, Shlomo. *The Invention of the Jewish People*. London, New York, 2009.

Sarna, Jonathan. *American Judaism: A History*. New Haven, 2004.

Schama, Simon. *The Story of the Jews Volume One: Finding the Words 1000 BC–1492 AD*. London, 2013.

–*The Story of the Jews Volume Two: Belonging 1492–1900*. London, 2017.

Scheindlin, Raymond, *A Short History of the Jewish People*. Oxford and New York, 2000.

Schiffman, Lawrence Harvey (ed). *Texts and Traditions: A Source Reader for the Study of Second Temple and Rabbinic Judaism*. Hoboken, 1997.

Schneerson, Menachem Mendel (ed). *Toward a Meaningful Life: The Wisdom of the Rebbe*

MAIS LEITURAS

Menachem Mendel Schneersohn. New York, 1995.

Seltzer, Robert. M. *Jewish People, Jewish Thought: The Jewish Experience in History*. New York, 1980.

Shindler, Colin. *The Rise of the Israeli Right: from Odessa to Hebron*. Cambridge, 2015.

Smith, Helmut Walser (ed). *The Holocaust And Other Genocides*. Nashville, 2004.

Sorasky, Aharon, *Great Chassidic Leaders*. New York, 1991.

Steinberg, Milton. *Basic Judaism*. New York, 1987.

Steinsaltz, Adin. *The Essential Talmud*. New York, 1984.

Stern, Menahem (ed). *Greek and Latin Authors on Jews and Judaism: From Herodotus to Plutarch*. Jerusalem, 1974–84.

Stevens, Payson, Charles Levine and Sol Steinmetz. *Meshugennary: Celebrating the World of Yiddish*. New York, 2002.

Telushkin, Joseph. *Biblical Literacy: The Most Important People, Events, and Ideas of the Hebrew Bible*. New York, 1997.

– *Jewish Literacy: The Most Important Things to Know about the Jewish Religion, its People and its History*. New York, 1991.

– *Jewish Literacy*. New York, 2008.

Vermes, Geza. *The Complete Dead Sea Scrolls in English*. Harmondsworth, 1998.

Waxman, Mordecai (ed). *Tradition and Change: The Development of Conservative Judaism*. New York, 1998.

Wein, Berel. *Triumph of Survival: The Story of Jews in the Modern Age, 1650–1990*. New York, 1990.

Weiss, Gershon. *The Holocaust and Jewish Destiny*. Jerusalem, 1999.

Wenzerul, Rosemary E. *Tracing Your Jewish Ancestors*. Barnsley, 2008.

Wertheimer, Jack. *The New American Judaism: How Jews Practice Their Religion Today*. Princeton, 2018.

Wertheimer, Jack. *People Divided: Judaism in Contemporary America*. Waltham, MA, 1993.

Wine, Sherwin T. *Judaism Beyond God: A Radical New Way to be Jewish*. Farmington, MI, 1986.

Wouk, Herman. *This is my God: The Jewish Way of Life*. New York, 1959.

OUTROS RECURSOS

www.en.jfa.hiiji.ac.il – Arquivo de Cinema Judaico Stephen Spielberg

www.jta.org – serviço de notícias da Agência Telegráfica Judaica

www.judaica-europeana.eu – rede digital de arquivos, biblitecas e museus europeus

ALGUNS APLICATIVOS

Ask a Rabbi

Kosher advice

Shabbat

Siddur

Tanach

Torah

Yiddish Dictionary

Ilustrações O editor deseja agradecer às seguintes instituições pelo uso de ilustrações neste livro: Jack Hazut, Departamento de Defesa dos EUA, Third Millennium Press Ltd, Playne Books Ltd e PageantPix. Embora todo esforço tenha sido feito para encontrar os detentores de *copyright* e pedir permissão para uso de material ilustrativo, os editores querem se desculpar por quaisquer erros e omissões involuntários e se dispõem a retificar o problema em edições futuras.

GLOSSÁRIO DE TERMINOLOGIA

Como a maioria dessas palavras é hebraica ou deriva do hebraico, aramaico, grego e outras línguas, a transliteração para o português varia. A grafia usada neste livro é apenas uma dentre muitas opções.

Alef Bet Alfabeto hebraico. O nome vem das duas primeiras letras, alef e bet.

Aliá (pl. aliot) Ascensão. Migração para Israel. Também significa ser chamado à bimá para ler a Torá nos cultos.

Amoraim Falantes. Estudiosos dos séculos III e IV EC que produziram a Guemará para os Talmudes babilônico e palestino

Arca O Aron Hakodesh.

Aron Hakodesh Arca sagrada. Pequeno armário que guarda os rolos da Torá, o foco da sinagoga.

Asquenazes (asquenazim) Derivado da palavra hebraica que significa Alemanha. Judeus do leste da França, da Alemanha e da Europa oriental, inclusive da Rússia, e os seus descendentes.

Bar (aramaico) Filho de.

Bar Mitzvá Filho dos mandamentos.

Bat Mitzvá Filha dos mandamentos.

Ben Filho de.

Bet Din Tribunal judaico.

Bimá Plataforma elevada na sinagoga para a leitura da Torá.

Brit Milá Cerimônia da circuncisão.

Cabala Elementos místicos do judaísmo.

Cantor Líder da leitura e do canto de algumas sinagogas. Também chamado de chazan.

Casher Correto, próprio. Alimentos permitidos pelas leis dietéticas judaicas.

Cashrut Boa forma. Leis relativas a se manter casher.

Converso Judeu que se converteu ao cristianismo por pressão da Igreja do ou Estado, na Espanha e em Portugal.

Cristão-novo Judeu que se converteu ao cristianismo na Espanha ou em Portugal.

Dhimmi Protegido em árabe. Condição jurídica dos judeus e cristãos nos países islâmicos.

Diáspora Dispersos em grego. Dispersão dos judeus pelo mundo inteiro depois da destruição do templo em 70 EC.

Eretz Israel A terra de Israel

Exilarca Líder da comunidade judaica no exílio da Babilônia.

Exílio Período passado pelos judeus no Império Babilônico. Também chamado de primeira Diáspora.

Êxodo A viagem dos israelitas, comandados por Moisés, para fora do Egito rumo à terra prometida de Canaã.

Filhos de Israel Povo judeu. Referência à descendência de Jacó, também chamado de Israel.

Galut Exílio. A Diáspora.

Gaon (pl. gueonim) Líder de uma academia, especificamente na Babilônia e também na Palestina, durante o período pós-talmúdico.

Gentio Povo, nação em latim. Originalmente, usado para povos não judeus, mas desde a aurora do cristianismo, usado para "pagãos", nem judeus, nem cristãos.

Golem Criatura artificial feita com magia como servo e protetor.

Gói Nação. Usado para descrever um não judeu, isto é, um membro de outra nação. Às vezes, depreciativo.

Guemará Término. Comentários e discussões sobre a Mishná. Juntas, Guemará e Mishná compõem o Talmude.

Guenizá Esconderijo. Área de armazenamento de textos religiosos velhos e danificados.

Gueto Qualquer área fechada à qual os judeus ficam restritos. O nome vem de uma fundição de ferro veneziana, área onde os judeus foram forçados a morar em 1516.

Hagadá Leituras de Pessach.

Halacá O caminho, código ou leis de conduta que cobrem todos os aspectos da vida.

Hanucá Inauguração. Festival que comemora a reconsagração do Templo.

Haskalá Iluminismo.

Holocausto Da palavra grega que significa consumo total pelo fogo. Assassinato de seis milhões de judeus e milhões de outros pelos nazistas.

Iídiche Idioma usado predominantemente por asquenazes, mistura de alemão, hebraico, russo e outras línguas.

Kadish Oração de luto (aramaico).

Ketubá Contrato de casamento. Documento que define os direitos e obrigações dentro do matrimônio.

Ketuvim Os Escritos, também chamados de Hagiógrafos, terceira seção da Bíblia.

Kibutz (pl. kibutzim) Fazenda cooperativa em Israel, baseada em princípios socialistas.

Kidush Sagrado. Oração ou bênção sobre o vinho para santificar o Shabat e os dias de festa.

Klal Israel A comunidade mundial de judeus.

GLOSSÁRIO DE TERMINOLOGIA

Knesset Assembleia. Parlamento israelense.

Ladino Idioma sefardita, mistura de espanhol, hebraico, árabe etc.

Lag BaÔmer Festa comemorativa.

Magen David Escudo de Davi, conhecido como estrela de Davi.

Marrano Judeus que se converteram ao cristianismo na Espanha e em Portugal mas que ainda praticavam o judaísmo em segredo.

Mellah Bairro judeu no Marrocos.

Menorá Candelabro de sete velas, geralmente usado no Templo ou em Hanucá.

Messias Do hebraico *moshiach*, que significa "o ungido". Descendente humano do rei Davi que será escolhido por Deus para reconstruir o Templo, restaurar o reino davídico de Israel e trazer a paz mundial. Os cristãos consideram que Jesus Cristo é esse messias. (A palavra "Cristo", do grego *khristos*, "o ungido", é uma tradução de *moshiach*.)

Minian Quórum de dez homens, acima da idade do Bar Mitzvá, necessários para um culto religioso.

Mishná Ensinamento, repetição. A lei oral.

Mitzvá (pl. mitzvot) Mandamento. A Torá contém 613 mitzvot. Também usado para descrever boas ações.

Moshav Aldeia coletiva em Israel.

Nasi Príncipe ou presidente.

Nevi'im Os Profetas, segunda seção da Bíblia.

Pessach Passagem. Festa que comemora a fuga do Egito.

Purim Sorteio. Festa que comemora Ester, que salvou os judeus babilônios de Hamã.

Quipá Cobertura para a cabeça usada pelos homens durante orações, estudo da Torá, etc. Alguns homens o usam o tempo todo.

Rabino Professor. Professor ordenado, em geral o líder religioso de uma comunidade. Há variações: rav, rebe, rabi, rebenyu.

Responsa (grego) Resposta. Resposta a perguntas sobre questões da lei religiosa.

Rosh Hashaná "Cabeça do ano". Ano novo.

Sêder Refeição e culto do Pessach.

Sefarditas (Sefardim) Judeus da Espanha e de Portugal e os seus descendentes. Ampliado para incluir também os do norte da África e do Oriente Médio. Da palavra hebraica que significa Espanha.

Shabat Sábado. Dia semanal de renovação espiritual e descanso do pôr do sol de sexta-feira até o pôr do sol de sábado.

Shavuot Semanas. Festa que comemora a entrega da Torá por Deus.

Shoá Desolação. O sofrimento nas mãos dos nazistas entre 1933 e 1945, com o assassinato de seis milhões de judeus.

Shofar Corneta feita de chifre de carneiro.

Shtetl Povoado ou aldeia na Europa oriental.

Shul Palavra iídiche que significa casa de culto judaica, derivada da palavra alemã que significa escola.

Sidur Livro de orações.

Simchat Torá Alegre-se na Torá. Festa que comemora o ciclo de leituras da Torá.

Sinédrio Grupo de estudiosos, na época romana, que formavam o supremo conselho religioso e jurídico. Em 1807, o imperador francês Napoleão deu esse nome à assembleia de judeus que convocou na França.

Sinagoga Edificação para oração, estudo e reuniões. Da palavra grega que significa assembleia.

Sião Outro nome de Jerusalém; uma das colinas nas quais Jerusalém foi construída.

Sucot Tabernáculos ou cabanas. Festa que comemora o êxodo do Egito e a sobrevivência no deserto.

Talmude A lei oral ou Mishná com os seus comentários, a Guemará.

Tanaim Estudiosos e professores de 0 a 200 EC, período em que a Mishná foi compilada.

Tanakh A Bíblia.

Targum Tradução das escrituras para o aramaico.

Tishá BeAv Festa de recordação e luto.

Torá A lei. Os cinco primeiros livros de Moisés (Pentateuco).

Tosafot Acréscimos. Explicações extras acrescentados à Mishná e comentários de Rashi.

Tu Bishvat Festa do ano novo das árvores.

Yeshivá (pl. yeshivot) Academia talmúdica.

Yishuv Assentamento. Comunidade judaica, usada principalmente dentro de Israel; A antiga yishuv é a comunidade histórica da Palestina, e o assentamento moderno que se desenvolveu a partir da era sionista, por volta da década de 1880, é a nova yishuv.

Yom Kipur Dia do Perdão.